CAPACITY BUILDING
FOR NON-PROFIT ORGANIZATIONGS
(SECOND EDITION)

社会组织能力建设

（第二版）

马庆钰 等著

清华大学出版社
北京

图书在版编目(CIP)数据

社会组织能力建设：第二版/马庆钰等著.—北京：清华大学出版社，2022.10
ISBN 978-7-302-61493-7

Ⅰ.①社…　Ⅱ.①马…　Ⅲ.①社会组织管理　Ⅳ.①C916

中国版本图书馆 CIP 数据核字(2022)第 137132 号

责任编辑：马庆洲
封面设计：常雪影
责任校对：欧　洋
责任印制：沈　露

出版发行：清华大学出版社
网　　址：http://www.tup.com.cn，http://www.wqbook.com
地　　址：北京清华大学学研大厦 A 座　　**邮　　编**：100084
社 总 机：010-83470000　　**邮　　购**：010-62786544
投稿与读者服务：010-62776969，c-service@tup.tsinghua.edu.cn
质量反馈：010-62772015，zhiliang@tup.tsinghua.edu.cn
印 装 者：三河市东方印刷有限公司
经　　销：全国新华书店
开　　本：165mm×240mm　　**印　　张**：16.25　　**字　　数**：291 千字
版　　次：2022 年 10 月第 1 版　　**印　　次**：2022 年 10 月第1 次印刷
定　　价：69.00 元

产品编号：098307-01

研究撰写团队

马庆钰(主笔)　北京师范大学人文社科高等研究院教授,中共中央党校(国家行政学院)教授

张小明　中共中央党校(国家行政学院)教授

曹堂哲　中央财经大学政府管理学院教授

程　玥　中央财经大学文化传媒学院教授

研究顾问专家(按姓氏笔画排序)

王　名　清华大学公益慈善研究院院长、教授

王汝鹏　苏州大学客座教授、红十字国际学院院长

邓国胜　清华大学公共管理学院副院长、教授

李　强　北京中暄慈善基金会理事长

吕　朝　恩派(NPI)公益组织发展中心创始人、主任

刘培峰　北京师范大学法学院教授

杨　团　中国社会科学院社会学研究所研究员

张　蕾　山东省委党校(山东行政学院)教授

陈一梅　万科公益基金会秘书长

汪跃云　广东省和的慈善基金会秘书长

金锦萍　北京大学法学院博士生导师、非营利组织法研究中心主任

徐月宾　北京师范大学(珠海)健康与社会政策中心主任、教授

徐永光　国务院参事室特约研究员、南都公益基金会名誉理事长

徐家良　上海交通大学特聘教授、中国公益发展研究院院长

高丙中　北京师范大学人文社科高等研究院学术委员会主任、教育部长江学者特聘教授

陶传进　北京师范大学社会发展与公共政策学院教授

黄浩明　海南亚洲公益研究院教授、执行院长、中国民促会理事长

谢　菊　重庆市委党校(重庆行政学院)教授

傅昌波　北京师范大学社会治理与公共传播研究中心主任、教授

目　　录

第一章　社会组织能力建设导言

社会组织成为社会建设中的一支重要力量是国之所需和民之所望。这就使“能力建设”成为社会组织绕不开的重要话题之一,没有能力,皆为枉然。本书所言“能力”就是俗指一个合法组织干善事、能干事、干成事、能竞争、可持续的本事。而要达至这般境界水平,离不开背后若干相关能力要素支柱的强力撑持。对于各类法人社会组织来说,这些要素支柱至少要有内部治理能力、战略管理能力、资源筹募能力、人力资源能力、财务规范能力、公益营销和公共关系能力、项目管理能力,以及公信力管理能力。这些方面的有效打造,将有可能帮助一个社会组织秉持益慈宗旨使命,一步步接近干善事、能干事、干成事、能竞争、可持续的良性境界。本书将就此能力建设展开阐述。

第一节　社会组织与社会建设

“社会组织”是一个既普通又特殊的概念。谓其普通,是因为这是一个存在于人们常识当中的名称,广义上讲,它是指人们基于某种社会需求和利益目标,有目的地建立起来的从事特定活动的社会共同体;谓其特殊,是因为在2004年之后在中国出现的这个“社会组织”,与广义上的社会组织不再是一个东西,它仅仅指广义社会组织中的一类组织。因此,有必要将这个狭义“社会组织”的内涵加以阐释。

一、关于社会组织的认识

社会学中的社会组织包括了人们为实现特定目标而建立的共同活动群体,比如政治组织、经济组织、文化组织、军事组织、宗教组织等。而当下我国普遍使用的“社会组织”,无论在背景上、还是在范围和功能作用上,都有着自己的特殊性。

(一) 社会组织概念的产生

狭义社会组织概念的提出,就党和政府的正式文献来看,最早现于2004年3月召开的第十届全国人民代表大会第二次会议上的政府工作报告,在强调推进政府职能转变时,报告提出,“要加快政企分开,进一步把不该由政府管的事交给企业、社会组织和中介机构……”

2004年9月党的十六届四中全会所作的《中共中央关于加强党的执政能

力建设的决定》之中也要求,“发挥社团、行业组织和社会中介组织提供服务、反映诉求、规范行为的作用,形成社会管理和社会服务的合力……加强和改进对各类社会组织的管理和监督”。

2005年3月,十届人大三次会议的政府工作报告,再次提到,“进一步推进政企分开、政资分开、政事分开。坚决把政府不该管的事交给企业、市场和社会组织,充分发挥社会团体、行业协会、商会和中介机构的作用”。

有关“社会组织”的比较完整表述,出现在2006年中共十六届六中全会作出的《关于构建社会主义和谐社会若干重大问题的决定》中。《决定》在阐述“创新社会管理体制,整合社会管理资源”时,进一步具体要求“健全社会组织,增强服务社会功能。坚持培育发展和管理监督并重,完善培育扶持和依法管理社会组织的政策,发挥各类社会组织提供服务、反映诉求、规范行为的作用。发展和规范律师、公证、会计、资产评估等机构,鼓励社会力量在教育、科技、文化、卫生、体育、社会福利等领域兴办民办非企业单位。发挥行业协会、学会、商会等社会团体的社会功能,为经济社会发展服务。发展和规范各类基金会,促进公益事业发展。引导各类社会组织加强自身建设,提高自律性和诚信度”①。

此后在全国人大的政府工作报告和中共全国代表大会的报告和决议中,“社会组织”成为一个比较固定的概念。比如2007年中共十七大的报告强调“发挥社会组织在扩大群众参与、反映群众诉求方面的积极作用,增强社会自治功能”,“重视社会组织建设和管理”;2008年十一届人大一次会议政府工作报告提出“加强社会组织建设,健全基层社会管理体制”,“重视发挥行业协会、商会和其他社会组织的作用”;2009年十一届人大二次会议政府工作报告提出“统筹推进城乡社区建设,促进社会组织健康发展”。2013年3月第十二届全国人大关于政府机构改革和职能转变的方案提出,“让人民群众通过社会组织自我管理,自我服务和参与社会事务管理,有利于更好地发挥人民主人翁精神,推进社会和谐发展”。2013年11月召开的十八届三中全会进一步强调,“激发社会组织活力。正确处理政府和社会关系,加快实施政社分开,推进社会组织明确权责、依法自治、发挥作用,适合由社会组织提供的公共服务和解决的事项,交由社会组织承担”。再往后,几乎每次执政党和政府的重要报告和决议都有类似的强调。

(二)类似概念的界划

从2004年开始出现在中国的“社会组织”概念,和已经存在多年的类似概

① 中共十六届六中全会《关于构建社会主义和谐社会若干重大问题的决定》,2006年10月11日。

念的关系需要分析梳理,以清楚了解它们之间的特征异同对根本属性到底有无影响。

社会组织与类似概念的关系。说到“社会组织”,人们自然会联系到现有的其他类似概念,比如行内还在使用的“非政府组织”(Non-Governmental Organization,NGO),“非营利组织”(Non-Profit Organization,NPO),“民间社会组织”(Civil Society Organization,CSO),以及“慈善组织”“免税组织”等。这些称谓虽然不一样,但是公益慈善界同行公认,它们实际上都是指被称作“第一部门”的商业系统和被称作“第二部门”的政府系统之外的那块非商非官的公益性社会系统。因为这类组织既不行使公共权力也不靠公共财政供养,所以有了与政府组织不同的“NGO”称呼;因为这类组织虽然也可经营却以公益而非盈余分配为目的,所以有了与商业组织不同的“NPO”称呼;又因为这类组织是基于公益目的和民间自有资金建立的公民自主共同体,所以又有了“CSO”的称呼。

“慈善组织”(Philanthropic Organization,PO)和“免税组织”(Tax-exemption Organization,TO)则有需要进一步说明的特征。其中“免税组织”是一个非规范用语,国内有关申请免税资格的规范性文件中,将满足规定条件的社会组织认定为“具有免税资格的非营利组织”,这类组织在获得捐赠收入、政府补助收入、利息收入和会费收入时可免征所得税,且能为捐赠者开具捐赠发票。所以,“免税组织”可视为“具有免税资格的非营利组织”的非正规简称。相比而言,“慈善组织”则是一个在国内外广为使用的规范用语。尤其是在2016年9月1日《中华人民共和国慈善法》施行之后,其在国内使用频率大大增加。从性质来看,慈善组织与社会组织同异皆有。谓其同,是说两者都具有公益性、志愿性、非营利性、民间性、组织规范性特征;谓其异,是说慈善组织需要经过县级以上民政部门专门的认定申请程序。按照《中华人民共和国慈善法》,慈善组织是指依法成立、符合慈善法规定条件,以面向社会开展慈善活动为宗旨的非营利性组织,慈善组织可以采取基金会、社会团体、社会服务机构等组织形式。社会组织认定为慈善组织的最大好处是,有了条件去申请“具有公开募捐资格的慈善组织”,一旦申请成功就直接增加了筹募社会资源的机会和空间,这也是一些社会组织申请认定慈善组织的主要原因;至于税收方面,仍与“具有免税资格的非营利组织”享有同等优惠,迄今为止尚没有慈善组织的免税专享规定。

社会组织的属性。上述所有概念和社会组织概念只有名称不一,并无组织性质上的根本不同。尽管“慈善组织”和“免税组织”是社会组织的升级版,但它们也都是社会组织大家庭中的成员,属性并无大异。也就是说,社会组织与非政府组织、非营利组织、民间社会组织,以及慈善组织和免税组织一样,都是以组织成员的自愿参与、自我组织、自主治理、自我发展为基础的非营利性、民间性、自治性、志愿性、组织规范性为主要特征的一类组织①,“它们和党政机关不一样,因为它们不具有权力属性;它们和企业组织不一样,因为它们不是利润获取指向;它们和人民团体不一样,因为它们不具有参政议政的专属政治功能;它们和事业单位也不一样,因为它们不是财政供养的法定服务机构”②。这些特征决定了社会组织是国家与社会治理多元体制结构中不可替代的重要一元。

法人社会组织的范围。本书只涉及经民政系统正式注册登记的法人社会组织。可以从组织形式、业态属性、专业属性三个层次来确认法人社会组织的范围。按照组织形式可包括三种类型的组织,即主要由公民等社会力量自愿组成或举办,经民政部门依法登记从事非营利性活动的社会团体、社会服务机构(即民办非企业单位)③和基金会;按照组织业态所属可包括五大领域的非营利组织,即经济促进类、科学技术类、公益慈善类、社会服务类、人文社科类;按照组织专业所属可细分为教育、科技、文化、卫生、体育、法律、宗教、社会服务、生态环境、工商服务、农业和农村服务、科技和研究、慈善扶弱、应急救援、同业组织、国际事务等十多种专业组织。截至2020年年底,全国法人社会组织总量为89.44万家,其中社会团体37.5万个,社会服务机构51.1万个,基金会8385个。

基于对类似概念的界划和认识,为表述的统一和方便,避免同类概念交叉使用造成混乱,本书在阐述中除了有关慈善组织的特定内容外,通篇以与非政府组织、非营利组织、民间社会组织等具有相同属性的“社会组织”作为基本指称用语。

在一种组织的不同称谓即“社会服务机构”和“民办非企业单位”之间,虽然后一称呼迄今依据《民办非企业单位登记管理暂行条例》(1999)和《民办非企业单位登记暂行办法》(2010)仍然属于规范存在,但于2021年1月1日生效的《中华人民共和国民法典》根据各界建议已将“民办非企业单位”改称为“社会服务机构”。本书依法采用“社会服务机构”作为此类组织的指称用语,

---

① [美]莱斯特·萨拉蒙、S.沃加斯·索可洛斯基:《全球公民社会:非营利部门国际指数》,陈一梅等译,北京,北京大学出版社,2007年,第12~13页。

② 马庆钰:《中国NGO参与全球治理的优势与时机》,载《理论探讨》,2022年第1期。

③ “社会服务机构”和“民办非企业单位”是不同称呼的一种类型组织。后一称呼迄今为止依然依据《民办非企业单位登记管理暂行条例》(1999)和《民办非企业单位登记暂行办法》(2010)而存在;但在2021年1月1日生效的《中华人民共和国民法典》中根据各界建议则将“民办非企业单位”改称为“社会服务机构”。本书主要采用“社会服务机构”的称呼。

并希望处于下位的相关条例法规，尽早参照《民法典》完成修订，以便结束此类组织在名称上的混乱。

（三）社会组织的主要特征

如上所述，社会组织是以组织成员的自愿参与、自我组织、自主治理、自我发展为基础，以非营利性、民间性、自治性、志愿性、组织规范性为主要特征的一类组织。

所谓非营利性（Not Profit-Distributing），即非利润分配性。其一是社会组织不是为其经办者积累财富，而是为了社会公益而存在；其二是社会组织可以通过经营为组织造血，组织收入所得除了支付包括人员成本在内的活动费用和管理费用外，不可进行盈余分配，而只能用于组织使命宗旨规定的公益目的；其三是组织终止时任何剩余禁止成员间私分。

所谓民间性（Private），正常情况是，这类组织的成立基础主要是民间自有资金资源，这类组织的发起举办主体主要是国家公民个人，这类组织的服务目的是医治社会痛点和帮助社会弱势群体。所以无论与党政机构、人民团体和群团组织相比，还是与商业企业和国家事业单位相比，社会组织都具有独特的民间性特征。

所谓自治性（Self-Governing），是说社会组织既不隶属于政府，也不隶属于任何政治团体和宗教组织，强调自我组织，自我管理，自主活动，自我发展。独立和自治是这类组织的一个重要特征。这主要体现不受任何外来干预的内部法人治理结构，人力资源和财物资源的自主配置权，组织活动和发展的自主决策权，以及终止存续的自主权。但这不意味着非营利组织不能接受政府的资金支持。

所谓志愿性（Voluntary），是说社会组织的履行使命宗旨是建立在三个志愿的基础之上。其一是组织对公益价值追求的志愿性，相比而言，政府是“以强制求公益”的组织，企业是“以志愿求私益”的组织，而唯有社会组织是“以志愿求公益”的组织。其二是资金等支持的无偿性，作为从事公益慈善的组织，社会组织的存在主要依靠来自于社会家庭和各类主体的自愿捐赠和支持，各种组织中只有社会组织能创造出这种不求回报、历久不衰的民间资源供给奇观。其三是具有人力资源的自愿性。不仅全职员工因为公益和慈善之爱而成为社会组织的一员，而且还有大量的志愿人士为组织益慈活动和日常事务管理而无偿工作，一定程度上，社会组织的运行是建立在具有志愿精神的理事会成员、全职员工和志愿者参与基础上的。

所谓组织性（Organized），也就是正规性，是说社会组织都要有一定的组织形式和治理结构，要有一定活动规矩，无论是人数多的组织还是人数少的组织,无论是公益组织还是互益组织,无论是会员制的还是非会员制组织,这是基本条件。进一步的正规性,是要求社会组织创造条件根据法规注册法人身份,制定规范的组织章程并以此为根据健全内部规章制度,这样才能具有履行契约关系的依据,成为民事权利与义务的完整主体,使组织的管理者能对组织的承诺负责。这是组织能够承担使命宗旨、履行公益慈善服务的保证。

二、对社会建设的认识深化

(一) 社会建设概念的提出

从狭义上有特殊针对性地提出“社会建设”的命题,将其与以往的经济建设、政治建设和文化建设相提并论,是 2004 年以后。它是执政党和政府对有中国特色社会主义的认识的深化,是应对社会发展要求,对国家管理内涵进行的补充和对政府职能做出的调整。

2004 年 9 月中共十六届四中全会从加强党的执政能力建设、构建社会主义和谐社会的战略高度,提出了“加强社会建设和管理,推进社会管理体制创新”的要求;2006 年 10 月召开的十六届六中全会第一次把社会管理作为主题来研究,并在《构建社会主义和谐社会若干重大问题决定》中提出:“着力发展社会事业、促进社会公平正义、建设和谐文化、完善社会管理、增强社会创造活力,走共同富裕道路,推动社会建设与经济建设、政治建设、文化建设协调发展。”从而明确了包括经济建设、政治建设、文化建设和社会建设的中国特色社会主义事业的新概念; 2007 年 6 月 25 日,胡锦涛总书记在重要讲话中,着眼于四个建设的总体布局,分别对经济、政治、文化、社会建设提出了明确要求。其中,经济是基础,只有坚定不移地以经济建设为中心,大力发展社会生产力,才能为政治、文化、社会建设提供坚实的物质基础。政治是经济的集中体现,对于经济、文化和社会建设有着重要的保证作用。只有积极发展社会主义民主政治,建设社会主义政治文明,才能为社会主义经济、文化和社会建设提供坚强的政治保障。文化是政治和经济的反映,又对经济和政治有着重要的影响作用。只有大力发展社会主义先进文化与和谐文化,才能为经济、政治、社会建设提供精神支撑。社会建设是经济、政治、文化建设在社会领域的综合体现。只有大力加强社会建设,构建社会主义和谐社会,才能为经济、政治、文化建设创造良好的社会条件。社会建设的提出意味着国家在转变政府职能促进民生与社会福利改进的同时,进而着手拓展社会建设新领域,构建社会管理新格局,创造保障民生的制度环境。党的十七大报告的一个重要的内容,就是第一次提出了让全体人民“学有所教、劳有所得、病有所医、老有所养、住有所居”的社会建设目标。2007 年 10 月党的报告首次系统概括阐述了社会建设的目标和策略:“在经济发展的基础上,更加注重社会建设,着力保障和改善民生,推进社会体制改革,扩大公共服务,完善社会管理,促进社会公平正义,努力使全体人民学有所教、劳有所得、病有所医、老有所养、住有所居,推动建设和谐社会。”2012 年 11 月党的十八大报告继续强调:“加强社会建设,必须以保障和改善民生为重点。提高人民物质文化水平,是改革开放和社会主义现代化建设的根本目的。要多谋民生之利,多解民生之忧,解决好人民最关心最直接最现实的利益问题,在学有所教、劳有所得、病有所医、老有所养、住有所居上持续取得新进展,努力让人民过上跟好生活。”此后随着实践探索,2017 年 10 月党的十九大对社会建设的内容做了新的补充,进一步丰富了目标内涵:“在发展中补齐民生短板,促进社会公平正义,在幼有所育、学有所教、劳有所得、病有所医、老有所养、住有所居、弱有所扶上不断取得新进展。”

(二) 社会建设的内在要求

社会建设的本质会对以往人们所习惯的东西,提出挑战。谁是社会建设的主体?至今还有观点认为“幼有所育、学有所教、劳有所得、病有所医、老有所养、住有所居、弱有所扶”的责任理所当然属于执政党和政府以及一些附属公共部门,实际上这是计划经济时代的做法和传统习惯意识的延续。改革开放带来的社会转型,民生需求的规模压力,社会力量的迅速发展,都需要党政领导者针对社会资源配置,建立从一元走向多元、从集中走向分散、从垄断走向参与的社会建设新理念,尤其要承认社会力量参与对民生工程的重要性。

社会建设的目的是让人民生活的更有品质,为人们真正创造一个民主发展、公道正义、安全自主的生活工作制度条件。为此就需要持续推进社会福利、就业创业、卫生健康、公共服务、民主参与、基层自治、法治保障相关制度和机制的完善,实现政府治理与社会调节、居民自治的良性互动。事实证明,浩繁的社会建设工程是难以由公权力等公共部门单独完成的,需要依靠党委领导、政府负责、社会协同、公众参与、民主协商的多元共建才能有望达成。执政党从十六届六中全会开始就围绕社会建设探索多元参与的社会治理机制,直到十九届四中全会形成了人人有责、人人尽责、人人享有的社会治理共同体理念。但由于习惯性传统旧念、环境杠杆欠优,加之自身能力不足,社会组织等社会力量仍然是多元治理结构中的短板。社会建设的顶层设计者和政策管理者应充分认识社会参与的时代意义,继续施策扶持社会组织健康发展,着力打造政社分开、权责明确、依法自治、发挥作用的现代社会组织制度,让社会组织等社会力量在社会建设工程中担当起应份的责任。

三、社会组织的社会作用

鉴于社会建设环境与目标工程的特点,国家顶层设计和管理主体应考虑将培养与发展社会组织,置于国家与社会治理的战略高度来对待,充分认识社会组织对于我国社会建设的重要作用。

第一,社会组织是多元治理结构中的重要一元。一直以来,人们都习惯认为社会共同需求的消费品要靠政府系统供给;私人消费品要靠市场系统供给。但实践证明,两者都会因自身局限性而发生失灵。民间社会组织则可以弥补它们的缺陷和填补两者留下的空白。民间社会组织独立于政府和市场之外的社会管理和公共服务作用,已经得到一定验证。在社会矛盾比较集中的某些领域,如下岗再就业、环境保护、扶贫开发、艾滋病防治、社会福利、居民社区服务、慈善救助等公益活动方面,民间组织是一个可以依靠的选择。在社区和农村基层培育这类组织,能够适应公众多样性需求,使许多社会矛盾和社会问题在社区和农村层面上获得解决。民间社会组织是与政府相互合作、取长补短的合作伙伴,围绕社会治理政策的制定与执行,政府与民间组织各有侧重,互为补充。两者的合作有利于促进经济与社会稳定、健康、和谐发展。

第二,社会组织是吸引各种资源的重要途径。政府是社会管理和公共服务的主导者。但因为人力、财力、智力的短缺,仅仅依靠政府并不能提供让社会公众满意的公共产品。民间组织的存在,正好可以发挥吸引和整合各类社会资源甚至是国际资源用于社会管理和公共服务的作用。在全球行政改革中出现的“能力促进型国家”的概念与实践,是欧盟一些政府培育民间社会组织,解决公共服务人力资源不足的普遍模式。首先是,他们一改政府定规划、铺摊子、设编制、建单位的做法,从政府亲自提供公共服务向民间提供公共服务转变;其次是,从国家直接拨款支出向国家通过购买服务的间接支出转变,通过引进竞争机制促进民间非营利服务提供者的能力建设;再次是倡导政府培育和加强私人责任的理念,促使民间社会组织承担自我管理、自我服务、自我发展的职责。长期以来,我国民间组织也在整合社会人力资源为政府排忧解难方面做出了重要贡献。

第三,社会组织是化解社会矛盾的一种机制。在计划经济的传统社会中,政府与社会对话的平台是“单位”。国家通过垄断资源、利益、信息和发展机会控制每一个单位,而单位又通过对自己所垄断的资源、利益、信息和发展机会控制每一个人。改革开放以后,这个体制逐渐瓦解,民间开始产生大量多元利益主体。如行业协会、农民工群体、特殊消费者群体、弱势群体,特殊职业群体基础上形成的民间组织,都取代“单位”而成为某种利益表达和诉求的主体,成为在政府与社会之间进行对话、调解、协商、参与的双向沟通与平衡机制。在面对政府与社会利益纠纷时,政府可以直接在民间组织这个平台上通过对话达成和解,化解激烈冲突;在面对利益群体之间的矛盾时,政府可以利用这个平台居间斡旋调解；而在资源配置和政策制定中，代表各自利益的民间社会组织可以成为本群体的代言人，表达利益愿望，影响决策意向。政府与民间社会组织之间这个对话、调解、协商、参与的沟通平台，是缓和社会冲突、化解社会矛盾的减压缓冲装置。

第四，社会组织是政府职能转变中的重要合作者。多年来全能政府的弊端使人们认识到，政府的职能和功能是有限的，社会管理主体的多元化、政府和社会的分工合作与共同治理是社会发展的客观趋势。我国政府行政改革中的一个重要任务就是实现政府职能转变，将政府管不了、管不好的事情交给企业和社会组织以及个人自己来做，真正解决政府职能的越位、错位、缺位问题。政府为此一直强调要政企分开、政社分开、政事分开、政资分开。其中的政社分开就是政府的职能要与社会组织的职能分开，也就是说，凡是社会组织和个人自己能够管理和服务的事情，政府一概放手。走到这一步，需要一个过程，需要政府来改变观念、投入精力、采取措施，培养和帮助民间社会组织的成长和发展，促进公民自主意识与自我管理和服务能力的不断增强。只有经过这样一个持续不断的政府和社会的共同努力，才能使政府甚至党委，逐步从“越位”“缺位”“错位”的尴尬中解脱出来，一个政府与社会各归其位、职责分明、相互依赖、相互支持的公共管理时代才能到来。

第五，社会组织是增加社会凝聚力的黏合剂。民间组织为满足人们结社交往偏好提供了条件。人们通过民间社会组织，得到相互支持，相互理解，分担困难和痛苦，分享成功和喜悦，实现单个人不能做到的事情和得到的感觉。民间组织还为人们开展志愿活动、进行公益奉献和各种志趣爱好活动提供了平台。它可以以灵活而自由的方式，凝聚社会人群，减少边缘化个体，使人们的各种情趣、志向、理想获得发展，为满足人们多样化的需求提供便利。它以独特的社会网络方式，将社会纳入组织有序的生活中来，促进成员行为的自律，使他们适应社会规则，维护社会秩序，提升社会诚信和社会责任水平。民间组织为各种社会成分提供了较宽松的活动空间，能够起到排解社会怨气、释放社会压力的作用，也使各种不同的社会群体能够依法共存相容，增进社会容忍度。在民间组织中贯穿的宽容、互助、互惠、利他和公益精神，有助于消除社会矛盾和维护社会稳定和和谐。

第六，社会组织组织是培育公民自治能力的场所。我国要建设成为一个民主法治、公平正义、诚信友爱、充满活力、安定有序、人与自然和谐相处的社会主义和谐社会。这个过程中除了制度建设具有关键作用外，另外一个决定因素就是人，即必须要有具有公民精神和自治能力的公民构成的参与型社会，这是我国进行政治文明建设的重要目标之一。所谓参与型社会，就是国家或政府系统,以及市场或企业系统之外的社会组织及其公共参与制度和机制关系的总和,它是国家政治领域和市场经济领域之外的民间公共领域。随着市场化、全球化、网络化时代的到来,社会公众自己所掌握的资源会越来越多,手段也越来越多,这将使社会和公众的自主自由空间逐渐扩大。所以,小政府大社会或者叫作多元共治是国家与社会治理现代化的基本趋势。民间组织的发展将是伴随这个大趋势而必然发生的现象。人们会在这些组织的运作中,培养公民意识,提升社会责任感,锻炼自我组织、自我管理、自我发展的素质与能力,从而促使小权力大权利必要因素积累、公民参与型社会的成熟和社会建设目标的顺利实现。

第二节　社会组织能力建设内容结构

多元社会治理结构的提出,给社会组织角色作用创造了空间。能否与政府、企业、社区组织等相互协作,真正成为公共管理多元结构中的一元,除了政府创造好的环境外,关键是社会组织自己要具备必要的能力。

一、社会组织能力的含义

"组织能力"这一概念最早是实验胚胎学者韦斯(P. A. Weiss)提出的,他认为组织能力即直接起造型作用的能力。在管理学中组织能力概念与组织、组织绩效、组织的内外部环境相关。广义的组织能力体现在环境、输入、转化、输出和反馈各个环节;狭义的组织能力仅指组织将投入转换为产出的能力。

社会组织能力即社会组织利用资源,形成和制定组织愿景、战略、使命和目标,并通过有效实施,为社会提供公益性产品和服务,形成组织与环境的良性互动,获得竞争优势,确保组织可持续发展过程中体现出来的能量和素质。

社会组织能力建设(Capacity Building)与社会组织能力开发(Capacity Development)具有类似的含义。民间组织能力建设、非政府组织(NGO)能力建设、社会组织(NPO)能力建设等等用词都是社会组织能力建设的不同说法。

社会组织能力建设最初由国际 NGO 培训和研究中心发起。该组织与1991 年建立了官方网页,并创办了出版物如 *Capacity Building* 等,有力推动了社会组织能力开发的研究、实践和传播。联合国经济与社会理事会下设的非政府组织委员会、世界银行等等机构都是推动社会组织能力开发的重要机构。

1999 年中国青少年发展基金会、联合国开发署(UNDP)和福特基金会主办的"希望工程与 NGO 发展国际研讨会"上开启了有关 NPO 组织能力建设的研究。随后社会组织能力建设的论文、研讨会、研究报告、培训和实践项目如雨后春笋般在神州大地兴起。民政部民间组织管理局开展的有关民间组织的系列研究具有较大的影响力。国际社会组织也参与到中国社会组织能力建设中。比如，由加拿大权利与民主中心（Rights and Democracy，R&D）资助、社会组织顾问网络承办，在2006年7月至2007年6月期间开展了中国大陆环保类社会组织能力建设项目。再如，由福特基金会资助，温洛克北京代表处执行，于2002年开始的温洛克民间组织能力开发项目，于2005年编辑出版了《温洛克社会组织管理参考资料系列》，该系列从领导与治理、战略规划与组织发展、财务管理和人力资源管理六大方面提供了社会组织能力建设的实践指南。

社会组织能力建设是一个系统工程，涉及环境、资源和组织多个变量，涉及多方面的工作。各研究机构和学者都尝试给出社会组织能力建设的定义。

在国内就可考的文献来看，《中国第三部门研究年鉴》（2000）较早地研究社会组织筹款能力问题。随后很多学者和实际管理者都关注社会组织能力建设的各个方面，他们主要聚焦于社会组织能力建设的路径、有效性、关键因素、社会资本与民间组织能力、农村民间组织能力建设等问题。关于概念内涵，民间组织的能力建设“是指为实践其《章程》规定的宗旨、目标有意识进行自我组织、自我建设、自我发展的活动与过程。民间组织的能力建设既具有独立性，又涉及方方面面，具有综合性”①。

发达国家中非营利组织能力建设已经成为一个较为繁荣的研究领域，关于社会组织能力建设的概念、理念、框架、步骤、实现途径等方面的探讨的文献较为丰富。具有代表性的定义有：联合国开发署在UNDP的会议部署文件中认为能力建设是“建立适合国情的政策和法律框架的环境、机构的发展，包括社区的参与者（特别是妇女的参与）和人力资源发展和管理系统的完善”。它还在1997年《能力发展：技术顾问报告II》一书中对能力建设做了进一步的阐述，提出了能力发展的概念，认为能力发展是一个过程。通过这个过程“个人、群体、组织、制度和社会增强发挥主要作用、解决问题、建立和达到目标的能力以及用全面的观点和可持续的方法理解和应对发展需求的能力”。1997年，英国人艾德（Deborah Eade）在英国出版《能力建设：通向以人为中心的发展之路》（*Capacity Building*）一书，作者从人的权利实现的特殊视角对能力建设进行了分析和阐述。②

总括来说，业内普遍认同能力建设是一种程序，通过它可以培养一些专门技能、建立管理体系、开发资源和建立学习网络，促进组织使命的实现和组织

---

①　高成运：《民间组织能力建设的视角与路径》，载《学会》，2006年第5期。

②　［美］艾德（Deborah Eade）：《能力建设：通向以人为中心的发展之路》，应维云、刘国翰译，北京，九州出版社，1999年。

的可持续发展。而非营利社会组织的能力建设,是指 NPO 根据组织的宗旨与目标及所处的环境,在不间断的学习和经验积累中,对个人、群体和组织不断进行的旨在提高个人、群体和整个机构解决问题、实现目标、满足发展需求和机构可持续发展所需要的综合能力的培育过程。①

综合上述文献成果,本书认为,社会组织能力建设至少有以下含义:(1)它是一个社会组织的持续改进过程。(2)它旨在增进社会组织实现宗旨目标的能力。(3)它是在组织内外部环境的制约下,优化协调组织资源,克服组织面临的矛盾困难。(4)它涉及个体和机构部门的组合性素能历练。(5)它关注基于以制度为焦点所打造的一个公益组织做善事、能做事、做成事、能竞争、可持续的成长发展水平。

二、社会组织能力结构

社会组织能力结构是一个处于探索中的课题,研究机构和各地管理部门都进行了不少探索。

其中如当年的国家民间组织管理局曾于 2007 年组织研究出版了《中国民间组织评估》,从中可以找到有关社会组织能力标准的参考。还有温洛克民间组织能力开发项目根据加拿大政府公民与移民部资助的多伦多联合劝募制作的能力建设评估工具,在改编基础上形成了一套能力指标,一共涉及 4 个能力维度,这套能力体系也有重要参考价值。这里基于这些研究就社会组织能力结构提供一个参考性框架。

1. 使命愿景与战略规划能力。使命、愿景和战略规划的作用是指导非营利社会组织的工作,确认利益相关方并与之保持良好关系,为开展项目和服务指明方向,同时引导社会组织制定长期及短期目标并评估项目进展。

(1) 使命及愿景陈述。包括:组织所具备的使命陈述能准确说明组织的工作内容、工作缘由和服务对象;组织的愿景陈述描述清楚;员工和志愿者理解使命及愿景陈述;定期修改使命陈述,使它保持与利益相关方需求一致。

(2) 使命及愿景引导。包括:现有项目及服务与使命和愿景一致;在制定长短期计划过程中,与使命及愿景陈述对接;向受益人及其他利益相关方宣传组织使命。

(3) 规划及其执行。包括:组织的长期目标清晰明确,员工、志愿者、理事会成员和其他利益相关方为组织制定目标提供了意见;长期目标与使命和愿景一致;组织根据现有资源制定的短期目标明确而且切实可行;员工知道组织

① 定义转引自 NPO 信息咨询中心主编:《NPO 能力建设与国际经验》,北京,华夏出版社,2003 年,第 101~106 页。

的整体工作计划与自己的日常工作具有怎样的联系;每年一到两次根据工作计划对所要达到的预期成果进行项目成果评估;员工参与成果评估并确定组织优先任务的决策过程;理事会参与成果评估并确定组织优先任务的决策过程。

2. 治理结构及领导能力。治理职责及领导力涉及组织的管理层、其职位责任界定、项目监督及确保组织诚信等。

(1) 治理结构完整。包括:会员组织的会员代表大会有规范的代表产生程序、议事规则和表决方式;理事会(常务理事会)的产生建立在充分民主规则基础上;理事会按照章程履行职责,并严格执行薪酬和利益冲突方面的限制性规定;理事会严格遵守议事规则;组织的理事会定期开会并致力于指导组织的工作;组织保留所有理事会会议记录资料;理事会直接参与组织筹资活动;理事会熟悉首席执行官的日常工作职责;理事会要求管理层在影响组织的重大事件上向它汇报。监事与监事会的产生建立在民主规则之上,按照章程履行自己的监督职责;首席执行官民主选举产生,并按照章程履行职责。

(2) 管理及诚信。包括:管理层知道要对志愿者、受益人及捐助者等组织各方负责;管理层定期自查组织运行是否合乎捐助人的期望及相关法规;管理层有能力判断组织是否拥有足够资源;管理层定期向理事会汇报项目和服务的进展和问题;管理层如实向捐助方汇报相关情况;管理层对理事会负责并在做主要决定前征求理事会的意见;管理层能够启发员工,志愿者及其他利益相关方为实现使命而努力。

(3) 交流与公关。包括:项目能反映利益相关方,尤其是受益人的需要;组织与利益相关方商谈有关问题;关于组织的项目和服务,让受益人和其他利益相关方提出建议和意见;管理层定期阅读关于受益人的反馈报告,考虑是否需要据此调整项目和服务;组织的利益相关方对组织的项目和服务感到满意;组织能清楚有效地对内对外传达本组织的信息,有较成熟的沟通方案以宣传组织本身和组织的工作;组织通过外界媒体、政府及公众有效地提高组织声誉;组织努力使其他有关组织、决策者和公众理解并支持组织的受益人;组织与和组织工作内容类似的社会组织相互合作。

3. 行政及财务管理能力。涉及行政管理程序、财务预算、财务报告系统、风险管理、资金筹集,以及对资助方负责和资金可持续性等。

(1) 财务管理。包括:组织有正式财务管理规定及程序以避免资金浪费和不正当使用;这些财务管理规定(比如报销制度)及程序得到严格执行;组织所有人员应知道并遵守以上规定;组织对不遵守规定的人员有强制执行措施;组织根据年度预算支出;组织根据捐款数额、服务收入及支出预测制定财务预算;组织根据捐助方的意愿和项目任务分配资源;组织鼓励员工参与年度财务预算过程;管理层至少每三个月检查财务账目一次;组织每年提供一份财务报告;组织的财务管理透明,员工、捐助方、其他利益相关方等可随时了解必要的相关财务情况;为相关部门提供审计报告。

(2) 风险管理。包括:组织通过实施财产保险、职工保险以及必要安全措施降低风险;组织定期更新组织的财产及固定资产清单;组织对捐助者、受益者、员工及志愿者的个人信息满足保密的要求;组织采取备份电脑中资料等措施保护重要信息;员工知道怎样应对紧急情况和危险。

(3) 资金筹集。包括:组织具有筹资战略并为达到战略目标制定了明确的筹资计划;组织有明确的筹资运作计划,并有足够人员和机制执行;组织对捐助方的善举表示感谢和公开肯定;组织对捐助方说明资金去向;除了现有国际组织捐款,组织积极拓宽新的筹资渠道;组织有多元化的资金来源而不是依靠唯一来源;组织具有筹集资金的技能;组织有应对资金短缺的计划;组织每月有现金流量表以核查资金收支情况。

4. 人力资源管理能力。人力资源管理涉及对组织结构及员工和志愿者的管理方法,也包括工作环境, 员工和志愿者培训及支持,包括对组织、员工、和志愿者工作关系起到指导作用的政策和程序。

(1) 管理结构。包括:组织的结构图能明确划分部门职能和人员职责;组织拥有与所开展活动相匹配的足够数量的员工;组织内管理职责明确,每人都清楚向谁汇报哪方面工作;在组织内责任和权力不是集中在领导一人,而是充分分散到各工作级别;谁有权作什么决定十分明确,决策程序清楚;组织的活动、项目和部门协调统一;组织积极支持员工及志愿者的培训和发展;组织有指导员工和志愿者行为的准则;组织关于人力资源的政策明确、公平;员工及志愿者变动率不致引起组织不稳定。

(2) 工作环境。包括:组织能够与来自不同社会经济背景的受益人及其他利益相关方协作;领导能有效地督促与管理;员工能从领导那里得到适当的工作指导、支持和反馈;领导鼓励员工为了改进组织的工作而创新;领导鼓励员工提出和发现问题;领导鼓励员工参与组织决策过程;组织给员工提供必要的资源以便员工高效完成任务;组织内各层次人员包括志愿者之间相互尊重。员工有很强的工作动力和对组织有归属感;组织鼓励员工实现团队合作关系。

(3) 员工职业成长。包括:员工具有必要的工作技能;组织定期核查员工薪金及福利标准;员工的工作内容清楚明确且互为补充;所有员工都认为其工作重要而有意义;员工可随时得到组织关于员工权力及责任的政策。

(4) 志愿者职业成长。包括:组织给志愿者分配重要、有意义的任务;组织具有反映志愿者实际工作情况的岗位描述;组织积极招募具有技能特长的志愿者;组织进行志愿者培训;员工充分指导和协调志愿者的工作;志愿者的工作得到组织认可;组织具备关于志愿者权力及责任的管理规定。

本书并没有根据上述维度展开阐述,而是在这套结构体系基础上,将社会组织能力细分为九个方面:即,社会组织内部治理能力;社会组织战略管理能力;社会组织筹募资源能力;社会组织财务管理能力;社会组织人力资源管理能力;社会组织公益营销与公关能力;社会组织的项目管理能力;社会组织公信力管理能力。每一种能力用一章的篇幅展开说明和论述。这成为本书的内容体系。

第三节　社会组织能力建设路径

社会组织如果要进行有效的能力建设,除了需要得到来自政府在法律法规以及政策环境方面的支持外,还要在自身建设方面遵循必要的原则。①

1. 政策法规支持能力建设。发达国家有成熟的 NPO 组织,也有丰富的能力建设经验,但这些经验和做法并不一定全部符合中国的国情和实际。执政者从稳定考虑,对社会组织一方面鼓励,一方面采取监督控制措施。因此,为了社会组织能够生存和长远的发展,能力建设的内容和方法要符合有关政策法律规定。要与相关权力部门建立沟通,在社会组织能力建设的内容和方式以及路径上寻求政府的理解和支持。并且可以向有关政府部门就如何建设社会组织能力提出政策性的建议。

2. 领导重视推动能力建设。社会组织取得能力建设方面的成效,必须得到组织中高层领导的支持和重视。要想全面提高员工的能力从而提高整个机构的能力,不仅应改进技能,而且还应改进所有成员的态度和知识。社会组织有许多有知识有技能的人才,但他们不安心在社会组织工作,其原因就是他公益性工作没有正确的认识和积极的态度。改变这种态度会使大家更好地利用自己的知识和技能为社会组织工作。知识对于技能的有效运用也很重要。不懂激励理论,不懂得人们动机的规律而盲目地去运用一些激励的方法和技巧是不会收到良好的效果的,也很难想象不知道有效沟通的要素的员工如何能够作好公共宣传工作。

3. 战略目标引领能力建设。要提高社会组织中能力建设的影响和效果,

① 本部分采用了汪力斌、李小云、王伊欢所撰写文章《非盈利组织能力建设探讨》中第三部分《如何成功进行能力建设》的内容,在此说明并表示感谢。http://www.help-poverty.org.cn/helpweb2/ngo/n32.htm。

能力建设必须要与组织的战略目标紧密联系在一起,能力建设应当能够为社会组织的目标做出贡献,为提高组织效率和改善服务的质量做出贡献。因此,社会组织在进行能力建设之前,应了解组织的战略目标,并思考这个战略目标对能力建设的含义,实现战略目标都需要哪些能力。然后才采取具体步骤进行能力建设。为服务于社会组织的战略目标,能力建设不仅要培养组织目前发展所需要的能力,而且还要建设组织未来发展所需要的能力。

4. 成果转化促进能力建设。能力建设成果的转化是指将在能力建设中所受到的知识技能和行为应用到实际工作去的一个过程。如果不能将建设起来的能力有效地用于提高社会组织的效率和工作成绩,不仅是对能力建设所投入的资源的浪费,同时也使能力建设失去了意义。能力建设成果的转化主要受三个主要因素的影响:组织因素、个人因素以及能力建设的方式方法的影响。其中组织因素起着决定性的因素,如组织内是不是有一个鼓励运用新学到的能力的气氛、领导的支持、同事的支持、技术支持、工作支持等,有没有创造一个能够运用所学到能力的机会。个人因素包括个人的学习和应用能力、自我管理能力、动机和兴趣等。能力建设本身的原因包括能力建设的方法是否恰当有效,内容是否符合实际需要。

5. 绩效评估诱导能力建设。只有对能力建设进行监测和评估,才能知道能力建设是否取得了预期的效果,有哪些方面需要改进和调整,才知道所投入的资源是否取得了回报。中国的非营利组织普遍存在着资源奇缺的问题。在这样的情况下,更应该加强对能力建设的监测与评估。为了更好地监测与评估,需要正确确定评估内容,还需要良好的评估方法和手段。在评估内容上,不能要评估学到了多少能力,而且还要评估在工作中是否运用了这些能力,更重要的是,这些能力的运用对组织都产生了哪些影响。对不同的评估内容应采取不同的评估手段。比如在提高机构的扶贫项目管理能力的建设中,可以用问卷来了解机构人员学到了哪些项目管理的知识和技能,可以用观察法来了解机构人员在实际工作中都运用了哪些项目管理技能,都有哪些新的行为。评估能力建设对机构所产生的影响可以通过去项目地区进行调查了解,了解项目活动在当地产生的脱贫率,收入增长率等结果。

6. 综合方法加强能力建设。这些方法包括:(1)培训。这确实是社会组织能力建设中一种最常用的方法。除此而外还应该多渠道,多方式地进行能力开发和建设,而且要立足于从社会组织内部挖掘能力建设的潜力。(2)教育。通过一些大学所开设的 MPA 课程以及大学和社会组织联合开发的专门针对特定社会组织的教育课程,来提升组织成员的整体能力。(3)交流访问。国内外社会组织之间扩大交流与沟通,交换经验,分享信息,也是提高能力的方式。(4)在社会组织内部为员工制订和实施个人发展计划,比如有目的、有计划地对员工进行指导和训练、工作轮换,扩大现有责任范围,为社会组织中的员工或志愿者提供组织中不同领域或同一职能领域中不同工作岗位之间流动的机会,在现有的工作中增加更多的挑战性或是更多的责任。(5)自我学习。自我评价和了解自己的兴趣和专长以及能力的欠缺,从自己的经验中学习、总结和提高。(6)评估和反馈。收集员工在行为、沟通方式、技能等方面的信息,然后向员工提供反馈,这样可以确定员工的潜能以及优点和弱点。收集的信息来源包括员工本人,他们的同事、上级主管、服务的对象,也可以来自效绩评价,以及一些人格类型测试。(7)参与。在进行组织重大决策、解决重要问题、制定战略和规划时鼓励员工的参与,寻求他们的投入,也是提高员工管理能力、决策能力的重要方法。(8)寻求外部建议和意见,在社会组织的创建、运行或发展过程中,遇到问题,缺少知识时可以向一些组织、专家或咨询机构寻求建议和解决方案。(9)建立学习型组织。在组织内创建学习型组织,即一种灵活、应变力强、能不断自我学习、革新、充满活力与创造力、能持续开拓未来的组织。这些方式方法的综合使用,对于社会组织及其成员能力的提升和改善成效明显。

结语。社会组织与非政府组织、非营利组织、民间社会组织,以及慈善组织和免税组织一样,都是以非营利性、民间性、自治性、志愿性、组织规范性为主要特征的一类组织。它们和党政机关不一样,因为它们不具有权力属性;它们和企业组织不一样,因为它们不是利润获取指向;它们和人民团体不一样,因为它们不具有参政议政的专属政治功能;它们和事业单位也不一样,因为它们不是财政供养的法定服务机构。这些特征决定了社会组织是国家与社会治理多元结构中不可替代的重要角色。

从狭义上有特殊针对性地提出“社会建设”的命题,将其与经济建设、政治建设和文化建设相提并论,是党和政府应对社会发展矛盾,对国家管理内涵进行的补充和对政府职能做出的必要调整。党从十六届六中全会开始就因应社会建设浩繁工程,探寻创新多元参与的社会治理体制,直到十九届四中全会形成了多元参与的社会治理共同体理念,这为社会组织在社会建设和社会治理中担当责任创造了空间,也为社会组织发展与责任相适应的能力提出了要求。

社会组织能力建设有多重理解:它是一个社会组织的持续改进过程;它旨在增进社会组织实现宗旨目标的能力;它是在组织内外部环境的制约下,优化协调组织资源以克服组织面临的矛盾困难;它涉及个体和机构的组合性能量素质的提升;它关注以制度为焦点让组织做善事、能做事、做成事、能竞争、可持续。社会组织的能力结构至少包括:法人治理能力;战略管理能力;筹募资源能力;财务管理能力;人力资源能力;公益营销与公关能力;项目管理能力;公信力管理能力。从内外因两个角度看,社会组织能力建设的一般路径包括:通过政策法规来支持能力建设,通过领导层重视来推动能力建设,通过战略目标引领能力建设,通过各要素成果转化促进能力建设,通过绩效评估诱导能力建设,通过培训等综合方法加强能力建设。除了政策法规以外,其他几点都是社会组织自身能力建设所不能忽视的。

第二章　社会组织法人治理能力

任何一个社会组织都需要有一个组织结构和组织运行关系机制，经过注册登记的法人组织尤其如此。治理比之于管理更强调全员民主参与组织事务的特点。虽然所有社会组织都具有决策、执行、监督的基本治理结构，但在社会团体、基金会、社会服务机构之间，其治理角色设置和关系形态、运行机制仍有区别。针对各类社会组织的不同特点，根据国家法规和内部章程来规范内部治理结构形式，建立有效的角色责任制约关系，完善内部运转的各项制度，真正体现全员参与的民主治理优势，有利于社会组织的健康和可持续发展。

第一节　对社会组织法人治理的理解

一、社会组织法人治理的内涵

1. 组织治理的来源。治理是一个使用非常广泛的概念，在不同的领域有不同的含义。自从 1989 年世界银行在其报告中首次使用了"治理危机"后，"治理"一词便被高频使用。作为社会组织，到底从哪个角度理解"治理"，这一点需要明确。正如较早研究"治理"的主要学者之一罗德斯(R. Rhodes)所说，有作为国家管理活动的治理；有作为公司组织的治理；有作为新公共管理的治理；有作为善治的治理；有作为社会控制体系的治理；还有作为自组织网络的治理。[①] 本章关于非营利社会组织的"治理"，接近于公司组织的治理，实际上也仿自公司的治理。

公司组织的治理，本质就是约束经理人的方法。在代理经营的情况下，股东拿出钱来投资，通常是交给职业经理经营。而经理的利益与股东的利益并不完全一致。股东希望企业法人可以长期存续经营，并实现股东利益的最大化；而经理人需要的是他们通过支配别人的资源满足个人需要和获得个人利益最大化，是他们借助于运作公司，实现自我价值的最大化，是他们营造个人帝国，身价的最大化。由于信息不对称，股东的利益面临很大风险，如何破解这种风险成为一个备受关注的重大课题。自 1932 年美国学者贝利和米恩斯提出公司治理结构的概念以来，很多人从不同角度对公司治理进行探究，其中

---

① Rhodes, R. A. W. (1996). *The New Governance: Governing without Government. Political Studies*, 44(4): 652-667.

具有代表性的是超产权理论、两权分离理论、委托代理理论和利益相关者理论,它们构成了公司治理结构的实践依据。

公司治理是一组规范公司相关各方的责任、权力、利益的制度安排,是现代企业中最重要的制度架构。它包括公司股东、公司董事、公司经理层和其他利益相关者之间的关系模式。完善的公司治理结构可以约束和激励决策层和执行层,实现符合股东、经营者以及其他利益相关者的目标,也可以激励企业更有效地利用资源。通俗讲,公司治理就是研究如何保证公司的出资人可以获得他们投资所带来的收益,研究出资人怎样可以使经理人将资本收益的一部分作为红利返还给他们,研究怎样可以保证经理人不将资金投资于坏项目和不吞噬掉他们所提供的资金,一句话,公司治理就是要解决出资者应该怎样控制经理人,以使他们为自己的利益服务的办法。

2. 社会组织法人治理。虽然非营利性质的社会组织与商业组织追求的目标不同,但是后者的内部治理形式仍然可为社会组织借鉴。因为社会组织也存在委托–代理关系,也受到具体代理者行为失控的困扰,委托者和社会公共利益也有被损害的可能。

(1) 社会组织治理的基础。公司治理以所有权与经营权的分离为基础,而社会组织的法人治理是以所有权、经营权与受益权分立为依据的。在公益信托制度之下,信托人将信托财产交给受托人管理或处理,受托人取得该项财产的处分权,信托利益归于受益人。此间,无论是委托人、受托人或受益人均不享有完整的所有权诸权能,也就是说,不享有绝对意义上的所有权。委托人设立信托后,便失去了对信托财产的占有、使用、收益、处分以及管理、经营的权利,在这个意义上可以说委托人失去了信托财产的所有权。受益人不占有信托财产,名义上也不享有其所有权,但享有收益权。而受托人取得信托财产后可以占有、处分以及经营、管理这些财产,但财产处分后或经营管理中取得的利益应交付受益人,在这个意义上可以说,受托人享有的只是支配权意义上的所有权,或者可以称为归属意义的所有权,但仍不是完整的所有权。对于公司企业来说,尽管存在所有权和经营权分离的问题,但原始"出资人"也是最终"受益人",至少"所有权"与"受益权"是统一的。而对于社会组织特别是其中的非会员制组织来说,"出资人"(捐助人)与"受益人"的角色是分离的,而且捐助人一旦完成了捐助行为即丧失其经营权。所以,社会组织所有权、经营权与受益权"三权分立"是社会组织法人治理的基础。

(2) 社会组织法人治理内涵。是指社会组织法人以章程为核心,依法依规制定并落实内部管理制度,按照固定的议事规则协调权力决策机构、执行管理机构、监督机构及其他利益相关者之间的关系,促进自身健康有序发展的运行模式。[①] 广义上的社会组织治理,既包括外部监督的一系列制度安排,也包括组织内部制度措施。而在内部治理制度安排中,既包括如人力资源、员工薪酬、激励约束、财务资产、组织战略等制度措施;又包括组织内部的权力制衡结构及其运行机制,也就是具体指通过建立委托者、决策者、执行者和监督者之间的激励约束结构模式,规避组织在多权分立和委托-代理关系中的代理者失控和公共利益受损的风险。

(3) 社会组织法人治理结构。是指社会组织以章程为核心,对权力决策机构、执行管理机构、监督机构及其他利益相关者之间的权利分配与制衡关系的制度安排。进一步说就是指社会组织的决策者、执行者和监督者之间通过分工合作和各司其职而形成的权责明确,相互制约,规范履职,确保使命,依照法规规章和章程等予以制度化的内部权责关系架构,这一根本性制度安排与运行的质量,对组织其他制度建设和健康运行具有制导性影响。“法人治理结构”的概念伴随着法人制度的逐步完善发展而来。它形成于无限公司,完善于股份有限公司,实际上是以股份有限公司为基本形态总结出来的。鉴于这种结构的科学合理性和功能的有效性,它被应用于各类非营利性质的社会组织中。

所谓社会组织法人治理能力建设,主要指社会组织通过必要的制度建设,规范内部机构设置和运行,在社会组织权力机构、决策机构、监督机构、执行机构间形成权责明确、相互制约、运转协调和决策科学的统一机制,使社会组织法人内部组织机构形成互相协调又互相制衡的关系,确保社会组织法人运行平稳、健康,从而维护社会组织各方利益,有效履行社会组织使命宗旨与达成任务目标的能力。

二、社会组织治理与管理的比较

在非政府非营利的社会组织中,理事会或者董事会是一个核心决策机构(为叙述的方便,在本书中统一使用“理事会”名称),这已经在前面进行了充分说明。而组织决策的具体执行者则是理事会选聘的执行主任或者首席执行官或者执行总裁为领导的管理团队。两者之间是政治与行政的,或者确切说是治理与管理的关系。但并不是所有在这个关系中的角色都能把握好自己。一些组织经常遇到理事会“不理事”的问题,而另一些组织也会出现代理者失控,损害委托人和社会利益的情形。通过对比明确理事会的治理和首席执行官及其团队的管理的区别,是组织建立良好治理所需要的。

---

① 天津市市场和质量监督管理委员会发布《天津市社会组织法人治理结构准则》(张宝甫等执笔,20160420)。

表 2.1　治理与管理的比较①

治理	管理
各自定义	
治理是根据组织宗旨和使命进行的战略设计,是确保组织发展正确方向和可持续竞争力的策略安排。	管理是落实组织的战略策略安排,确保组织的所有资源能发挥最大作用以实现组织目标的过程。
责任主体	
理事会整体	执行主任及管理团队
主要责任	
• 确保组织具有使命、策略以及长期目标。 • 代表利益相关方督促首席执行官及其团队工作。 • 确保组织的公信力和透明度,特别是财务方面。 • 确保组织依法依规依章程开展工作。 • 确保组织根据最新的相关政策工作,确保组织具有履行组织宗旨与使命的足够资金资源。 • 确保理事会工作民主、规范、高效,确保所有成员的真正参与。	• 在理事会领导下开展工作,落实战略策略安排。 • 执行组织制定的所有政策。 • 管理和保障组织效率以确保最大的产出效果。 • 规划、监控、评估组织活动,制定规范工作体系以打造一个高绩效负责任的组织。 • 带领和管理员工根据适用性法规政策开展工作。 • 管理资源,保证为实现目标而恰当地、经济地使用资源,记录资源使用情况。
具体任务	
• 审议和决定组织的战略、策略与政策。 • 确保科学合理有效地发展目标和组织规划。 • 确保计划得到评估和反馈。 • 决定首席执行官并定期评估其绩效。 • 提供智慧、专业知识等方面的支持。 • 支持组织筹募资源。 • 开展组织所需要的公共关系活动。 • 帮助执行团队解决问题。 • 定期听取执行团队的报告确保组织财务和资源使用上的透明度。 • 自律管理以保证民主、高效和诚信。	• 提出战略、策略、政策动议供理事会批准。 • 制订工作计划和执行流程以定义战略意图。 • 执行政策并确保组织遵循政策。 • 管理评估和反馈流程。 • 向理事会撰写建议书。 • 组织筹集资金资源并向捐赠者提供反馈。 • 代表组织开展对外交往活动。 • 寻求帮助和解决主要问题。 • 保留记录以体现组织的透明度和问责制。 • 管理组织的所有日常运营。 • 人、财、物等所有资源的配置与使用。

① 资料参考赵维祯、吴浩编写的《国际标准的非营利组织理事会》,见朱丽亚负责的温洛克民间组织能力开发项目,2005。

续表

<table>
<tr><th>治理</th><th>管理</th></tr>
<tr><td colspan="2">运作良好的表现</td></tr>
<tr><td>• 组织可以向各利益相关方展示公信力。
• 有事实证明理事会具有民主机制并按规定召开有足够成员参加的议事决策会议。
• 有证据表明理事会审议制定了可行的战略、策略和政策。
• 理事会既不是摆设也没有越俎代庖。</td><td>• 组织活动有效且能达成目标。
• 员工了解使命和规划并帮助组织达成目标。
• 首席执行官廉洁诚信，没有违规问题。
• 任何问询者可以随时得到组织的相关信息特别是财务信息。
• 组织愿意与外部的利益相关方分享本组织工作及内部运营的信息。</td></tr>
<tr><td colspan="2">重要区别</td></tr>
<tr><td>• 理事会成员不是组织雇员。
• 理事除个别全职工作者外不领报酬和享受福利。
• 理事不是每天坐班，一般不定期开会议事管理。
• 理事不对组织日常活动做出决定。</td><td>• 首席执行官和员工为组织雇员。
• 首席执行官和员工获取报酬并享受福利。
• 首席执行官及员工全职上班为组织工作。
• 首席执行官带领执行团队负责日常工作决策。</td></tr>
</table>

三、社会组织法人治理的角色

（一）社会组织法人治理的挑战

由于社会组织的非营利性特性，企业的“两权分立”，在这里变成了所有权、经营权与受益权“三权分立”。同样是委托–代理关系，却因为利益的不直接相关性，导致社会组织治理中面临自己特有的挑战。

1. 缺少竞争影响其服务品质。私营部门的监督既来自营利动机的约束，更源于竞争环境下顾客的“用脚投票”和自由选择，价格、市场占有率等信号持续传递给生产者，形成外部硬性监督约束；企业资本所有者除了“用手投票”之外，还可以“用脚投票”；而“用手投票”之能起作用，往往是“用脚投票”起作用的结果，正是因为人们对公司业绩不满从而抛售股票，股价大跌，才产生了解雇经理层的事例。相比之下，社会组织就比较缺乏类似的机制，不仅法规制度设计上并不去鼓励同类组织在同一空间中的存在和竞争，而且作为慈善性的和公益性的服务产品，往往不靠外部压力来进行激励，而主要是靠公益性组织及其成员的爱心和道德来自我约束。所以要保证持续的服务品质，还需要组织要有好的内部治理。

2. 服务购买者不是最终消费者。捐助者或者委托者作为付费者,他们委托社会组织提供服务产品,却让社会另外的群体来享受和消费。这种间接性特征是社会组织最为突出特点。结果是:捐助者很难判断慈善组织的表现,因为捐助者"购买"的服务无一例外是让第三者受益;子女很难判断养老院的服务质量,因为他们年迈体弱的父母才是服务的直接对象;家长很难判断托儿所的服务质量,因为他们的孩子才是服务的直接对象。诸如此类。所以,购买与消费的分离,导致对代理主体信息获取的间接性,进而导致监督困难。

3. 监督主体松散甚至缺位。社会组织面对多样化的监督主体,其中捐助者和服务对象无疑是最重要的群体。捐助者监督面临的主要问题是动力不足和监督主体缺失:即时小额度捐助者缺乏监督的动力和信息;大额度捐助者往往忙于自己的商务无暇顾及;有的捐助以遗嘱的形式,在捐助者去世之后才会生效,监督主体存在"自然缺失"。另一方面,作为弱势群体,社会组织的服务对象不仅在信息获取和处理、利益诉求和资源动员等方面存在能力的缺陷,而且由于受益者所处的地位,他们的监督作用难以有效发挥。

4. 理事会缺乏制约的动力。社会组织的产出缺乏利润导向机制。和市场产出的效益-成本指标相比,非市场产出总的来说没有一个评价和激励的标准。而且,理事会成员由于受利益分配的限制,他们参与社会组织是一种志愿性行为,并不受个人利益的影响,只不过是一种"虚拟"代理人,难以融入利益相关者角色,往往缺乏对决策执行进行监督和控制的动力。由于缺乏利润激励,社会组织的理事会对执行团队的约束力要低于公司的董事会。这个情况可能利于执行者的自由裁量权使用。

总而言之,社会组织在所有权、控制权和受益权分离的条件下,存在着委托-代理关系的复杂情况。这样导致的结果,不仅是社会组织的服务效率和社会效益会有问题,也不仅会出现公益服务质量方面的缺陷,更值得警惕的是,一些使用着社会慈善资源和政府税收优惠的社会组织的代理人很容易违规操作和以公谋私。在这种情况下,如何通过有效的法人治理来构造对代理人的激励和约束机制就十分重要。

(二) 社会组织法人治理的结构关系

社会组织内部治理主要是围绕理事会进行建构和运作的。长期以来,理论和实践都基本认可,治理的一般含义系指理事会为了治理社会组织而采行的集体行动。国内外多数学者将社会组织的治理,基本等同于理事会职能与角色的发挥与运用。在社会组织治理结构关系之中,除了理事会这个主要角色外,还包括会员大会和首席执行官以及监事会。

1. 会员制组织与非会员制组织。社会组织分为会员制组织和非会员制组织两个类型。在大陆法系中，他们分别叫作社团法人和财团法人。2021 年 1 月 1 日开始实施的《中华人民共和国民法典》（以下简称《民法典》）将财团法人定义为“捐助法人”，虽然称呼不一，但本质是一样的，即会员制的社会团体对应社团法人，非会员制的基金会和社会服务机构对应财团法人。两者的一些差异会影响到治理结构方面的些微差别。

（1）成立基础不同。会员制组织成立基础在于会员，依据《民法典》第九十条，具备法人条件，基于会员共同意愿，为公益目的或者会员共同利益等非营利目的设立的社会团体，应依法登记成立，取得社会团体法人资格。例如行业促进会、协会、学会、研究会等。非会员制组织其成立基础在于捐助财产，依据《民法典》第九十二条，具备法人条件，为公益目的以捐助财产设立的基金会、社会服务机构等，经依法登记成立，取得捐助法人资格。如具有和尚不具有公募资格的公益基金会、民营学校、民营医院、民营图书馆和博物馆、研究院或者中心、宗教活动场所、孤儿院、敬老院等。这类组织并无会员。

（2）成立人数条件不同。根据 2016 年修订后发布的《社会团体登记管理条例》成立会员制组织，按照我国社团登记管理规定，至少要有 50 个以上的个人会员或者 30 个以上的单位会员；个人会员和单位会员混合组成的，会员总数不得少于 50 个；而设立非会员制组织，则没有人数的最低要求。

（3）设立目的不同。会员制组织的成立既有会员互益目的也有组织公益目的，其中多数是“追求组织成员利益的自我性组织”；非会员制组织即捐助法人组织，则是纯粹面向社会服务的公益性组织，因而又叫作“追求他人利益的非我性组织”。

（4）组织形式不同。会员制组织以会员大会或会员代表会为其意志机构，属于自律法人；而非会员制组织即捐助法人，严格意义上说没有意志机构，是他律法人。即使将利益相关者通过协同参与方式组织起来，也只是一种模仿的意志机构，会受到实践当中若干因素的影响，这也成为这类组织治理结构特点。

（5）决策主体不同。会员制组织其最高决策机构是会员大会或会员代表会，其下是由会员大会选出的理事会或类似机构来负责日常组织战略和工作决策事宜，由理事会做出的组织决定必须要经过会员大会的批准；非会员制组织的最高决策机构为理事会，理事会之上没有需要报告和负责的主体。

2. 会员大会。会员制社会组织一定成立会员（代表）大会作为组织的最高权力机构，会员大会对组织所有重大事务进行表决处理。具体职权有：（1）最高决定权。社会组织一切大事，包括战略发展规划等，都需要在这个场所得到认可和通过，然后才能成为整个组织的共同依据或指导方针。会员大会或会员代表大会对大事的决策权必须得到组织内所有机构和成员的尊重与维护。(2)审议权。社会组织的章程及其修改,理事会向大会所做的工作报告及财务报告,组织的目标、任务、战略和策略,组织的选举规则、新选、补选、聘请名誉理事或顾问等重要内部事务,都要经由会员大会或会员代表大会审议。(3)选举权。理事会成员均须经由会员大会(会员代表大会)选举产生。由大会选举产生的理事会必须向大会负责。(4)罢免权。理事会及其成员的调整、更换、撤换、罢免等重大人事事项均要经由会员大会或会员代表大会讨论、审定和最后通过。(5)监督权。整个社会组织的运作过程是否科学、规范、合理和有效,整个理事会的工作成效、业绩和廉洁,每个高级成员和重要部门的表现是否规范端正、符合组织要求,整个组织方针、计划、目标是否得到充分地落实等,都要由大会做出最终的结论。

3. 理事与理事会。无论是会员制组织还是基金会、社会服务机构这类非会员制组织,都要成立理事会作为核心决策机构。

理事的产生。会员制组织的理事由会员(代表)大会选举或者罢免。基金会和社会服务机构这类非会员制组织的理事一般由发起人和出资者担任和推选,但对近亲属在捐助法人组织中担任理事的比例有一定限制。为了保障理事参与决策的独立与客观,发起人和出资人之外的人士出任理事属于该类组织治理结构的因素特征。

理事资格。我国法规中仅仅对基金会理事任职资格作出规定:第一,用私人财产设立的非公募基金会,相互间有近亲属关系的基金会理事,总数不得超过理事总人数的1/3;其他基金会,具有近亲属关系的不得同时在理事会任职。第二,担任基金会理事长、副理事长和秘书长的理事,不得由现职国家工作人员兼任;基金会的法定代表人不得同时担任其他组织的法定代表人;公募基金会和原始资金来自中国内地的非公募基金会的法定代表人,应当由内地居民担任等。

理事的义务。第一是忠实义务。指在自身利益和组织利益发生冲突时,理事不得将自身利益置于组织利益之上,不得利用其理事职位为自己或者亲属或者其他组织谋取与组织冲突的利益。第二是注意义务。要求理事在做出决策时,要确保行为必须是善意的,其决策不得违背组织宗旨、使命和组织利益;确保自己在决策中的常识意识和谨慎。第三是顺从义务。是指理事要贯彻组织章程中规定的宗旨,不得以任何方式偏离组织成立时规定的特定目的。理事要遵守现有法规和组织章程,确保自己的决策活动符合其中的规定。

理事的薪酬。我国现有法规中只有基金会管理条例有要求,在基金会领取报酬的理事不得超过总人数的1/3;监事和未在基金会担任专职工作的理事不得从基金会领取报酬和享受福利。对社会团体和社会服务机构中的理事没有规定。比较合理的情况是可参考基金会的做法,除了兼职理事不领取报酬外,其他获取报酬的人数可在 1/3 之内。全职领薪理事和员工一样其薪酬应符合社会组织经内部决策机构通过的薪酬标准和管理制度。①

理事会的规模。实践证明,理事会人数过多,将造成信息沟通成本增加,难以进行比较有效的决策;而人数过少,同样影响决策的质量,而且容易偏向决策权过于集中。我国现有法规只在基金会管理条例中明确规定基金会理事会的人数为 5~25 人,社会团体和社会服务机构可参照此理事区间依组织规模而定。

理事会运行机制。理事会是全体会议制度,由选举产生的理事长,主持理事会的工作事务,协调理事会成为一个有效的决策制衡机构。理事会会议分为例会和特别会议。按照现有法规和大多数规章,会议参加人数要达到 2/3 以上才能有效。理事会每年召开 2 次以上,会议的决议必须经出席理事过半数才有效。如果是章程修改、选举或者罢免理事长、副理事长、秘书长,以及重要的投资决策和重大募捐活动和组织的存废等事项时,必须要有 2/3 以上通过方为有效。

各种专业委员会。在必要的情况下,规模较大的社会组织可设立专业委员会,以便提高组织的专业化程度和保证组织的咨商质量。一般设立的委员会如:募捐委员会、伦理委员会、市场调查委员会、业绩评价委员会,法规政策委员会,薪酬福利委员会,换届选举委员会等。但小规模组织则没必要叠床架屋。

4. 监事与监事会。监事会是降低代理风险的专门监督角色。虽然现有法规并不都规定要设立监事会,但是为了对代理人实施有效制约,具有一定规模的社会组织还是有必要建立监事会或,小型社会组织可设立监事。

监事会的组成。社会组织应当由章程规定监事的产生程序。会员性组织由会员大会选举产生;捐助法人组织则由发起人和出资人推举,也有包括职工代表和组织外部受益者通过出资人推举加职工选举的综合方式产生监事。当出现监事履行职责不力时,推选者可以发起罢免。监事的资格与理事资格基本一样,明确有近亲属关系和特殊利益关系的、有犯罪前科的,以及担任了理

---

① 社会组织薪酬现有两个口径:一个是 2018 年 1 月 1 日生效的《财政部和税务总局关于非营利组织免税资格认定管理有关问题的通知》,要求申请免税资格的非营利组织其“工作人员平均工资薪金水平不得超过税务登记所在地的地市级(含地市级)以上地区的同行业同类组织平均工资水平的两倍”。另一个是 2016 年 6 月 14 日生效的《民政部关于加强和改进社会组织薪酬管理的指导意见》就合理确定薪酬标准明确提出“社会组织对内部薪酬分配享有自主权”“对市场化选聘和管理的社会组织负责人、引进的急需紧缺人才,结合社会组织发展实际,其薪酬水平可由双方协商确定”。

事或者执行团队人员的,不能出任监事。监事会的规模视组织规模而定,规模大的一般不少于 3 人,规模小的可设 1 人。

监事会的职权。在现有法规中已有规定,可以借鉴公司法,赋予监事就理事和首席执行官违反法律、法规、组织章程并造成相关利益者损失的事实提起诉讼,以及召集临时理事会和独立聘请审计机构予以审计的职权。

监事会议事规则。监事会既要监督理事和执行层的活动,又不能直接干预他们的工作。所以,监事会的方式和表决程序要符合它的职能定位。大规模组织的监事会一般设主席 1 人,由全体监事过半数选举或者由会员大会直接选举产生。监事会主席主持监事会会议。监事会至少半年召开一次会议,也可以临时动议开会,议决事项过 2/3 有效。监事一般列席理事会会议,并对会议决定发表意见和签字画押。

5. 首席执行官。首席执行官(在基金会和社团一般称秘书长,在社会服务机构则称院长、所长、主任、馆长、校长等)是社会组织日常工作的负责人,他由选举产生或者由理事会聘任,向选举他的大会负责或者向聘任他的理事会负责。主要职责是:协助理事会研究组织规划、策略,提出政策建议;及时了解服务对象人群情况、同行服务技术变化、法律政策环境状况,并对这些情况进行战略评估;高效执行理事会通过的所有决定;向理事会全面、准确地通报组织运行和项目进展情况;对理事会考虑的问题提出专业性的建议;协助理事会制定预算、让理事会了解预算方面的最新情况;招聘指导监督员工队伍,打造高能高效有竞争力的执行团队;通过合理公平方式对员工进行激励和奖惩,为组织健康运行建立内部制度。

首席执行官不兼任监事但可担任理事。担任理事的首席执行官(其实包括所有理事)应在与自身利益相冲突的事项议决和票决中回避。不是理事的首席执行官一般要列席理事会会议。会议议程应由理事长副理事长(或常务理事会)参考首席执行官及其执行团队建议确定。讨论议题必须具体清晰地列出。

知识链接 2.1 《非营利组织利益冲突声明》样本

1. 任何非营利组织的理事会或委员会成员都不能因他参加非营利组织工作而获得任何直接或间接的个人利益和利润。任何个人都应当向非营利组织公开他在非政府组织可能获得的个人利益并且应当避免参与就此类事做决策。

2. 任何非营利组织的理事会或委员会成员若在接受非营利组织的资金或赠款或与其有业务往来的组织内担任理事、委员会成员或员工,都应声明此种关系。

3. 非营利组织在做关于这些组织的资助或业务的决定时不应有他参加,而且这种决定应由全体理事会投票通过。

4. 任何非营利组织的理事、委员会成员或工作人员应当避免在他们任期中的任何时候为了个人或私人拉关系的目的而获取中心服务对象的名单。

现在,本人是下列组织的理事,委员会成员或员工。在此我保证现在和在过去一年中的任何时候都未做过以下事情:

(1) 直接或间接同卖主、厂商或其他人同非营利组织有业务往来人有任何协商、协议、投资或其他活动,这些活动给我或可能给我带来个人的利益。

(2) 直接或间接地从与非营利组织交易有关的任何个人和组织处接受薪水、贷款、礼物或免费服务、折扣或其他酬金。

关于以上两条的例外,在下面详细说明在过去一年中从与非营利组织业务有关的个人和组织那里获得的直接或间接的交易和利益:(事实说明)

签字:当事人姓名　　　　　　　日期

第二节　社团组织的法人治理

社会团体是那些由国家公民自愿组成,为实现会员共同意愿,按照其章程开展活动的非营利性社会组织。社团组织主要包括学会、协会、商会、研究会、联合会、促进会、行业协会等由会员组成的非营利性组织,此类组织的委托代理关系和服务对象与基金会、社会服务机构不一样,因而会有不太一样的内部治理结构。

一、社团组织法人治理的出发点

治理的逻辑必须建立在组织利益关系的基础之上,有什么样的利益关系就有什么样的治理结构。社团组织的利益关系具有多重性,需要在分清主次表里基础上来确定社团组织法人治理的出发点和落脚点。

1. 社会团体与会员的关系。社团组织一定是由会员(个体会员或者团体会员)组成,这一点清楚表明社团最主要的委托者就是参加组织的成员,否则就不会有社团组织的存在。社团组织与会员之间的关系是:会员投入会费、时间以及其他非货币资产,然后从社团组织中取得自己需要的信息、咨询、交流、支持等所需要的相关服务;此外社团组织还有另一种协调职能,比如行业协会、商会组织,可以通过会员大会,产生行规行约,一旦会员大会达成某种共同认可的规定,会员就要受到这种约定的限制。这样,个体将权利授予一个组织,通过组织认可的违规惩罚、信用评价、鉴定评估等工具,规制行业行为,增进共同利益。这一过程中会员放弃和让渡的是个体权利,得到的是整体利益的提升。在社团组织和会员之间的实质是委托代理关系:会员是委托者,组织的执行机构是代理者。会员希望通过向组织让渡自己的部分权利来实现自己某种利益的增值。会员能否达到这样的目的,取决于是否有一个良好的治理结构。

2. 社会团体与政府的关系。对于行业协会和专业性社团组织来说,存在一个特别的类似于资助委托主体但实际上是交换关系的政府。政府所委托的一般是一种公共服务责任,如与社会利益相关的服务标准的制定,特定领域从业资质的认定,代表政府参与国际特定领域的协商谈判,代表政府对社会特定公共服务进行评估与监督等;如在行业协会、商会的自我管理可以归纳为行业准则式自治、公司式自治、监管式自治等自我管理模式,而其中的监管式自治就是指政府通过对高专业水平的社团的授权,来使它们承担政府需要的行业监管和执行功能。现实中的会计师协会、评估师协会、审计师协会、律师协会、污染检测协会等领域对技术标准的设计和执行等,就是这样的功能。在政府购买服务普遍实行的当下,社会组织获得政府委托或购买技术服务的同时,也会得到相应的财政资助。政府之所以通过对协会组织的授权来使之承担一些公共职能,其主要原因在于社团组织的组织性、行业性、专业性所产生的社会影响。

3. 社会团体与社会的关系。尽管社团组织首先强调的是会员利益,却并不意味着社团组织可以忽略社会利益。相反,社团组织可以同时起到服务会员和协助政府从事公共服务的作用。从发展的角度看,那些规模大、能力强的社团组织,其影响作用总会超越内部互益服务的界限,不断向社会进行渗透和扩张。社团组织对这些社会服务和公共协调职能的承担和履行,在客观上起到的作用是,第一,它是社会地位的象征,政府委托或购买说明组织有能力,这对于提升社团组织的影响具有非常大的作用;第二,政府委托会置换来社团利益,如通过承担公共服务职能,可以从政府获取相应的财政资金支持,对于更好开展组织活动更加有利;第三,可以促进组织的凝聚力和执行力。当社团组织仅仅依赖会员之间的契约性自治时,可能存在执行力不够的问题,如果能获得政府购买或委托而给予某种服务职能,对于提高社团组织的凝聚力和执行力有促进作用。

需要明确的是,上述三种关系中,组织与会员的关系是基础性关系,组织对会员的责任是核心性责任,组织对会员的服务是根本性服务。其他对政府的关系和对社会的关系,都是组织与会员关系的派生和延伸,是会员利益的补充。强调社团组织与社会利益的一致性,强调社团组织与政府之间的委托和购买服务关系,决不可以忽略社团组织与会员利益关系的主体性。这是《社会团体登记管理条例》中社团本质所规定的。所以,保障会员利益和为会员服务是社团组织内部治理的出发点和落脚点。

二、社团组织法人治理中的难点

就社团组织来说，由于社会环境和发展历史等方面的原因，在治理上还存在不少需要改进和完善的问题，法人治理结构不健全不规范仍有存在。

1. 党政机关对治理存在干预。这种干预，第一是来自现有法规确立的“双重管理体制”。在登记管理机关之外的“业务主管单位”，对社团具有各方面的管理权力。第二是来自社团组织发展的背景。我国大量社团组织历史上都是直接脱胎于党政府机关，这个身份就使其人事和财务多少会受到党政机关的控制。第三是来自党政部门对社会资源的集中掌控，这也导致社团组织不得不去依赖官方权力获得资源，依赖本身就强化外部控制和干预。比如，那些从党政机构“脱胎”的社团组织，本来是为满足经济体制转轨和政府转变职能和管理方式的需要，以官方发文的方式组建的。但是由于党政机关自身权力利益的需要，却迟迟不能放弃对它们的控制和干预。从人员组成来看，这些由党政机关主导成立的社团组织大都具有浓厚的官僚色彩，政府部门通常通过直接任命、推荐的方式，实现对社团的影响，比如社团领导人相当多的是从离退休官员中产生。一些社团组织甚至直接挂靠在政府部门之下，出现“两块牌子，一套人马”的情况。由于此类社团组织行政色彩浓厚、依附性强，使得部分社团组织成为官方的机构和服务者，而难以专注于代表会员利益和为会员提供服务。

2. 社团组织治理结构不完善。各社团组织都设立了会员大会或会员代表大会、理事会等机构，现有的社团组织立法以及各社团组织的章程也规定“会员大会或会员代表大会是社团组织的最高权力机构”“理事会是会员大会或者会员代表大会的日常代理机构”。但在监事会的设立，在一些社团组织中还不健全。而在法规上，大多数社团章程对监事会的设立未作硬性规定。如果监事会缺位就不能说社团组织治理结构完整。

而就一些行业协会和大型社团来说，秘书处等常设机构的设立及其工作人员的专职化也参差不齐，使一些社团组织的内部日常事务处理有些捉襟见肘，社团组织的作用不能充分发挥。在各组织机构的职权方面，社团组织通常均在其章程中对会员大会、会员代表大会及理事会的职责作出规定，但有的要么是比较模糊和概括，要么是职责交叉不清，要么是章程规定的各角色功能在运行中不能落实，使会员意志无法体现，会员利益难以维护。

3. 社团代理者的产生不规范。会员(代表)大会是社团组织的最高权力机构，是委托者对社团重大事项行使决定权。而理事和理事长则是会员利益的代理者，秘书长执行团队则是社团决定决策的执行者，监事会则是会员利益的保护者。因此,理事和理事长、监事和监事长、秘书长是否真正通过会员大会或者代表大会民主选举程序产生,决定了他们是否具有真正的代表性和合法性,决定了他们能在多大程度上为全体会员服务。对于理事和理事长、监事和监事长、秘书长的产生方式,民政部的《社会团体章程示范文本》对此已有参考性提示,关键是各社团组织自身的章程和实施细则应当做出具有操作性的安排和规定,以防止民主办会成为似有实无的摆设。来自官方的指派领导或者通过不当手法进入社团领导位置的人,利用社团组织程序规定上的漏洞,损害理事会民主,最终会导致社团会员利益的伤害。

4. 内部治理制度不健全。制度是社团组织章程得以实践和内部治理机制得以顺畅运行的保障。有的社团组织的选举、会议、决策、透明以及日常管理等内部管理制度仍需要健全和完善。即使有一些社团组织对内部运行机制作了规定,但也存在流于形式的风险。选举制度方面,理事长、副理事长、监事长、秘书长是否实行差额选举,是否要有专门的选举委员会,是否采用无记名投票,在一些组织中缺乏固定的操作程序。会议民主和会议程序方面,无论是会员(代表)大会、理事会会议,都需要对照罗伯特议事规则进行规范。此类问题会导致社团组织内部决策不民主、会议决定扭曲、财务制度混乱,造成社团内部无序甚至形成个人专断习惯。这些都有待于社团组织严格比照社团法规和组织章程加以规范,以真正实现社团内部治理的自主、民主和有效。

知识链接 2.2　社会团体内部管理制度

社团章程的制定和修改应符合相关法规要求;社团法人应依照章程制定内部管理制度。这些制度主要包括:(1)民主选举制度。(2)会员(代表)大会制度。(3)理事会制度。(4)监事(会)制度。(5)财务管理制度。(6)印章与文件管理制度。(7)重大活动备案报告制度。(8)信息披露制度。(9)分支(代表)机构管理制度。(10)法定代表人述职制度。

(参考天津市市场和质量监督管理委员会发布《天津市社会组织法人治理结构准则》,张宝甫等执笔,20160420)

三、社团法人治理结构的完善

围绕会员利益和会员服务的核心目标,社团组织法人治理结构的四个关键节点是会员(代表)大会、理事会、监事会、秘书处。理事会是代理主体,专司执行委托者的意志,向会员和会员大会负责;监事会是受会员大会委托对代理者和办事者进行监督的主体,也向会员和会员大会负责;秘书处是执行主体,向理事会负责。

（一）会员（代表）大会一般规则

1. 会员（代表）大会的性质。社团设立权力机构。社团的权力机构是社团会员（代表）大会。权力机构依照章程规定产生、换届。社会团体会员（代表）大会由理事会召集。会员（代表）大会决议为权力机构共识，具备社会组织依照章程自律自治的最高效力。会员在达到组织章程规定的人数时，要根据选举细则推选代表组成会员代表大会。会员代表大会代表的人数由章程规定，会员代表大会行使会员大会的职权。社团可通过章程规定会员（代表）大会每届的年限，因特殊情况需要提前或延期换届的，由理事会讨论决定，可以提前或延期执行。但延期或提前换届时间最长一般不超过一年。

2. 会员（代表）大会的职权。一般包括：（1）制定和修改章程。（2）决定社团的工作方针和任务目标。（3）选举和罢免理事长（会长）、副理事长（副会长）①、理事，选举和罢免监事长、监事，选举和罢免秘书长。（4）制定和修改会费标准。（5）审议和批准年度工作报告和财务报告。（6）改变或者撤销理事会不适当的决定。（7）对社团变更、终止和清算等事项做出决议。（8）决定社团其他重大事项。

3. 会员（代表）大会会议原则。会员（代表）大会每年召开一次。因特殊情况可提前或延期举行，但延期时间不得超过一年。社团组织可通过章程规定，遇特殊情况，理事会认为有必要或者满足章程规定的会员比例的提议，可召开临时会员（代表）大会。

会员（代表）大会应制定会员（代表）大会议事规则，详细规定会员（代表）大会的召开、选举和表决程序，会议记录的一般内容，会议决议的签署、公告等内容，以及会员大会对理事会的授权原则和授权内容。会员（代表）大会议事规则应作为章程的附件，由会员（会员代表）大会审议通过后执行。

大会召开的日期由理事会议决定。会议的日程草案，可以由秘书处拟定，经理事长征求副理事长意见后确定。一般而言，在会员（代表）大会召开前的7~10个工作日，由秘书处将大会的时间、地点、议题、议程以及需要提前阅读的材料，发送会员单位和代表本人。

会员（代表）大会应当公正、合理地安排会议议程和议题，确保会员（代表）大会能够对每个议题进行充分的讨论。未经讨论的事项，原则上不得在会员（代表）大会上表决。大会须全体会员（代表）2/3以上出席方能举行。凡是有选举事项的大会，会前监事必须对会员（代表）资格进行审核，确认选举的合

---

① 社团组织的理事会主要负责人有的称理事长和副理事长，也有称会长和副会长，本书统称为“理事长”和“副理事长”，以便与理事会相对应。

法有效性。大会由理事长或其委托的副理事长主持。大会的决议必须经出席会员(代表)大会 1/2 以上会员(代表)赞成方能生效。但修改章程、选举和罢免理事和监事等重大事项需要出席会议的会员(代表)2/3 以上同意。

每个会员有一票表决权。社团的决定与该会员有利益关联的,该会员不得参与表决。会员(代表)可以委托代理人代为出席会议和表决。会员(代表)委托代理人代为出席会议和表决的,应于会员(代表)大会前将有效授权书送交社团秘书处备案。会员(代表)大会应当对所议事项的决定制定会议纪要,并由监事签名确认。

(二) 理事会一般规则

1. 理事会的性质及职权。社团组织设理事会。理事会由理事长、副理事长、理事(常务理事)组成。理事会为会员(代表)大会的日常决策机构,对会员(代表)大会负责。理事会成员的人数由社团章程规定且人数应为奇数。

理事会职责一般包括:(1)执行会员代表大会的决议。(2)向大会提出理事长、副理事长、常务理事、秘书长的人选或者罢免的动议。(3)筹备换届和召开会员(代表)大会。(4)决定设立组织的下设各类机构。(5)根据秘书长提名,审议决定副秘书长、各机构主要负责人的聘任。(6)审议决定内部管理制度等重要事项。决策机构依照章程接受监督机构与其成员的监督。

理事人数在 50 人以上的,社团组织可设立常务理事会,从理事中选举常务理事组成常务理事会。常务理事一般不超过理事的 1/3。常务理事会是理事会的常设机构,执行理事会的决议,对理事会负责。常务理事会由理事长、副理事长、常务理事组成。有必要强调的是,为保障会员意志表达的方便,应尽量减少日常决策机构层级,非必要不设常务理事会。

2. 理事会负责人的任免。理事长、副理事长是社团负责人,其任职条件一般包括:(1)从社团会员中产生。(2)具有为社团工作的热情。(3)理事长、副理事长最高任职年龄符合社团管理条例的规定且身体健康。(4)遵守国家法律,无不良行为记录且信用记录良好。(5)具有完全民事行为能力。(6)具有与职务相称的管理和服务能力。

社团组织的理事长、副理事长、理事经会员(代表)大会选举产生。社团理事和负责人的候选者资料一般在会员(代表)大会召开前 7~10 个工作日向参会会员(代表)发放。选举应由会员(代表)大会选出的换届选举委员会或小组独立主持。采取差额选举的方法,差额的比例由社团组织章程规定。选举采取无记名投票方式。代表自主且秘密投票。在投票前,建议安排候选人向会议做竞职发言。投票结束后,由选举委员会的监票人、计票人将投票人数和票数进行统计、核对,并由监票人对统计结果签字确认。选举结果由选举委员会确定是否有效，并予以公布。选举应有到会代表人数的过半数参加投票方为有效。获得参加投票代表的 1/2 以上的候选人中得票最多者当选。如果候选人得票均未达到 1/2，可进行多轮投票，直到选举出符合规定的理事长、副理事长、理事。常务理事经全体理事无记名投票从理事中产生。

理事长是社团组织的法定代表人。理事长的每届任期应与会员（代表）大会任期一致，可连选连任，但一般不超过两届。因特殊情况需延长任期的，须经出席会员（代表）大会 2/3 以上的会员（代表）表决通过。理事长、副理事长的罢免程序应在社团组织章程中明确规定，一般为 1/3 以上理事提议，经出席会员（代表）大会的会员（代表）2/3 以上表决通过。理事长因故不能履行职务时，由理事长或理事会指定一位副理事长代行理事长职责；理事长如因故不能履职超过 6 个月的，可召开临时会员（代表）大会，从副理事长中选举产生一名理事长。一般而言，理事长、副理事长因故不能履行职务的，须由本人提出申请，经理事会 1/2 以上的理事同意。

理事长的职责一般包括：(1)召集和主持理事会、常务理事会。(2)对聘任制秘书长的聘任和解聘行使建议权。(3)组织研究本社团的发展规划和重要问题。(4)检查理事会和常务理事会决议的落实情况。(5)向理事会提交社团工作报告，向会员大会（代表）大会报告工作。(6)签发以理事会名义发出的文件。(7)处理会员代表大会、理事会和常务理事会授权的其他重要事项。

社团章程应当对理事履行职责提出明确要求。如理事一年内累计两次无正当理由不参加理事会议或不履行理事职责的，可由章程规定取消其理事资格另行补选。

3. 理事会会议规则。理事会要按照章程要求定期召开。理事长和副理事长认为必要时，或者 1/3 以上理事提议时，或者过半数监事提议时，可召集理事会临时会议。提议临时开会需有相应提议人数签名的提议函并提出事由及议题。理事会会议由理事会或秘书处召集。

理事会须有超过 2/3 的理事出席、监事列席方能召开。理事会开会时建议在会议召开前 3~5 个工作日、临时会议建议在会议召开前以文字形式通知全体理事，通知内容包括会议日期和地点、会议期限、事由及议题等。理事会应当对决议形成会议纪要，并由监事签字确认，会后向全体会员公告，并存档备案。

理事会以会议形式行使职权，可采取举手表决或投票方式做出决议。但就与理事有重大利害关系的事项表决时，该理事应当回避参与表决。理事会会议做出的决议，应由出席理事的过半数通过。但涉及社团组织重要事项，应由占全体理事 2/3 的理事通过。理事会会议由理事长主持。理事长因故不能出席的,由其授权的副理事长主持。

理事会的决议应形成会议纪要,出席会议的理事有权要求在记录上对其发言做出说明性记载。理事会会议记录包括内容:(1)会议召开的日期、地点和召集人。(2)出席理事名单。(3)会议议程。(4)理事发言要点。(5)每一决议事项的表决方式和结果。会议纪要由监事签字确认,会后向全体会员公告,并存档备案。

(三) 监事会一般规则

1. 监事会的性质和职权。社团组织设监事会,监事会成员依照章程规定产生、罢免、换届。监事会的人数参考社团章程规定。

监事会成员依照章程的规定履行职责。一般包括:(1)对社团的决策、决议、计划的制定和执行情况进行监督。(2)对社团会费收缴、使用及财务预算、支出和决算等财务状况进行监督。(3)对社团理事长、副理事长、理事、秘书长以及关键岗位工作人员进行监督。(4)对社团组织内部机构的设置、运行,及各类人员的任免,会员(代表)大会的召开、选举程序进行监督。(5)对社团成员违法违纪行为提出处理意见,提交理事会并监督执行。监事会在履行监督职责中实施的措施可以是:行使督促改进、执行的权力;行使对理事会决议不予认可的权力;向会员(代表)大会通报的权力;提醒被监督对象注意诫勉的权力;建议罢免的权力。

监事列席(常务)理事会会议。对于各类会议中需要表决通过的文件,(常务)理事会等各相关机构一般应提前五个工作日通报监事会,以有利于监事会事先行使监督职责。列席会议的监事有权发表意见,但不享有表决权。监事会认为必要时,可以指派监事列席秘书处会议。监事会的监督记录以及进行财务或专项检查的结果,可作为对理事长、副理事长、理事、秘书长等业绩评价的重要依据。

2. 监事的产生及任免。监事的任职条件可考虑的因素主要是:(1)不担任社团理事和任何其他职务。(2)坚持原则,廉洁奉公,公道、正派。(3)具有与担任监事相适应的工作阅历和经验。(4)身体健康,最高任职年龄不超过 70 周岁。

监事由会员(代表)大会选举产生。监事的选举与前述理事长、副理事长、理事的选举相同。监事任期不与会员大会任期相同,可连选连任。监事的职责包括:(1)经监事会委托,有权要求理事会及相关人员提供有关情况报告。(2)出席监事会会议,并行使表决权。(3)列席社团理事会会议。(4)根据社团章程规定和监事会的委托行使其他监督权。

监事一年内累计两次无正当理由不参加监事会议或不履行监事职责的，可经章程规定程序取消其监事资格，由会员(代表)大会另行补选。

监事会可根据需要设监事长一名。监事长可由会员(代表)大会监事选举中得票最高者直接担任，也可由监事会自行投票选出。监事长行使的职权包括：(1)召集和主持监事会会议。(2)检查监事会决议的实施情况，并向监事会报告决议的执行结果。(3)代表监事会向会员(代表)大会报告工作。(4)签署监事会的决议和建议。(5)社团章程规定的其他权利。

3. 监事会会议规则。监事会会议每半年应召开一次。一般而言，有监事提议且多数监事同意时，监事会可召集临时会议。监事会会议在召开前3~5个工作日将会议有关事项以文字形式通知监事会成员。监事应当出席监事会会议。因故缺席的监事，要提交书面意见或书面表决，也可书面委托其他监事代为出席，委托书应载明授权范围。监事会认为有必要时，可以邀请理事长、秘书长或其他管理人员列席会议。

监事会会议一般应由2/3以上的监事或其授权代表出席方可举行。监事会做出决议，应至少经全体监事过半数以上表决通过方为有效。监事会会议的表决可采取无记名投票方式。

监事会的决议事项应当做出记录，出席会议的监事及记录员应在会议记录上签名。监事可以要求在会议记录上对其在会议上的发言做出某些说明性记载。监事会的决定、决议及会议记录等应当入档保管以备查考。

监事对监事会决议承担责任。监事会违反法律、法规、规章或社团章程，致使社团或会员遭受重大损失的，参与决议的监事负相应责任，包括赔偿损失的责任。但经证明在表决时曾表示异议并记载于会议记录的，该监事可免除责任。

(四) 秘书处与秘书长规则

1. 秘书处的性质与职权。社团组织设立秘书处作为社团组织的执行机构。秘书处根据工作需要可设置若干内部工作部门和配备必要工作人员。执行机构设秘书长或行政负责人，负责落实决策机构的决定和主持社团日常运行事务。执行机构在遵循权力机构决议的前提下对决策机构负责，接受监督机构监督。秘书处一般而言可行使职责是：(1)根据理事会决议筹备会员大会、理事会会议和社团的活动。(2)主持办事机构开展日常工作，组织实施年度计划。(3)妥善保管社团有关的档案材料。(4)处理理事会交办的其他工作。

2. 秘书长的产生与任免。秘书长主持秘书处的工作。秘书长的任职条件主要考虑：具有与担任秘书长相适应的工作阅历和经验；身体健康，章程要规定任职年龄限制。秘书长为专职工作人员,对理事会负责。秘书长可实行聘任制或选任制。其具体产生办法应在社团组织章程中规定。

聘任制秘书长的聘用和解聘应经理事长或1/4以上理事的提名或提议,由理事会表决通过后向会员公示无异议后上任。聘任制秘书长可列席常务理事会、理事会,聘任制秘书长聘期可由理事会决定,可以连聘连任。聘任制秘书长在任期内发生违法违规违章程或造成严重有损组织利益的后果,经理事会决定可提前解聘。

选任制秘书长由会员(代表)大会选举产生。选任制秘书长为理事会当然成员,出席理事会及常务理事会,享有表决权。选任制秘书长任期一般与理事成员任期相同。选任制秘书长的罢免须经理事会通过后报会员(代表)大会表决通过。

秘书长行使的职责一般包括:(1)主持社团日常工作。(2)执行理事会决议。(3)组织实施年度工作计划和社团活动。(4)提名副秘书长、各部门主要负责人的任免建议。(5)决定专职工作人员的聘用。(6)聘任制秘书长列席理事会或常务理事会议,选任制秘书长出席理事会或常务理事会议。(7)决定领薪工作人员的薪酬和福利待遇。(8)负责拟订和带领团队执行经理事会审议通过的规章制度。(9)理事会授予的其他职责。

3. 秘书处工作机制。组织根据需要可设秘书长办公会议,由秘书长、副秘书长以及秘书长指定的人员组成。秘书长办公会议由秘书长或秘书长指定的副秘书长召集和主持。秘书长办公会会议定期召开或根据需要随时召开。秘书长办公会的各项议题,应形成会议纪要,所议定事项和工作由秘书长或秘书长指定的人员组织实施。会议纪要应归档保存以备查考。

第三节　基金会的法人治理

基金会作为捐助法人,其财力资源依赖于面向公众或不面向公众的募捐支持,目的是实现社会公益目的。由此在捐赠者和基金会之间形成了委托-代理关系。如果组织管理过程中存在信息不对称,团队工作人员的能力限度,以及可能存在的公益伦理局限,基金会就会面临可能的委托-代理风险。良好的法人治理制度结构,能够对代理者形成有效约束,最大限度避免捐赠人和公共利益的折损。

一、基金会内部的制衡机制

随着对基金会本质认识的深入,管理也逐步走向规范化。1988年国务院颁布的《基金会管理办法》即规定“基金会实行民主管理,建立严格的资金筹集、管理、使用制度,定期公布收支账目”。2004 年颁布的《基金会管理条例》中,进一步明确规定基金会要实行法人治理结构。鉴于基金会属于非会员制组织的性质,因此其制衡机构主要涉及理事会、监事会、执行机构的职责功能及相互关系。

1. 理事会及其职权。理事会是基金会受社会捐赠者委托,实现公益目的的代表,是基金会的最高决策机构。如果能够建立起人员构成合理、权利义务明确、工作机制健全的一个理事会,对于保证基金会的决策正确,运行规范,监管有效,将非常关键。

知识链接 2.3　现有法规对基金会理事会的要求

第二十条　基金会设理事会,理事为 5 人至 25 人,理事任期由章程规定,但每届任期不得超过 5 年。理事任期届满,连选可以连任。

用私人财产设立的非公募基金会,相互间有近亲属关系的基金会理事,总数不得超过理事总人数的 1/3;其他基金会,具有近亲属关系的不得同时在理事会任职。

在基金会领取报酬的理事不得超过理事总人数的 1/3。

理事会设理事长、副理事长和秘书长,从理事中选举产生,理事长是基金会的法定代表人。

第二十一条　理事会是基金会的决策机构,依法行使章程规定的职权。

理事会每年至少召开 2 次会议。理事会会议须有 2/3 以上理事出席方能召开;理事会决议须经出席理事过半数通过方为有效。下列重要事项的决议,须经出席理事表决,2/3 以上通过方为有效:(一)章程的修改;(二)选举或者罢免理事长、副理事长、秘书长;(三)章程规定的重大募捐、投资活动;(四)基金会的分立、合并。

理事会会议应当制作会议记录,并由出席理事审阅、签名。

第二十三条　基金会理事长、副理事长和秘书长不得由现职国家工作人员兼任。基金会的法定代表人,不得同时担任其他组织的法定代表人。公募基金会和原始基金来自中国内地的非公募基金会的法定代表人,应当由内地居民担任。

因犯罪被判处管制、拘役或者有期徒刑,刑期执行完毕之日起未逾 5 年的,因犯罪被判处剥夺政治权利正在执行期间或者曾经被判处剥夺政治权利的,以及曾在因违法被撤销登记的基金会担任理事长、副理事长或者秘书长,且对该基金会的违法行为负有个人责任,自该基金会被撤销之日起未逾 5 年的,不得担任基金会的理事长、副理事长或者秘书长。

> 基金会理事遇有个人利益与基金会利益关联时,不得参与相关事宜的决策;基金会理事、监事及其近亲属不得与其所在的基金会有任何交易行为。监事和未在基金会担任专职工作的理事不得从基金会获取报酬。
>
> (节选自《基金会管理条例》,自 2004 年 6 月 1 日起施行)

2. 监事会及其特点。监事会主要代表委托者和受益人的利益对基金会的决策和执行过程进行监督,发现受托人违背受托目的处理财物,或者发现受托者的行为可能损害社会公益时,有权实施制约行为。监事会在治理结构中扮演着比资助者和第三方批评性约束更加专门的作用。我国《基金会管理条例》规定,基金会设监事。监事任期与理事任期相同。理事、理事的近亲属和基金会财会人员不得兼任监事。监事依照章程规定的程序检查基金会财务和会计资料,监督理事会遵守法律和章程的情况。监事列席理事会会议,有权向理事会提出质询和建议,并应当向登记管理机关、业务主管单位以及税务、会计主管部门反映情况。

3. 执行机构及其职责。主要包括秘书长及直接指导的工作部门。基金会秘书长是由理事会选定的专职日常管理负责人,承担理事会决策决定的执行责任,在包括项目活动的决策和管理、理事会决议实施、内部组织机构设置方案拟定、基本管理制度与规章制定、工作人员的人事安排等方面具有重要发言权和处理权,是组织活动安排和实施的关键角色。普遍的情况是,在直接掌控机构运营,资源配置,人员调度等方方面面,秘书长具有直接权力和责任。

二、基金会法人治理的一般问题

1. 理事会决策职能的缺位。基金会的治理就是理事会为组织采取正确有效的集体行动提供基本保障。相对于监事会和秘书长,理事会的职权相当广泛,但是实际效果却因组织而异。在有的基金会中,理事会并不总能发挥决策和领导作用,而主要是程序性审核和批准事项,以及监督与评估工作计划及其执行情况。另外是对外联络和争取资源的作用。组织的真正决策者往往在理事长或秘书长那里,有时也受到党政官方组织的影响干预。综合来看,我国基金会理事会决策权不完整的原因来自几个方面。

首先,从管理体制上说,我国一直实行的“登记管理机关”和“业务主管单位”双重管理,中间有些做法未必都恰当,对社会组织的独立地位和理事会自主决策产生不利影响。

其次,从理事会规模来说,有的社会组织理事会规模庞大,有的理事成员数达到几百人,不得不在理事会中再设常务理事会,有的常务理事会也有近百人。这种规模的理事会召开一次会议并不容易,往往一些事项主要靠通讯方式进行，为理事长和秘书处少数人主导决定创造了机会，使治理的民主参与性有所降低。

最后，从客观条件看，由于理事会成员的主体是不领薪人员，他们只参加间隔时间很长的例行会议，对机构的报告进行审议和表决，但对机构的日常运作不甚了解，机构的运作主要在于执行层，如果秘书处缺少向理事会报告和负责的内部法定关系意识，理事会很容易面临成为花瓶和摆设的尴尬。

2. 监事会监督职责的虚置。按照章程规定，监事会的职责主要是对理事会和执行高层的代理行为进行监督约束。但实践中的监事会职权既不全面，也难以落实，大部分基金会的监事自身也是一个代理人，使监事会常常处于一种虚位状态。一般来说，基金会的监事由捐赠人和发起人选任，但在现实中，有的组织的监事会成员在产生程序上存在某种不规范情形，比如理事会集体决定程序不完整等，这也会降低监事会的履职效能；从专业素质来看，有的监事缺少必要的法律、财务、技术等方面的专业背景，当然也就很难实现对决策和管理的有效监督。

3. “少数人控制”的风险。由于制度安排和实践当中存在的缺陷，个别基金会在治理中可能发生“少数人控制”的现象。“少数人”往往是核心地位的决策负责人或执行负责人，在理事会民主决策程序不够完整或者理事们对组织事务不够专注时，可能会有决策、执行、监督责任连为一体的趋势。由于基金会先天具有所有者缺位特点，因此，以秘书长为首的团队自由裁量权过大也是一个比较普遍现象。在利益驱动，信息不对称、激励不相容等因素存在的情况下，应当注意基金会代理人中的决策运行负责人，一方面以法人组织的名义来募集社会资源，另一方面又可能寻求自身的不当利益，从而对委托人和其他利益相关者造成损害。

三、基金会法人治理的改进

基金会法人治理的完善，同样需要科学有效地处理好所有权、决策权、管理权、监督权之间的制衡关系。所有权侧重解决好缺位状态下的参与，决策权侧重于决策层民主科学决策，管理权侧重于执行好决策者的意志并实现组织的使命目标，监督权侧重于对决策权和管理权实行有效监督。

1. 建立均衡有效的决策机制。我国《基金会管理条例》对理事会功能定位是行使好决策权。理事会既要确立核心地位，进行独立决策，又要尊重业务主管部门的监管；既要责成执行层担负起组织运作的职责，赋予充分的管理责任，又要防止管理权过度自由裁量。业务主管部门既履行指导监督职责，又不能干预理事会自主决策权和执行层的管理权。执行层要切实贯彻理事会的决策和决定,创造性地开展业务活动,同时又与主管部门和其他相关主体保持良好的沟通关系。

尤其是在理事会与秘书长之间,应当形成一个良性互动关系。理事会除了决策的制定外,理事会成员也必须协助秘书长做一些具体执行事务,诸如筹款、批准大宗购买。而秘书长应在决策制定中起到重要的咨询作用。不管是何种模式,其关键是在明确理事会与秘书长各自角色基础上,形成各负其责和相互支持的治理关系。另外,在理事会组成内部,也要加强理事会理事的专业化和诚信责任,以解决“理事不理事”的问题。

2. 落实监事会的监督职权。一是完善关于监事会规则,引入独立监事,杜绝组织内部对监事的控制,增强监事会的独立性,有效地履行监督职责。二是确立监事资格认定制度,明确监事任职的必要条件,保证监事会具有足够的经验、能力和专业背景,以有效行使监督权;监事应具有财务、会计、审计、法律等方面的专业知识和工作经验,具有保护组织资产和利益相关者利益的能力。三是在条件成熟的情形下赋予单独诉告权。监事会的单独诉告权是指监事会在理事会成员与组织发生关联交易造成组织利益受损时,可以组织名义对当事人提起诉讼。

3. 以健全管理制度消解组织垄断。“少数人控制”即垄断,就是组织的理事长、秘书长和监事长形成利益共同体,由内部的制衡转变为与公共利益的博弈。这种情况不多见,但也要引起注意,防止这一问题的发生。首先,可考虑引进外部治理,例如设立“公益资产代表诉讼制度”,由社会上的公益资产捐赠者代表行使对公益资产的知情权、质询权甚至对违规违法者的诉讼权。其次,争取改变事实上存在的垄断机制,尽量落实分权制度的制衡作用。再次,切实通过落实基金会管理条例,对组织内部的代理人建立竞争和任期制,以促使代理人努力为基金会的捐助者负责和为社会公益服务。最后,要紧的是健全基金会内部制度体系,这些制度最基本的包括:理事会制度;监事(会)制度;人事管理制度;资产管理制度;财务管理制度;项目管理制度;重大事项报告制度;信息披露制度;档案管理制度;证书、印章管理制度。

知识链接 2.4 中国青少年发展基金会治理之路

改进治理的起步。2002 年,中国青基会曾因投资增值活动遭到境外媒体质疑,常务理事会于是萌生了将臃肿、虚化的理事会进行改造的想法,并着手研究新的治理结构。2005 年 5 月,青基会召开第五届理事会第一次会议。新一届理事会在理事组成、理事会职责、决策程序、秘书长职权,以及信息报告等方面,较上届理事会有很大不同。理事们对章程进行了逐条修改,根据我国《基金会管理条例》,增加了翔实和可操作的内容,部分标准有所提高,体现了青基会对更高组织目标的追求，章程成为中国青基会新的治理规则。

改造理事会。理事会规模大小、成员专业知识水平及其管理经验都会对理事会治理产生直接影响。最常见的理事组成是，上级单位领导、下属系统成员、本机构高管、捐赠方、社会精英、媒体高管。这样的理事会重在编织社会资源网，实际上形成了一个发展外部关系的相关利益群体，而在内部治理和提升组织公信力方面难有作为。新治理机制改变了过去的做法，不仅注意了个人经历和声望，而且将认同青基会使命，有志愿服务精神和责任意识，以及有决策能力和沟通能力，作为基本要素。特别是重点考虑了个人专业背景和管理经验。

向理事候选人发出邀请也是一个不容忽视的重要环节。一般来说，理事候选人自身工作都很忙，参加理事会工作，势必给他们增添新的压力，因此在聘请理事的过程中，需要做大量的沟通工作，尽可能向被邀请人做出具体详细的说明，使他们在决定是否接受邀请的时候，有充分的准备。

青基会新一届理事会特点鲜明：第一，规模适度，人数控制在可以充分讨论议事的范围；上一届的理事会有 97 人，人数过多，权责不清，会议走过场、拉排场，这一届理事会是 21 名理事。第二，专业化程度高，范围广，成员的专业背景涉及了财务、会计、法律、经管、社会工作、传播、教育、社会政策、国际关系等，形成不错的工作基础。第三，理事对青基会认同感强。第四，理事中有三位境外人士，他们熟悉中国社会组织状况，拥有很好的专业知识和管理经验，对理事会建设和青基会发展非常有利。

细化理事会职权。相对于上届理事会 5 条的笼统，新一届理事会的 14 条职责使工作更加有章可循。理事会的职责是：(1) 制订和修改中国青基会章程，决定机构的使命、战略和目标。(2) 选举和罢免理事长、常务副理事长、副理事长。(3) 决定重大业务活动计划，包括资金的募集、管理和使用计划；决定机构资产运作的原则、策略、途径和重大投资事项。(4) 确定机构年度收支预算及决算，监督并适度控制财务执行过程，选择独立的会计师事务所进行年度财务报表审计。(5) 制订机构政策，包括会计政策、人事薪酬政策以及重大公益项目等的管理政策，确保有效的决策以及体现在决策过程中的效率、程序、创造价值和纠错能力。(6) 决定设立办事机构、分支机构、代表机构。(7) 根据理事长提议任免秘书长，决定由秘书长提议的副秘书长、财务负责人的任免。(8) 听取、审议秘书长的工作报告，检查秘书长的工作，给予秘书长工作支持并评估其绩效。(9) 保证机构行为符合法律法规和道德规范，具有透明度和公信力，避免理事与本基金会发生利益冲突。(10) 发展良好的公共关系，建立持续稳定的资源网络，保证机构有足够的资源实现战略目标和财务目标。(11) 提高机构的公众地位，批准信息披露计划，宣传成就，扩大机构在国内外的影响。(12) 总结评估理事会工作，提高组织的有效性。(13) 决定机构的分立、合并或终止。(14) 决定其他重大事项。

从14条职责看出,青基会理事会更注意内部治理,凡涉及方向、政策、财务和信息披露的决策,都必须由理事会决定,既不是由个人说了算,也不是由主管单位包办决定;理事会职责中不仅包含各类决定的责任,而且也涵盖评估结果的责任,同时还不能缺失对执行过程的控制责任。

规范决策程序。决策意味着选择,不只是选择哪些事情可做,更重要的是选择哪些事情不可做。青基会在理事会组织架构上设计了三个专业小组和执行小组。理事会成员分布在三个专业小组,即规划与发展小组、财务与资产小组、公共关系小组。每个小组有6~8名理事。专业小组作为理事会的内部分工组织,负责对某些专门事项进行调查研究,形成议案,作为理事会决策的依据,专业小组没有决策权。

理事会还设立一个执行小组,负责理事会的日常工作,包括筹备理事会会议,确定会议程序和议题;编制并执行理事会工作预算;落实新理事的聘请工作;组织理事会的自我评估工作;执行其他由理事会确定的任务。在理事会闭会期间,执行小组经理事长同意,可处理紧急事务,并在理事会会议上做出报告。

开好理事会会议是决策的关键程序。当理事们清楚地知道权力和责任对等的时候,会议时间就显得永远紧缺了。尽管已经把"召开理事会会议,需提前5日通知全体理事、监事,并把相关议事资料提交给理事、监事"写进了青基会章程,但其有效性仍需取决于会议目的是否明确,会上讨论是否开诚布公,召集人的主持技巧是否运用适当。虽然在《基金会管理条例》中已有明文规定,但出于以更高标准自我约束的考虑,青基会增加了"理事会会议应由理事本人出席"的条款;将条例中关于"理事会决议须经出席理事过半数通过方为有效",提高规定为"须经全体理事过半数";将条例中"重要事项的决议,须经出席理事表决,2/3以上通过方为有效",提高到"须经全体理事2/3以上通过"。青基会也考虑了一些特殊情况,即"理事因故不能出席,可以书面委托代理人出席理事会会议,委托书中应载明授权范围"。

明晰秘书长责任。理事会的决定和战略计划能否得到正确地执行,很大程度上取决于秘书长的理解、沟通和执行力。很多组织通常遇到的难题或是选不到理想的秘书长,或是秘书长强势而理事会有名无实,还有可能是理事长与秘书长工作不协调。青基会章程对秘书长职责做了如下界定:(1)主持开展日常工作,组织实施理事会决议;执行理事会制订的所有政策,担负并完成理事会赋予的工作目标和任务。(2)制订、实施业务发展计划和重大项目方案。(3)遵从以理事会确定的主要客户为服务人群,建立、发展与支持客户互动、持续的合作关系。(4)促进机构财务目标的实现,保证捐款收入和资助支出正常,保证经费支出和经费结构合理。(5)根据理事会关于资产运作的原则,具体承担资产管理的责任,实现资产运行安全并保值增值。(6)推荐和领导一支有社会责任和有效能的秘书处管理团队,对不胜任者提出调整职务或岗位的意见和建议。(7)挑选有热情和具备专业知识的工作人员,合理任用,建立优胜劣汰的管理机制,以使人力资源满足工作需求并得到发展。(8)凝聚机构文化,倡导和培育职业精神。(9)负责与理事沟通,与理事长、常务副理事长配合,实现机构信息共享,为理事会决策提供支持。(10)定期向理事会报告年度工作进展和财务计划的执行情况,以及为实施战略计划所采取的长期行动的进展情况,接受理事会和监事的监督和检查。

(马庆钰根据中国青少年发展基金会常务副理事长顾晓今于 2005 年 11 月 21 日在中华慈善大会论坛的演讲改写)

第四节　社会服务机构的法人治理

比较商业企业组织与社会服务机构,可以看出两者尽管存在属性的差异,但其法人治理结构与机制具有相通性。商业企业组织法人治理的做法基本适用于社会服务机构内部治理,应当结合社会服务机构的特点,借鉴企业决策、执行、监督互相分离与制衡做法,健全社会服务机构的法人治理。

一、社会服务机构性质与范围

1. 社会服务机构的性质。为公益目的以捐助财产设立的社会服务机构与基金会一样,经依法登记成立,取得捐助法人资格。社会服务机构与事业单位的区别主要在于举办主体身份和资金来源的不同;社会服务机构与商业组织的区别主要在于是否从事分配利润性活动;社会服务机构与社会团体的区别在于后者是会员性组织而社会服务机构没有会员;社会服务机构与基金会的区别在于,两者虽然都是捐助法人,但后者是专于慈善筹募的益慈支持性组织,而前者是为公益慈善花钱提供服务的专业服务组织。

社会服务机构的性质在于它的民间性、非营利性、社会性、自主性和实体性。这是由社会服务机构设立主体、资产性质和活动方式所决定的。第一,民间性是指其原始资金和部分过程资金来自于民间。社会服务机构不是也不应该利用国有资产举办,而主要是社会力量以及公民利用家庭和非财政资产举办。第二,非营利性是指其不是追求利润的商业组织。社会服务机构与其他公益目的的社会组织一样不以营利为目的,但这并不能误解为它不能通过经营和自我造血。为了服务社会的公益目的,不是为了成员赚取利润分配,社会服务机构可以通过收取合理的服务费用。第三,社会性是指其从社会来到社会去。无论经办主体、经办资源都是社会的而非国家的,服务对象也主要针对社会痛点和需要帮助的弱势群体。第四,自主性是指其对组织后果负有完全法律责任。和其他社会组织一样,社会服务机构要在政社分开、权责明确、依法自治的现代社会组织制度环境中,自主成立、自主治理、自主业务、自主发展;第五,实体性是指其作为服务机构的具体存在样态。它是由固定专业、固定场所、固定人员、具体服务业务构成的一个机构实体。

2. 社会服务机构的范围。社会服务机构的专业组织类型包括:(1)民间教育类机构,如民办幼儿园,民办小学、中学、高中、大学,民办职业学院等。(2)民间医疗类机构,如民办门诊所或医院,民办康复、保健、疗养院(所)等。(3)民间文化类机构,如民办艺术表演团体、文化活动中心、图书馆、博物馆、美术馆、画院、纪念馆、收藏馆、艺术研究院所等。(4)民间科技累机构,如民办科技研究院、所、中心,科普中心、科技服务中心、技术评估所、中心等。(5)民间体育类机构,如民办体育俱乐部、体育场馆院、体育学校等。(6)民间劳动服务类机构,如民办职业培训学校或中心,民办职业介绍所等。(7)民间福利类机构,如民办福利院、敬老院、托老所、老年公寓、婚姻介绍所、社区服务中心、站等。(8)民间智库类服务机构,如评估服务中心(所)、专业调查研究中心(所)、各种类型的专业咨询研究院、所、中心等。

3. 社会服务机构的治理焦点。保证经营的公益性是社会服务机构的焦点。首先,它与商业组织不同,其资财一经依规登记,即视为提供者向社会服务机构授让了资金的所有权和支配权,在提供社会服务中所产生的盈余,不可以用于回报原始资金或者其他支持资金的提供者,同样不可用于组织的分利。终止时经清算后的剩余资产必须继续用于公益事业。至于较特殊的,比如《民办教育促进法实施条例》(2021 年 9 月 1 日施行)规定“实施学前教育、学历教育的民办学校应当从学费收入中提取一定比例建立专项资金或者基金由学校管理,用于教职工职业激励或者增加待遇保障”,不具有对社会服务机构的普遍针对性。其次,作为各类公益性资金的代理使用者,享有国家优惠政策。社会服务机构的资金来源是渠道多元,既有来自社会个人和家庭的捐赠,也有来自政府购买和资助资金,既可接受社会各界以及国际社会的捐赠和项目资金,还能享有国家的税收优惠政策,如民办的养老机构、民办的教育机构、民办的文化体育机构以及民办的公益服务机构等都有机会。资金的来源性质成为对社会服务机构公益经营的规定性,就决定了它必须通过有效的治理结构和机制,约束组织内部的管理与执行层忠实于宗旨使命,规范经营,不谋私利自然是社会服务机构治理的焦点。

二、社会服务机构法人治理结构

社会服务机构内部机构设置根据资金来源与授权的逻辑，一般设有理事会（或董事会）、监事会、首席执行官。它的治理结构也要按照决策、执行、监督相互制衡的原则来设计。

1. 理事会的组成与职责。从法理上说，理事会是社会服务机构的决策机构，根据章程的规定，其职责范围一般为：决定组织的使命与目的；选任执行长并予以实质协助；定期评估行政主管的工作实效；从事组织目标的规划；确保组织的财务与资源可持续；决定并监督组织的方案与服务；提升组织的公共形象等。

由于理事是以参加理事会并行使其表决权的方式来履行其职责，社会服务机构的章程中一般会规定理事的职责：其一是理事追求和维护组织利益的忠诚义务，其二是理事对组织经营管理事务的专注义务，其三是理事执行组织章程、制度规定和组织决议决定的顺从义务。社会服务机构理事会的组成和职能有以下规定：

第一，社会服务机构设立理事会，理事会是本机构的决策机构。理事会成员人数要符合国家法规和组织章程要求。理事会由发起人和出资者推选，每届任期符合组织章程规定，理事任期届满可连选连任。

第二，理事会设理事长、副理事长。由全体理事过 2/3 人数选举产生和更换，副理事长协助理事长工作。作为社会服务机构的法定代表人。理事长职责包括：(1)召集和主持理事会议。(2)检查理事会决议的实施情况。(3)代表机构签署有关文件。(4)法律、法规和机构章程规定的其他责任。

第三，理事会职责一般包括：(1)审定业务活动计划。(2)审定年度财务预决算方案。(3)审定关于开办资金的方案。(4)决定变更、解散方案。(5)审定内部机构的设置。(6)聘任或者解聘首席执行官（如院长、校长、所长、主任等）及其负值和行财务负责人。(7)审定内部管理制度。(8)修改章程。(9)审定首席执行官及其检疫人员的薪酬待遇。

第四，理事会要规范议事规则。理事会每年至少召开至少两次会议；当理事长认为必要时，经商副理事长或者当有 1/3 以上理事联名提议时，可以召集临时会议；召开理事会议，应由组织的办公室提前 5～7 个工作日将会议的时间、地点、议题和议决材料等会议通知发送理事；理事因故不能出席会议，可书面委托其他理事代为出席会议，委托书须载明授权的范围；理事会由理事长或理事长指定的其他负责人主持；出席会议的理事须为全体理事人数的 2/3 以上，秘书长和监事会成员一般应列席会议；超过参会理事的 1/2 以上同意的决议方为有效;当赞成票和反对票数相等时,理事长有权最后决定;理事会会议要形成会议纪要,重要议决事项需有监事会成员的意见和签名;会议纪要存档备考。

2. 首席执行官的职责与产生。社会服务机构行政负责人根据组织名称而有所不同,本书在这里统称为首席执行官,此角色是社会服务机构的行政责任人,首席执行官由理事会产生,向理事会负责。其主要职责一般是:(1)主持机构的日常工作,组织落实理事会的决议。(2)组织实施机构年度业务活动计划。(3)拟订单位内部机构设置的方案。(4)拟订内部管理制度。(5)提请聘任或解聘本单位副职和财务负责人。(6)聘任或解聘内设机构负责人。(7)负责员工薪酬和福利标准以及奖惩激励标准的制等。

鉴于首席执行官的工作性质,应当为首席执行官设计比较有效的产生方式。因为社会服务机构是公益经营性组织,通过选举可能不一定最可靠;限定首席执行官只能从理事会中产生,也会限制组织找到合适的"管家"。为此可考虑采用聘任制方法。聘任首席执行官的好处在于,执行机构的工作人员专业水平高,有助于提升管理效率。考虑到理事会对于组织的了解往往不如首席执行官全面和准确,所以主张首席执行官应当同理事会一起对组织最重要的战略性问题进行年度审核,由首席执行官提出相关问题和解决思路,由理事会来评议首席执行官对于问题的定位和把握是否准确和到位。首席执行官可以是理事,也可以不是理事。非理事的首席执行官不享有理事会表决权,但必须列席理事会,提出其相关建议、聆听理事的讨论,并随时就理事的质询进行回答和解释。

3. 监事会的职责与产生。社会服务机构应根据规模大小设立监事会或者设立监事。监事应该满足的条件:一是应能够了解足够的组织运作信息;二是应具备足够的专业知识和能力进行监督;三是监事应不受理事会影响,独立行使监督权。

监事的产生,主要来自组织的发起者和出资者的推举。监事任期与理事任期不一定相同,监事更换不宜过于频繁。本单位理事、首席执行官、财务负责人,不能兼任监事。

规模比较大的社会服务机构的监事会成员不少于3人,并推选1名召集人。监事会会议实行一人一票制。监事会决议须经全体监事过2/3表决通过方为有效。小微规模的社会服务机构也至少有一名监事。监事列席理事会会议。

监事会或监事的职权是:(1)检查单位的财务。(2)对理事或者董事、首席执行官履行职务时违反法律、法规或单位章程的行为进行监督。(3)当理事或者董事、首席执行官的行为损害单位的利益时，要求理事或者董事、首席执行官予以纠正。(4)审查理事会或者董事会的决议或者决定，并根据需要采取相应的赞成或者否定的行动。(5)章程规定的其他职权。

三、社会服务机构的管理制度

社会服务机构根据章程规定和日常运营需要，建立相应的内部管理制度，这些制度一般包括：理事会制度；监事(会)制度；人事管理制度；项目管理制度；财务管理制度；资产管理制度；印章证书与文档管理制度、主要活动备案制度、信息披露制度、法定代表人述职制度等。其中如理事会制度；监事(会)制度；人事管理制度；项目管理制度；财务管理制度等在前后章节中已有涉及。本部分仅就财务与经费管理、印章与文件管理，以及信息披露管理的制度内容予以择要阐述。

1. 财务与经费管理制度。(1)社会服务机构的财务工作人员应严格执行《民间社会组织会计制度》等有关法律法规及政策的规定。(2)负责编制社会服务机构年度收支计划，报经首席执行官同意后，提交理事会审定，并组织贯彻执行。(3)负责固定资产增减变动的会计核算和监督以及固定资产的清查盘点工作，全面反映和监督固定资产的增、减值和变动情况。(4)根据社会服务机构的收支情况，按月、季编制财务报表。月财务报表分别报理事长或者董事长、首席执行官；半年财务报表报理事会，年度财务报表报政府职能机构。(5)负责应收、应付款和现金银行存款的管理，以及日常经费报销工作，并做好清算拖欠款及催收工作，保证资金的完整、安全。(6)接受财税机关和上级主管部门对财务工作的检查、监督和财务审计工作。(7)社会服务机构报销手续，凡一切合法报销凭证必须由经办人、证明人签名，并注明原因及用途，经会计人员审核后报理事长审批或首席执行官审批。(8)审批权限。社会服务机构日常开支在章程规定数额以下的由首席执行官审批，在规定数额以上的由首席执行官审核后报理事长审批。(9)会计人员调动工作或离职时，必须与接管人员办清交接手续。社会服务机构换届或更换法定代表人之前，必须接受财务审计。

2. 印章、文件管理制度。(1)首席执行官是本会印章、文件管理的负责人，首席执行官办公室是印章、文件管理的责任部门。(2)各类行文实行“谁起草谁校对的原则”。办公室对文件负责审核，报首席执行官或理事长批示签发，并负责文件的文号编发、承印等工作。(3)以组织名义发出的各类文件需经理事长签发，以办公室发出的各类文件需经首席执行官签发。(4)行文执行登记制度，由办公室专人负责。(5)每年社会服务机构或办公室行文或收文应在当年底按时间顺序装订成册,标识后归档保存。(6)社会服务机构的印章和业务专用章实行集中管理、按权限审批、留档和使用登记的管理制度。(7)办公室负责印章的刻制、保管和使用记录,并设专人负责此项工作。(8)以社会服务机构名义使用印章,由理事长或者董事长审批;以社会服务机构办公室名义使用印章由首席执行官审批。(9)社会服务机构财务专用章由主管会计负责保管,按有关财务管理的规定使用印章。(10)印章保管人员应当确保在受控的情况下使用印章,并不得带离办公场所。(11)社会服务机构授权委托书、法定代表人证明书、介绍信、证明书等,由专人保管,经理事长或者董事长批准后开具,并留底备查。

3. 信息披露管理制度。信息披露是指组织依据现有信息管理法规,对合乎信息披露要求的信息,在规定的时间内,以规定的方式向规定的对象范围实施公开。(1) 社会服务机构信息披露的内容主要包括年检报告包括年度审计报告,以及社团登记管理机关规定的组织活动信息。(2)社会服务机构应该客观真实地履行信息披露义务,真实,准确,完整,及时向相应对象范围披露规定信息。(3)社会服务机构发现已披露的信息有错误、遗漏或误导时,应及时发布更正公告、补充公告或澄清失实公告。(4)社会服务机构理事会授权办公室负责组织和协调社会服务机构信息披露事务。(5)需要遵守信息披露程序是:提供信息者核对相关信息资料并签字确认;首席执行官进行合规性审查并签字;理事长或授权人签发。(6)社会服务机构理事长有权以组织名义披露信息,其他任何人未经理事会决议和理事长授权,不得以个人名义代表组织向外界发布社会服务机构的信息。(7)监事会或监事向政府机关报告相关人员损害组织利益或违法违规行为时,应及时通知理事会。(8)社会服务机构年度工作报告、年度财务报告应经理事会审议后向登记管理机关报送。(9)社会服务机构对外信息披露的文件要建立专卷存档保管。(10)社会服务机构理事、监事及工作人员要对组织未公开信息负有保密的义务,因有关人员的失职给组织造成损害时,应对当事人采取惩戒措施。

结语。社会组织法人治理指社会组织以章程为核心,依法依规制定并落实内部管理制度,按照固定的议事规则协调权力决策机构、执行管理机构、监督机构及其他利益相关者之间的关系,促进自身健康有序发展的运行模式。

社会组织法人治理结构是社会组织以章程为核心,对权力决策机构、执行管理机构、监督机构及其他利益相关者之间的权利分配与制衡关系的制度安排。社会组织治理机制是社会组织法人机构的设置、运行及机构之间的法权关系。

社会组织法人治理的目的,是规范社会组织内部组织机构设置以及组织机构的运行，在社会组织权力机构、决策机构、监督机构、执行机构间形成权责明确、相互制约、运转协调和决策科学的统一机制，使社会组织法人内部组织机构权责分明，形成互相协调、互相制衡的关系，确保社会组织运行平稳、健康、可持续，从而实现宗旨与维护各方利益，在社会治理中发挥应有作用。

法人治理能力建设重点是：各类社会组织都需健全理事会决策机构、监事会监督机构、日常运行的执行机构，社团组织在此之外还要建立会员（代表）大会权力机构；各类社会组织都要按照民主、规范、效率原则建立各自的议事规则；各类社会组织要制度化治理机制和责任关系，其中社团的责任机制是，权力主体选举产生决策主体、监督主体，决策主体执行权力主体决议、对权力主体负责并接受监督主体监督，监督主体对权力主体负责并有权监督质询决策主体和执行主体工作，执行主体在遵循权力主体决议的前提下对决策主体负责和执行决策主体决议并接受监督主体监督；社会服务机构和基金会的责任机制是，决策主体领导执行主体开展工作并接受监督主体监督，监督主体有权监督质询决策主体和执行主体工作，执行主体执行决策主体决议并接受监督主体监督；各类社会组织都要根据组织特点制定符合法规的章程，并依章程形成包括换届选举制度、会员（代表）大会制度、理事会制度、监事（会）制度、财务管理制度、人事管理制度、资产管理制度、项目管理制度、印章证书与文档管理制度、重大活动备案制度、信息披露制度、法定代表人述职制度等在内的内部制度体系。

第三章　社会组织战略管理能力

社会组织能力自我评估是其战略管理的基础。评估紧紧围绕组织能力的问题、原因、改进来进行,涉及确定能力评估范围、进行前期准备、设计与填写问卷、对问卷结果统计分析和提出评估报告等环节。社会组织战略管理的程序和内容主要包括准备、战略分析、战略规划、战略实施、战略监督与评估等阶段。其中,战略规划、战略实施和战略监督与评估三个阶段尤为关键。在社会组织战略管理的分析工具中,PEST 分析、利益相关者分析、SWOT 分析、麦克米兰矩阵这样的方法可以直接适用于社会组织战略管理;竞争力模型和波士顿矩阵分析工具可以通过适当的转化用于社会组织战略管理。

第一节　从自我评估入手进行战略管理

评估是组织能力建设的必经之路。针对社会组织的能力评估,有政府职能部门和社会独立评估组织以及社会组织自身等几个不同维度。这里主要阐述为开发与改进之计,由社会组织自身在专业技术力量协助下所进行的自我能力评估。它主要是借助于参与式自我评估工具(问卷)来进行,旨在帮助社会组织发现自身能力当中的问题,确定能力战略的优先领域,识别组织未来能力建设需求,进而制订能力开发战略计划。

自我评估,首先要知道评估什么。既然是与能力发展战略相关,那么就需要尽量在内容选取和指标框架上反映有关组织能力的方面进行评估。确定评估内容之后的评估程序主要包括确定评估项目的执行者,进行评估准备,具体时间安排,以及评估环节的执行等。

一、自我能力评估的内容设计

在民间组织评估工作数年探索基础上,民政部于 2011 年 3 月 1 日公布实施《社会组织评估管理办法》(民政部令 2010 第 39 号),对社会组织外部评估的内涵、原则、管理做了定义,对社会组织评估对象和内容、评估机构和职责、评估程序和方法、评估回避与复核,以及评估等级管理作出规定,并列举了针对行业性社会团体、公益性社会团体、学术性社会团体、联合性社会团体、基金会和社会服务机构的参考性评估指标。总体而言,评估分为基础条件、组织能力建设、工作绩效和社会影响这样四个基本维度。既要分类也要分级,根据特点,因类而异。(见表3.1)从现有的外部评估一些指标看,对社会组织能力衡量只是其中部分内容。

表3.1　三大类社会组织能力评估框架和指标①

组织类型	一级指标	二级指标
社会团体	关系	政府关系;会员关系;社会关系
	结构	会员代表大会;理事会(常务理事会、监事会);理事长(秘书长)会议
	能力	组织管理能力;项目运作能力;财务控制能力
	业务活动	社会影响与评价;预期目标实现程度 战略规划与使命;组织活动与组织宗旨的一致性;业务范围;合法性;信息公开
社会服务机构	社会服务效果	顾客满意度;市场份额 顾客增长率;顾客不良反馈情况
	基本条件	法人/非法人资格;组织章程 法定代表资格;专职人员情况 年检情况;人员素质;业务主管单位
社会服务机构	社会影响	业务主管单位评价;登记管理机关评价 税务部门评价;出资人评价 审计部门评价;媒体评价
	组织能力和治理能力	执行机构运作情况;组织发展情况 财务管理;档案管理;人力资源管理 员工满意度;基础设施投入增长率 监督机构运作情况
基金会	设立变更和注销情况	设立登记事项目前情况 变更情况;注销情况
	人员、组织机构状况和法人治理能力	人员状况与管理 组织机构状况与法人治理结构
	财务状况和管理、使用能力	原始基金与结余资金状况 筹款状况和能力;财务会计制度与管理 开展公益资助活动状况与能力 基金保值、增值状况与能力
	接受监督管理状况	接受登记管理机关监督管理状况 接受业务主管单位监督管理状况 信息披露情况;接受社会监督情况

① 资料来源:国家民间组织管理局:《中国民间组织评估》,北京,中国社会出版社,2007。

与这种部分的能力关注不同,温洛克社会组织能力开发设计则将能力作为自我评估的主要内容和重点,更加聚焦于与组织能力的分析评价和发展规划:第一,战略规划及沟通能力,包括制定与执行愿景及使命、战略规划、工作计划等。第二,治理、监督职责与领导方面的能力,包括界定理事会职责以促使理事会积极支持组织工作,进行理事会成员的选择、任期、工作和职责界定、培训等,界定秘书长或者执行主任及管理人员的工作职责,界定管理权力并明确决策机制,领导力及团队开发等。第三,人力资源管理能力,包括为所有员工、管理人员及志愿者界定工作责任,制定关于员工聘用、升职及解聘的政策,设立关于报酬、薪金及福利待遇等的程序,设立关于处理员工及志愿者抱怨的程序,制定志愿者管理的政策,提高个人工作效率、满足感及愿意继续工作的愿望等。第四,行政及财务管理能力,包括财务管理报告,筹款计划及执行等。

虽然只有四个方面的评估内容,但是从中可以看出,这些指标已经基本覆盖一个社会组织应当具有的能力方面。接下来有关评估的内容与方法,将主要参考并依据温洛克能力评估的内容与方法。

二、自我能力评估的准备

1. 确定评估项目的执行者。虽然社会组织的理事会或者董事会是评估的决定者,而秘书长或者执行主任是评估的领导者,但是作为一项专业技术工作,组织需要寻求专门人员来具体负责评估的执行。组织领导层必须要有主动意识和积极态度,舍得为开展能力评估与开发战略投入必要的成本,愿意寻求能力评估与开发专业人士的帮助,愿意为包括员工、志愿者及理事会等在内的人员腾出评估的精力、时间和费用,愿意为专家顾问提供资金和资源支持。这种投资相当于企业的研究开发费用。因为,如果不改善组织的目标、人员技能和运行效果,组织就不能在充满变化的民间非营利环境里保持竞争性和生命力。

所以,评估的重要准备之一是,社会组织领导首先要确定评估的执行者。这一般由来自外部的评估专家担任。这个可能的外聘执行者应当具体贯彻组织理事会的意图,在他的设计、导演、组织下,组织内外相关参与者共同构成评估的主体。社会组织所信赖的这个能力评估执行者要满足必要的条件和要求,组织领导层要根据这些条件聘请相关专家做评估执行者。

知识链接 3.1　评估执行者的职责与条件

1. 社会组织能力评估执行者主要履行的职责:保证评估过程按时完成,达到预期的目标;创造性地引导评估讨论、预防评估过程中的偏激讨论;以实际情况为背景,有效地带领评估讨论;分析评估结果,带领组织讨论出能力建设计划;在评估过程最后准备一份评估报告。

2. 对社会组织能力评估执行者的基本要求是：保持公正，不带任何个人或政治色彩；向评估参与者明确说明评估过程和要求；具有分析能力和清晰明了地解答疑义；能组织讨论过程和总结讨论内容；对组织内部信息保密。

3. 社会组织能力评估执行者的评估技巧：评估引导过程不仅是一个客观性过程，更是一门艺术；评估过程欢迎不同见解，但要避免冲突；确保每一位参加评估的人员都参与进来；清楚理解参评者的观点合意见，客观反映他们的建议和问题；按时、按要求完成评估过程。

2. 确定参评人员及达成共识。从统计学的角度看，将组织所有相关者包含越多，所得到的反应会越全面。但是另一种情况是，如果参评人员对组织能力开发的有关要素没有深刻和正确客观认识，那么人的多少和意见的准确程度也许不能成正比。再说，动员越多的人数，组织难度和评估的成本就越高。所以，评估是一件不能强求十全十美的工作。另外，还得注意到，为了避免"王婆卖瓜，自卖自夸"的情况，组织领导者需要尽可能吸收组织外部相关人士参加评估。

（1）确定参加评估的人员范围。理事会和高层管理者决定谁来参加评估过程；在组织中确定协助评估专家实施评估项目的人员；外部参加人员应当尽量包括组织的相关方代表，包括项目受益者、政府人员、组织的老员工或者创始人员、组织的资助者、组织的其他合作伙伴等；组织内部参加人员应该包括一部分理事会成员、管理人员和一些志愿人员代表。

（2）确定评估的目的和目标。理事会或者董事会成员和秘书长或者执行主任，在评估过程开始之前应该就评估目标和目的达成一致意见。确保每位参加评估的高层人员在评估开始之前充分理解评估活动的意义、目的和目标，以避免意见分歧和漫不经心。第一，评估活动的目的是：改进组织能力，提高组织绩效；扩大组织影响。这是评估的一种产出结果。第二，为了实现这些目的，评估活动的目标是：根据评估问卷评价组织绩效；保持组织表现好的东西，扬长避短；制定改进战略措施，以缩小与目标之间的差距，提高组织的责任能力。

3. 评估的日程安排。设计和确定评估活动的日程安排可以有多种选择。不管选择什么样的安排，评估活动都应该按照以下顺序：第一，明确评估目标，理解组织评估活动。第二，填写、计算、分析评估问卷。第三，公布评估结果，讨论、分析与评估组织绩效。第四，找出问题，并相应确定组织的优先提升的能力领域。第五，制定战略计划和改进的行动方案，用具体措施来对应制优先能力提升的目标。以下是可供参考的日程安排：

理想的评估过程需要一天半至两天。评估议程活动主要包括：理解组织评估，了解评估活动跟组织的关系；填写、计算、分析评估问卷；展示评估结果，讨论评估结果；确定优先顺序；制定行动计划。如果时间紧张，评估过程要进一步缩短。有些评估活动内容不得不压缩。由于时间不能保证,没有集体讨论,上述任务就不肯定能够圆满完成,可能出现走过场。所以,一般还是安排在2天左右为好。以下是关于评估日程的安排。

表3.2 理想的评估时长与内容安排

第一天安排	第二天安排
1. 明确评估目标,理解组织评估活动 2. 填写、计算、分析评估问卷 3. 公布评估结果,讨论、分析与评估组织绩效	1. 找出问题,并相应确定组织的优先提升的能力领域 2. 制订战略计划和改进的行动方案

4. 能力评估过程步骤。温洛克根据经验总结了评估的十个步骤。[①] 社会组织在使用时可根据自己的实际情况进行适当调整。

知识链接3.2 能力评估十步走

第一步:发放评估问卷,解释评估问卷的目标,指导参加评估的人员怎样填写问卷。

第二步:给参评人员45~60分钟时间填写问卷回答疑问。

第三步:当参评人员完成问卷后,请他们填写《评估报告选项统计表(个人)》。

第四步:收集个人评估结果统计表,汇总到《评估答案统计录入表》然后计算百分比,将结果统计到《评估答案百分比统计总表》。

第五步:检视《评估答案百分比统计总表》,将信息转入《组织现状评估统计表》。

第六步:向全体参加评估的人员首先公布《百分比计算表》的结果,然后是《组织现状评估统计表》上的内容。

第七步:就问卷统计结果和发现的问题,引导参评人员的讨论。讨论的目的是从评估结果中得到的深层发现或有关方面的问题等。讨论应着重于参评人员能从评估中学到什么,而不是行动方案。

第八步:确定组织能力的优先改进与提升领域。

第九步:制订能力改进行动计划,要有具体措施。

第十步:最后由评估专家撰写评估的总体报告。

① 温洛克国际农业开发中心是总部在美国的一个社会组织,工作内容涉及农村发展等多个领域,并致力于加强公民社会组织的能力建设。温洛克是改革开放以后最早进入中国的国际开发组织之一。1982年温洛克中国办公室在中国农业科学院内正式成立。由朱丽亚女士负责的温洛克民间组织能力开发项目改译了琳达·莫林那的《优秀组织的标志》,其中的社会组织评估程序工具开发由加拿大卫生部和加拿大ALS协会联合资助。

5. 能力评估的程序安排。基于前面的参加人员范围和评估日程设计以及评估步骤介绍,需要做出关于评估的程序安排。理想的评估工作日应当在 2 个左右,再少就无法进行充分有效地工作。在这 2 个评估日中,一般需要安排 4 次会议活动。详细说明见表 3.3。

表 3.3　能力评估的程序安排

	参加人员范围	会议活动内容
第一次会议 (半天)	组织的秘书长或者执行主任;组织内的部门主要负责人;理事会代表或者董事会代表;员工和志愿者代表(总的参加人数最好是单数,如不能达成共识,可以采取表决的形式)。	• 协作者介绍组织评估的全过程; • 决定后三次会议由哪些人参加; • 决定下一次会议的时间、地点及其他后勤安排(包括午餐); • 协作者发放背景资料并鼓励参加评估的所有人员阅读; • 协作者观察是否存在影响评估客观性的障碍。
第二次会议 (半天)	执行主任、所有员工、志愿者和理事会成员。(此会议应尽量包括组织的相关方代表:如项目受益者、政府人员、组织的老员工或者创始人员、组织的资助者、组织的其他合作伙伴等)。	• 填写问卷。在填写问卷的每一部分之前专家要留点时间让参加人员自己考虑想如何反映自己的看法在问卷中; • 每个参加人员都应当有自己的独立思考,并体现在问卷答案中。
第三次会议 (半天)	组织的秘书长或者执行主任;组织内的部门主要负责人;理事会代表或者董事会代表;员工和志愿者代表。	根据问卷统计结果,评估绩效,发现问题,寻找原因,确定组织在未来(3 年左右一个周期)要进行能力建设和改进的优先领域。
第四次会议 (半天)	组织的秘书长或者执行主任;组织内的部门主要负责人;理事会代表或者董事会代表;员工和志愿者代表。(此会议也应尽量包括组织的相关方代表)。	• 由专家介绍问卷统计结果以及由此得出的能力开发优先领域; • 请没有参加第三次会议的人员对能力开发优先领域提出建议; • 从所有提出的能力建设建议中进一步聚焦于最为突出的领域,形成共识。确定其活动内容和语气产出效果; • 讨论为了实现形成共识的能力建设目标,组织需要投入的人员和时间及其他资源,此为能力改进计划。

三、评估问卷格式及其填写

根据社会组织能力的主要维度,温洛克民间组织能力开发项目根据加拿大政府公民与移民部资助的多伦多联合劝募制作的能力建设评估工具,在改编基础上形成了一套有借鉴价值的问卷内容格式。这套问卷包括 4 个问卷表(使命愿景与战略规划;治理职责及领导力;行政及财务管理;人力资源管理)和一个评估选项(个人)统计表。一共涉及 13 个能力,包含了 95 个评价依据。以下按统一排序予以说明。

1. 使命愿景和战略规划评估表。使命、愿景和战略规划的作用是指导社会组织的工作,确认利益相关方并与之保持良好关系,为开展项目和服务指明方向,同时引导社会组织制定长期及短期目标并评估项目进展。使命愿景和战略规划能力评估涉及 3 个能力共 16 个评价依据。

A. 使命及愿景陈述。包括 4 个评价依据:(1)组织所具备的使命陈述要准确说明组织的工作内容、工作缘由和服务对象。(2)组织的愿景陈述描述很清楚。(3)员工和志愿者应理解的使命及愿景陈述。(4)定期修改使命陈述,使它保持与利益相关方需求一致。

B. 使命及愿景引导。包括 3 个评价依据:(1)现有项目及服务要与使命和愿景一致。(2)在制定长短期计划过程中常常参考使命及愿景陈述。(3)向受益人及其他利益相关方宣传组织使命。

C. 规划与进展评估。包括 9 个评价依据:(1)组织确立和评估战略规划包括长期目标(3~5 年)。(2)组织的长期目标清晰明确,员工、志愿者、理事会成员和其他利益相关方为组织制定目标提供了意见。(3)长期目标与使命和愿景一致。(4)组织根据现有资源制定的短期目标明确而且切实可行,能在一年左右达到。(5)员工知道组织的整体工作计划与自己的日常工作具有怎样的联系。(6)组织的工作计划包括:工作内容、工作时间表、人员分工、预期成果。(7)每年一到两次根据工作计划对所要达到的预期成果进行项目成果评估。(8)员工参与成果评估并确定组织优先任务的决策过程。(9)理事会参与成果评估并确定组织优先任务的决策过程。

2. 治理职责及领导力评估表。治理职责及领导力涉及组织的管理层、其职位责任界定、项目监督及确保组织诚信等。治理职责及领导力评估涉及 3 个能力共 21 个评价依据。

D. 理事会会议及工作。包括 5 个评价依据:(1)组织的理事会定期开会并致力于指导组织的工作。(2)组织保留所有理事会会议记录资料。(3)理事会直接参与组织筹资活动。(4)理事会熟悉执行主任的日常工作职责。

(5)理事会要求管理层在影响组织的重大事件上向它汇报。

E.监督职责及诚信。包括7个评价依据:(1)管理层知道要对志愿者、受益人及捐助者等组织各方负责。(2)管理层定期自查组织运行是否合乎捐助人的期望及相关法规。(3)管理层有能力判断组织是否拥有足够资源。(4)管理层定期向理事会汇报项目和服务的进展和问题。(5)管理层如实向捐助方汇报相关情况。(6)管理层对理事会负责并在做主要决定前征求理事会的意见。(7)管理层能够启发员工,志愿者及其他利益相关方为实现使命而努力。

F.交流及对外联络。包括9个评价依据:(1)项目能反映利益相关方,尤其是受益人的需要。(2)组织与利益相关方商谈有关问题,如政策,倡导,筹款,需求评估,项目设计,执行,监督和效果评估等。(3)关于组织的项目和服务,组织欢迎受益人和其他利益相关方提出建议和意见。(4)管理层定期阅读关于受益人的反馈报告,考虑是否需要据此调整项目和服务。(5)组织的利益相关方对组织的项目和服务感到满意。(6)组织能清楚有效地对内对外传达本组织的信息,有较成熟的沟通方案以宣传组织本身和组织的工作。(7)组织通过外界媒体、政府及公众有效地提高组织声誉。(8)组织努力使其他有关组织、决策者和公众理解并支持组织的受益人。(9)组织与和组织工作内容类似的社会组织相互合作。

3. 行政及财务管理评估表。涉及行政管理程序、财务预算、财务报告系统、风险管理、资金筹集,以及对资助方负责和资金可持续性等。行政及财务管理评估涉及3个能力共26个评价依据。

G.财务管理。包括12个评价依据:(1)组织有正式财务管理规定及程序以避免资金浪费和不正当使用。(2)这些财务管理规定(比如报销制度)及程序得到严格执行。(3)组织所有人员应知道并遵守以上规定。(4)组织对不遵守规定的人员有强制执行措施。(5)组织根据年度预算支出。(6)组织根据捐款数额、服务收入及支出预测制定财务预算。(7)组织根据捐助方的意愿和项目任务分配资源。(8)组织鼓励员工参与年度财务预算过程。(9)管理层至少每三个月检查财务账目一次。(10)组织每年提供一份财务报告。(11)组织的财务管理透明,员工、捐助方、其他利益相关方等可随时了解必要的相关财务情况。(12)为相关部门提供审计报告。

H.风险管理。包括5个评价依据:(1)组织通过实施财产保险、职工保险以及必要安全措施降低风险。(2)组织定期更新组织的财产及固定资产清单。(3)组织对捐助者、受益者、员工及志愿者的个人信息满足保密的要求。(4)组织采取备份电脑中资料等措施保护重要信息。(5)员工知道怎样应对紧急情况和危险。

I. 资金筹集及诚信。包括9个评价依据:(1)组织具有筹资战略并为达到战略目标制定了明确的筹资计划。(2)组织有明确的筹资运作计划,并有足够人员和机制执行。(3)组织对捐助方的善举表示感谢和公开肯定。(4)组织对捐助方说明资金去向。(5)除了现有国际组织捐款,组织积极拓宽新的筹资渠道。(6)组织有多元化的资金来源而不是依靠唯一来源。(7)组织具有筹集资金的技能。(8)组织有应对资金短缺的计划。(9)组织每月有现金流量表以核查资金收支情况。

4. 人力资源管理评估表。人力资源管理涉及对组织结构及员工和志愿者的管理方法,也包括工作环境,员工和志愿者培训及支持,包括对组织、员工、和志愿者工作关系起到指导作用的政策和程序。人力资源管理评估表格涉及3个能力共26个评价依据。

J. 组织决策与管理结构。包括10个评价依据:(1)组织的结构图能明确划分部门职能和人员职责。(2)组织拥有与所开展活动相匹配的足够数量的员工。(3)组织内管理职责明确,每人都清楚向谁汇报哪方面工作。(4)在组织内责任和权力不是集中在领导一人,而是充分分散到各工作级别。(5)谁有权作什么决定十分明确,决策程序清楚。(6)组织的活动、项目和部门协调统一。(7)组织积极支持员工及志愿者的培训和发展。(8)组织有指导员工和志愿者行为的准则。(9)组织关于人力资源的政策明确、公平。(10)员工及志愿者变动率不致引起组织不稳定。

K. 工作环境。包括10个评价依据:(1)组织能够与来自不同社会经济背景的受益人及其他利益相关方协作。(2)领导能有效地督促与管理。(3)员工能从领导那里得到适当的工作指导、支持和反馈。(4)领导鼓励员工为了改进组织的工作而创新。(5)领导鼓励员工提出和发现问题。(6)领导鼓励员工参与组织决策过程。(7)组织给员工提供必要的资源以便员工高效完成任务。(8)组织内各层次人员包括志愿者之间相互尊重。(9)员工有很强的工作动力和对组织有归属感。(10)组织鼓励员工实现团队合作关系。

L. 员工职业成长。包括5个评价依据:(1)员工具有必要的工作技能。(2)组织定期核查员工薪金及福利标准。(3)员工的工作内容清楚明确且互为补充。(4)所有员工都认为其工作重要而有意义。(5)员工可随时得到组织关于员工权力及责任的政策。

M. 志愿者职业成长。包括7个评价依据:(1)组织给志愿者分配重要、有意义的任务。(2)组织具有反映志愿者实际工作情况的岗位描述。(3)组织积极招募具有技能特长的志愿者。(4)组织进行志愿者培训。(5)员工充分指导和协调志愿者的工作。(6)志愿者的工作得到组织认可。(7)组织具备关于志愿者权力及责任的管理规定。

以下是以"使命愿景和战略规划"的评估为例做的样表(见表3.4)。它清楚标列出相关的3个能力及其所属的16个评价依据,并给出可供选择的5个选项。其他的"治理职责及领导力""行政及财务管理""人力资源管理"等3个评估表格可照此设计。

表3.4　使命愿景和战略规划评估表(省略表)

题目	选项(在认为符合现状的选项中打√)				
	是	大部分是	有时是	不是	不知道
A. 使命及愿景陈述					
1. 使命陈述要准确说明组织工作内容、缘由和服务对象					
2. 组织的愿景描述得很清楚					
3. 员工和志愿者应理解使命及愿景陈述					
4. 定期修改使命陈述,使它保持与利益相关方需求一致					
B. 使命及愿景引导的活动					
5. 现有项目及服务要与使命和愿景一致					
6. 在制定长/短期计划过程中常常参考使命及愿景陈述					
7. 向受益人及其他利益相关方宣传组织使命					
C. 规划与进展评估					
8.(以下略)					

5. 评估选项(个人)统计。当评估者将四个评估表填写完成以后,还要完成一个评估选项的统计表,将13个能力所涉及的95个评价结果进行个人统计,以便为总的统计提供基础数据。统计格式见表3.5。

四、评估统计分析与评估报告

1. 评估结果统计分析。当每一个评估者完成了评估选项的统计以后,将标有表格序号(不填写姓名)的表格交给评估专家进行统计,算出上述13种能力中每一能力评估选择中各类答案的总个数,分别填入"评估结果统计录入表"中,然后算出它在这一部分占题目总数的百分比,填入"百分比"一栏

表 3.5　评估选项统计表(个人)

注意:1 请您将此表填好后交予组织评估专家;2 请在以下自己的职位类别选项上打√:

A. 理事会成员　B. 执行主任　C. 部门主任　D. 员工　E. 志愿者　F. 其他

评估领域	序号	13 种能力	选项						题目总数 95 个
				是	大部分是	有时是	不是	不知道	
使命愿景和战略规划	A	使命及愿景陈述	个数(例如)	2	1	1	0	0	4
	B	使命愿景引导的活动	个数						3
	C	规划与进展评估	个数						9
治理职责及领导力	D	理事会会议及工作	个数						5
	E	监督职责及诚信	个数						7
	F	交流及对外联络	个数						9
行政及财务管理	G	财务管理	个数						12
	H	风险管理	个数						5
	I	资金筹集和诚信	个数						9
人力资源管理	J	组织结构和管理权利	个数						10
	K	工作环境	个数						10
	L	员工职业成长	个数						5
	M	志愿者职业成长	个数						7

说明:“个数”是指各个选项的累计数,比如“使命及愿景陈述”包括 4 个评价依据,如果有 2 个选择“是”,1 个选择“大部分是”,1 个选择“有时是”,就照此填在对应格中。

中。评估专家应在看到“少数人有某种强烈的意见”或“统计数字没有反映出组织内意见的巨大分歧”时,在“备注”一栏说明。下面是仅以前 3 项能力为例形成的表格。

表 3.6　评估结果统计录入表(省略表)

表格序号	填表者职位	A 使命及愿景陈述					B 使命愿景引导的活动					C 规划与进展评估				
		是	大部分是	有时是	不是	不知道	是	大部分是	有时是	不是	不知道	是	大部分是	有时是	不是	不知道
1																
2																
3																
⋮																
各项个数总计																
各项总计(%)																
是、大部分是总数																
是、大部分是总(%)																

在进行了 13 个能力评估的单项统计以后，接下来要计算和填写《组织现状评估统计总表》，到这一步，组织自我能力评估的总体数据从中便可一目了然。

表 3.7　组织现状评估统计总表(样表)

序号	13 种能力	优秀 (100%～80%)	接近优秀 (80%～60%)	需要关注 (60%～40%)	很大差距 (40%～0%)
A	使命及愿景陈述				
B	使命愿景引导的活动				
C	规划与进展评估				
D	理事会会议及工作				
⋮	……				
M	志愿者职业成长				

根据表 3～6 的统计，可以得到单项能力评估答案是"正确"和"大部分正确"两项相加的个数及其占此单项评估总个数的百分比。公认的经验认为：

若有 100%～80% 答"正确"或"大部分正确"，这部分能力现状就是"优秀"。

若有 80%～60% 答"正确"或"大部分正确"，这部分能力现状就是"接近优秀"。

若有 60%～40% 答"正确"或"大部分正确"，组织这部分能力现状就是"需要关注"。

若有 40%～0 答"正确"或"大部分正确"，组织这部分能力现状为"存在很大差距"。

根据百分比,就可以圈定不优秀的能力方面。评估专家接下来要带领参评人员讨论两个问题:第一,如果对表三中不是优秀的各个部分进行能力开发,组织的能力会真正得到提高的概率是多大(高、中、低)。第二,如果对表三中不是优秀的各个部分进行能力开发,其结果对组织本身或其工作(如实现组织使命或增加筹款收入)有多大的影响(重大影响、一定影响、很小影响)。这两方面综合可以得出哪些部分是本组织能力开发优先领域的初步结论,借助能力开发优先领域矩阵表的概率法,或者在上述两个问题的讨论基础上采用排序法,能够帮助评估者选择出能力建设的优先领域,专家建议选择结果以3个左右为好。

2. 专家撰写评估报告。专家,也就是评估的执行者在评估过程结束后,要撰写一份完整的评估报告以做参考或备忘。评估报告建议涵盖以下几点内容:描述评估过程;记录讨论的重点;记录无法在讨论中继续深入,但是同样重要的问题;记录在讨论能力发展优先领域时,组织是如何达成共识的;附上组织的能力发展计划并提供相应的说明;针对以后的评估或使用评估问卷提供建议。

表 3.8 组织能力开发计划表

	能力开发活动	时间	产出描述(此改进的直接目标是什么?目标的量化指标,例如,制订出一个计划,执行了一个政策,设立了一套体系等)	效果描述(此改进将怎样改善组织功能及效率?如提高工作效率,保证资金持续,为更多受益人服务,提高员工和志愿者的成就感等)	活动重要性描述(为什么此项改进对组织至关重要?开展活动之后,组织对受益人的服务与社会影响会带来哪些重要变化?等等)
能力优先改进领域 1					
能力优先改进领域 2					
能力有限改进领域 3					

第二节 社会组织战略管理程序与内容

战略管理是对组织活动和发展的总体性管理,是组织制定和实施战略的一系列管理决策与行动。战略管理是涉及组织未来3~5年中期发展目标的战略性计划或规划的管理。从战略决策视角，战略管理通常指四种情况：(1)将对组织未来发展产生冲击的内外环境进行分析的活动。(2)将整体组织与对其发生冲击的议题进行分析的活动。(3)关注组织目标以及发展方向的战略选择。(4)促进战略的有效执行。

这里将社会组织战略管理的程序和内容划分为五个阶段：管理准备、战略分析、战略规划、战略实施、战略评估。其中，战略规划、战略实施和战略评估三个阶段尤为关键，具有决定性意义。

一、管理准备阶段

准备阶段是社会组织战略管理的开始。这一阶段的主要任务是决定是否要进行战略规划，如果确定进行战略规划的话，成立战略管理委员会(或者小组)，并确定大致的规划程序与进度安排。最后进行战略规划动员。准备阶段的具体程序和内容有：

第一，社会组织战略管理的首要步骤是决定是否进行战略规划。以下情况下一般不要进行战略规划：(1)面临严重的财务或人事危机及高层管理陷于瘫痪时，这时应该做的是优先解决危机。(2)没有得到高层领导者的全力支持和投入时，因为战略规划涉及组织发展的关键问题。(3)尚未做好充分准备时，充分准备包括高层领导者具有协调组织全体参与的意识，做好聆听不同意见的准备，尊重将成立的战略管理委员会的主体性而不能独断专行等。(4)有不适合公开讨论的问题时。

第二，成立战略管理委员会(或者小组)。人数根据需要而定，至少要包括理事、秘书长、中层管理者、志愿者、主要捐助者等。

第三，聘请专家顾问。专家可以协助战略管理委员会成立，提供意见给理事长，协助理事了解战略规划程序中应有的目标、原则、方法和技巧，提供资料，并根据委员会讨论成果，代写战略规划书。专家顾问的正确定位是协调员、研究者、特别助手、中立者、智囊。

第四，召开战略规划动员会。战略规划动员会主要传达进行战略规划的原因，以及对战略规划委员会的期望；专家顾问可以借此机会协助了解战略规划对组织的意义、委员们的作用、专家顾问的角色和作用、战略规划进行的大致内容、注意事项、预期成果、时间表等；委员会还需要在此时明确战略规划的内容、方式与分工。

二、战略分析阶段

战略分析阶段主要进行资料的收集、整理与分析，主要任务是分析社会组织的内外部环境,以作为战略规划的基础。战略分析阶段包括组织诊断和环境分析两个部分。

第一个部分为组织诊断,又叫组织分析或评估,焦点放在社会组织内部环境(自我能力与优势)上。组织分析的结果是完成“组织诊断报告”。组织诊断把组织视为一个动态的有机系统,对组织整体及其各组成部分的目标、功能等进行系统分析。组织分析的主要项目包括:受益者需求与满意度、项目绩效、管理层工作效率、财务系统、人力资源管理制度与工资福利、分支机构或会员组织、信息管理、工作氛围和士气、权责分工、专业化程度、专业人员的价值观、组织文化等。组织分析的重点在于先将各个层面的状况作忠实的描述,然后再根据组织的现状指出哪些功能是健全的、哪些是有缺陷的。

第二个部分为环境分析,又叫趋势分析,焦点放在社会组织的外部环境上。环境分析的结果是完成“环境分析报告”。环境分析对社会组织所处的外部环境做出动态分析,意在把握各种主要外部因素的变化趋势,使社会组织能够顺应环境的变化并经常处于有利的地位以实现组织的目标。环境分析的主要项目包括:主要受益人群、活动的专业领域、竞争者与合作者、政治、经济、社会、文化、科技、法规政策等因素的现状及其变化趋势等。环境分析的重点在于了解那些对社会组织运作与发展相关的重要信息。

三、战略规划阶段

战略规划阶段是社会组织战略管理的核心。战略规划的结果是形成社会组织的战略计划。一般来讲,一个好的战略规划包括四个方面的内容:(1)战略范围,规定了社会组织与社会环境之间发生作用的范围,即说明要达到哪一方面的目标。(2)资源部署,要阐明如何部署资源。(3)优劣态势,战略规划应该说明自身范围内的机会与威胁。(4)协调与匹配,在战略规划范围内,要使资源部署与竞争优势相互协调。

从战略规划的技术角度分析,战略规划阶段的主要功能活动环节有[①]:第一,信息输入。把所收集或考虑到的宏观的政治、经济、社会和科技的信息,以及直接影响战略的组织的优势、劣势、机会和威胁的信息进行归纳、整理和分类。第二,匹配。这一环节依靠在输入阶段得到的信息而将外部机会和威胁与内部优势和弱点进行匹配。将外部与内部的重要因素相匹配是有效建立备选战略的关键。第三,决策。匹配技术确定了备选战略,而分析和直觉则为战略决策提供了基础。在这一环节,战略管理委员会需要重新审视社会组织的

---

① 陈振明:《公共部门战略管理途径的特征、过程和作用》,载《厦门大学学报》(哲社版),2004年第3期。

最终目的，评价社会组织运行的情境，从而对社会组织的备选战略做出评估。评估包括四个方面：适用性评估，可行性评估，可接受性评估，对利益相关者评估。

从战略规划的程序角度分析，战略规划阶段的中心任务是：通过召开战略管理委员会的一系列战略规划会议，讨论和制定社会组织未来3~5年的战略规划。战略规划会议的主要议题或程序有：

第一，关于社会组织的宗旨、任务与愿景的讨论。宗旨是社会组织的终极目标和根本方向；任务是社会组织为实现其宗旨所应采取的主要方法，焦点放在社会组织所服务的受益人身上，采取以受益人为导向的思路；愿景是根据宗旨和任务得出的结论，进一步激发大家对要达到的一个理想境界或蓝图的展望。

第二，关于社会组织发展的中期目标的讨论。重点是明确社会组织在未来3~5年内全力以赴的几个优先发展的方向。中期目标应该具体而明确，数目以5~7个为宜。

第三，关于社会组织策略与行动方案的讨论。核心是明确社会组织在未来3~5年内究竟应该采取什么行动。策略是战略的具体化，是为达到目标而采取的社会组织行动的准绳，同时也必然涉及有限资源的分配运用，因此需要在目标、资源和方法之间找到最佳组合；行动方案则是在策略之下阐明为达到社会组织目标而采取的具体步骤和方法。

第四，关于环境变化的讨论。正规的战略规划依据的是最有可能发生的事情，通常并不需要对全部可能发生的环境变化做出应对的对策。

第五，完成战略规划书。战略规划书需要忠实地记录战略管理委员会的决策，它代表的是全体人员的认同和支持。战略规划书的内容至少要包括宗旨、简史、愿景、任务、中期目标、策略和行动方案等，战略规划书的阐述要简要并条理分明。

四、战略实施阶段

实施战略规划是社会组织战略管理的关键。由于公开性方面的限制、政治影响、权限、监察以及普遍存在的所有权，社会组织战略管理的执行则更为困难。

战略实施过程包括诸多环节或功能活动。一般地说，战略实施过程主要包括战略发动、制定行动计划、组织准备、资源准备、战略实验、全面实施、战略控制等环节。社会组织战略实施涉及以下三类活动：

(1) 利益相关者管理。社会组织应先确定本组织的利益相关者有哪些，并采取措施应对。对付敌对利益相关者:找出与敌对利益相关者有紧密联系的不重要和未决的利益相关者中的中立者,从中发现潜在的联盟;采取措施,阻止敌对利益相关者与未决利益相关者的联盟;防止敌对利益相关者在暗中削弱拥护者;对敌对利益相关者进行突袭;预期反对性质并挑选出部分持反对意见的利益相关者,再采取措施;与挑选出的敌对利益相关者讨价还价,获得其至少的中立。除了敌对的利益相关者外,还有潜在的拥护者、未决者及不重要的利益相关者,对于他们都需要采取措施应对。

(2) 组织结构管理。社会组织结构的重新设计应能够促进最终的目的达成。组织结构的演变顺序是一个周而复始的过程:制定新战略→新出现管理问题→组织绩效下降→建立新组织结构→组织绩效得到改进→制定新战略。

(3) 组织资源管理。每个社会组织至少都拥有四种可以实现预期目标的资源:人力资源、物力资源、财力资源和技术资源。资源配置是社会组织战略管理活动中的一项中心活动,资源配置依赖于战略管理委员会的决议,依赖于所实施的战略。如加强型战略可能就要投入较多的资源,而紧缩性战略耗费的资源就较少。如果某些资源要素匮乏,但对战略实现是关键性的,可以请求那些拥护组织战略的重要利益相关者为社会组织筹募资金和服务使用费,或从其他项目中再争取一部分资金,从而使社会组织的战略变得可行。

社会组织实施战略规划还需要遵循以下原则:第一,社会组织战略规划须切实可行,其每一阶段的任务都要尽可能落实。第二,依据战略规划制订下一年度的工作计划和预算。第三,战略实施时眼睛要盯着目标,不苛求具体方案。第四,要考虑制订应变战略和计划。第五,组织结构要符合战略规划工作的要求。能适应战略管理时代的新型组织结构的三大要求为:履行基本职能的效率要求;不断创新的要求;面临重大威胁时能做出起码的基本反应以避免僵化的要求。第六,创造一种推动战略规划工作的组织气氛。第七,要改革就要付出成本,但要创造一个较为宽松的调试环境。

五、战略评估阶段

战略评估可以界定为:依据一定的标准和程序,对战略实施的效益、效率、效果及价值进行判断的一种管理行为,目的在于取得有关这些方面的信息,作为决定战略变革、战略改进和制定新战略的依据。

社会组织的战略评估是一个动态的过程,是有计划、按步骤进行的。由于评估对象不同,在具体操作过程中,评估活动步骤各有侧重。但一般来说,它包括三项基本活动:考察社会组织战略的内在基础;将预期结果与实际结果进行比较;采取纠正措施以保证行动与计划的一致。其具体的评估步骤为:检查战略基础，考核社会组织绩效，采取纠正措施。

社会组织应该定期（至少每年一次）评估战略规划的实施情况，并且研究决定是否应该做出一些调整和修正。社会组织战略规划是一个动态的循环过程，一般持续3~5年。

第三节　社会组织战略管理分析工具

社会组织战略制定过程中要对战略制定中的影响因素进行战略分析，通过一定的手段和方法从复杂的信息与线索中，清理出重点影响社会组织战略的因素，以便于战略选择和制定。由此可见，在社会组织战略管理过程中，分析工具是至关重要的。

一、分析工具的适用前提

社会组织战略管理与营利企业战略管理之间存在一定的共性联系，这为探讨营利企业战略管理分析工具适用于社会组织战略管理的可移植性提供了前提与基础，事实上在实践过程中社会组织战略管理也确实借鉴了不少营利企业战略管理的概念和分析工具。然而，营利企业以利润为中心，而社会组织不以营利为目的，这使得社会组织的战略管理分析工具与企业的战略管理分析工具相比有明显差别。

战略管理分析工具的异同与组织所处环境，以及组织使命和管理模式、性质的异同息息相关。通过比较营利企业和社会组织的战略管理在管理环境、使命、模式和性质方面的异同，可以尝试把原来主要适用于企业的战略管理理论与分析工具用于社会组织。

第一，在组织环境和使命方面，社会组织战略管理同营利企业的战略管理相比，既有相似之处，也有独特的地方。相似之处在于战略环境因素相似。两者的战略规划都是根据组织的环境来决定目标，明确方向，以及如何达到目标。这样，营利企业用于环境分析的许多理论和分析工具仍然适用于社会组织。相异之处在于两者的核心使命不同，这种差异将使非营利组织不能完全照搬营利企业的某些理论和分析工具，而要经过必要的加工改造才行。

企业战略的竞争优势取决于营利企业在同行业中的竞争力。企业战略管理的首要任务就是选择最有赢利潜力的行业，以及在已经选定的行业中进行正确定位。但是，社会组织之间不能为获得服务对象而相互竞争，这容易被公众认为是提供重复服务。在我国法律中甚至有限制竞争的政策，在同一行政区域内没有必要成立业务范围相同或者相似的民间组织。

第二,在战略管理模式方面,在营利企业中董事会是股东的代表,他们以赢利为中心进行着比较具有控制力的战略决策。而社会组织的功能带有更多的政治性,与理性的战略环境相反,社会组织常常无法就某一方案取得一致意见。组织管理者在进行决策时,必须与其他重要的利益相关者分享权力。这些利益相关者包括组织内外的行动者、政府部门或者利益团体。在战略决策和规划过程中提供公众参与的权利与机会,不仅有利于获取广泛的信息,也有利于克服实施战略管理的障碍。由于上述因素的存在,社会组织的战略决策环境要远比营利企业更为困难和复杂。

第三,在战略管理的性质方面,社会组织战略管理具有公共性的显著特征,而营利企业的战略管理是以利润为中心的。社会组织的战略管理者在运用私人部门管理的一些原则时,必须小心谨慎。因为由于公共性,这类假设在社会组织中并不有效。为了应对公共性带来的要求,社会组织的管理者们除了需要应用为私人部门设计的战略管理分析工具之外,还需要发展其他的分析工具。

综合以上三个方面的分析,可以对营利企业的战略管理分析工具适用于社会组织战略管理的具体情况作出判断:

第一,PEST 分析、利益相关者分析、SWOT 分析、麦克米兰矩阵这样的环境分析方法可以直接适用于社会组织战略管理,因为这些分析方法的共同点是不直接与利润、现金流量和竞争性挂钩。

第二,V 矩阵和 EVA 管理方法,并不适合作为社会组织战略管理分析工具,因为它们是以利润和现金流量作为决策依据的分析方法。

第三,处于上述两种情况之间的某些工具,可通过适当的转化用于社会组织的战略管理,例如“五种竞争力模型”可以转化为“利益相关者分析”;波士顿矩阵在经过适当改造之后也可以用于社会组织的战略管理。

二、需要转化即适用的分析工具

由于社会组织之间的非竞争性,营利企业战略管理中的行业分析方法一般需要做适当转化才能适用。行业分析方法包括五种竞争力模型和波士顿矩阵分析工具。

(一) 五种竞争力模型

波特的五种竞争力模型,通过对服务供给者、服务对象、同行竞争者、替代产品生产者等的分析,认识组织面临的生存与发展压力。五种竞争力模型是一种营利企业常用的战略分析方法。这种理论认为战略的成功受到服务对象和供应商的力量对比、竞争者和新进入者的威胁、市场主要参与者的竞争状况等因素的影响。模型对于社会组织的竞争有一定借鉴作用。当然对于社会组织而言,这个模型的应用价值要小得多。大多数社会组织都不用担心进入和退出问题。尽管如此,一方面,行业分析有助于清楚地显示合作的潜力和障碍,便于预测哪些计划将面临资助困难;另一方面,在财政紧缩时期,社会组织之间不得不就捐款和财政拨款展开竞争。如果战略管理者能够确定其竞争对手,就能更好地理解影响组织行为的各种力量,从而使社会组织受益。社会组织战略管理不适宜用竞争对手分析,而是采用利益相关者分析法。为此将五种竞争力分析演化为利益相关者分析(见下述)是可以使用的。

(二) 波士顿矩阵

波士顿矩阵分析工具是由美国波士顿咨询公司建立的多元化营利企业进行战略制定的有效工具。波士顿矩阵的基本思想是:大部分营利企业都有两个以上的经营单位,每个经营单位都有相互区别的产品,营利企业应该为每个经营单位确定活动方向。波士顿矩阵通过把全部产品或组合作为一个整体进行分析,解决营利企业相关业务之间现金流量的平衡问题。营利企业进行一系列分析以确定各种产品与营利企业战略的契合度,并据此决定资源的分配。

波士顿矩阵分析工具主张,在确定每个经营单位的活动方向时,应综合考虑营利企业或该经营单位在市场上的市场份额和行业成长性。根据市场份额和行业成长性这两个标准,波士顿矩阵可以把全部经营业务定位在四个区域中,分别为:高增长、强竞争地位的“明星”业务;高增长、低竞争地位“问题”业务;低增长、强竞争地位的“现金牛”业务;以及低增长、弱竞争地位的“瘦狗”业务。

由于社会组织很难提供“市场份额”和“行业成长性”两个指标,波士顿矩阵也不适用于社会组织。但是,纳特(Paul C. Nutt)和巴科夫(Robert W. Backoff)提出了波士顿矩阵的一种变形,从而可以用于社会组织的战略管理。但与营利企业不同,当波士顿矩阵运用于社会组织战略管理时,要分别用“利益相关者支持程度”和“可控性”两个指标代替“市场份额”和“行业成长性”两个指标。“利益相关者支持程度”显示了受到影响的人们所持态度。“可控性”指社会组织成功地解决某一议题的可能性,它依赖技术问题、目标人群、目标人群的人口构成以及目标人群的可变性。利益相关者支持程度较低的议题,例如有些城市管理当局为了弥补教育经费的不足,希望用希望工程捐款支持在城区修建“希望小学”,获得捐方支持的可能性较低,因为捐方并不太愿意接受这一点。可控性高的议题,例如捐 500 元就可资助一名贫困学生完成小学教育,普通市民也负担得起。

纳特和巴可夫认为,“可控性”和“利益相关者支持程度”的不同匹配可产生四种类型组合:(1)怒虎类(Angry Tigers)——虽然这类议题得到的利益相关者支持程度较高,但可控性低。它们要求立即采取行动,但事实上很难成功。(2)坐鸭类(Sitting Ducks)——这类议题具有高可控性和高度的利益相关者支持,因而处理这类议题比较容易。对那些容易处理的重要议题采取行动可以为社会组织带来信誉,并能为处理怒虑类议题赢得时间。(3)黑马类(Dark Horses)——这类议题可以解决,但行动本身却不一定会得到利益相关者支持。因为社会组织具有解决这类议题的能力,所以它应该处理这些议题,并且公布因此而获得的成就。(4)睡狗类(Sleeping Dogs)——这类议题既不受利益相关者支持,也不具有可控性。

三、可以直接适用的分析工具

营利企业战略管理中的定性分析方法一般可以直接适用于社会组织。这类方法包括 PEST、利益相关者分析、SWOT、麦克米兰矩阵等环境分析方法。其主要原因有两点:

首先,营利企业和社会组织环境因素相似。与营利企业一样,社会组织同样受内部条件和所处环境约束。两者的战略规划都是要根据组织环境来决定所要完成的目标,明确发展方向,以及面临多变环境如何达到目标。这样,营利企业用于环境分析的许多理论仍然适用于社会组织。因此以环境分析为背景分析方法具有比较可靠的适用性。

其次,社会组织与营利企业的差别主要在于非营利性和非竞争性,而上述方法在这方面不敏感。非竞争性导致竞争性的五种竞争力模型部分失效,而用利益相关者分析替代。

1. PEST 分析。PEST 分别是代表四类影响战略制定的因素的英文单词首字母缩写:政治的(Political)、经济的(Economic)、社会的(Social)、技术的(Technological)。PEST 分析是外部环境战略分析的基本工具,用于分析所处宏观环境对于组织战略的影响。PEST 分析,即在宏观上对政治、经济、社会、技术信息的收集和分析。具体而言,政治分析指对国内外政治环境分析,内容有领导人新的指示,新政策的颁布,新法律法规在立法部门的通过,国家间的战争、缔约,首脑会晤等。经济分析是对国内外经济发展趋势的分析,包括国内经济增长、停滞还是衰退,通货紧缩还是膨胀,国际经济状况,是否存在金融风险等。社会分析内容包括国内风俗、习惯、观念、信仰的现状及转变趋势,国家间的文化交流与合作等。技术分析内容包括国内外科技进步、开发与利用,相互交流等。

2. 利益相关者分析。利益相关者分析工具用于分析与社会组织利益相关的所有个人和组织,在战略制定时有助于识别重大利益相关者的影响。除了对战略制定产生影响以外,利益相关者分析也是战略评估的有力工具。战略评估可能通过确定持反对意见的股东、理事会成员和他们争议性问题的影响力来完成。

利益相关者可定义为:处于一定位置、对组织施加影响或向组织提出要求的个体或组织。企业的利益相关者通常包括服务对象、雇员、供应商、股东等。而社会组织的利益相关者,指社会组织影响到的所有人和对社会组织有影响的所有人,包括委托人、受益人、服务使用者、正式员工、志愿者、理事、捐助方、监督机构、其他社会组织及对该组织感兴趣的人,例如决策者、研究机构、媒体、公众、政府机构或企业。

利益相关者分析提供了一些有用的观念。确定利益相关者感兴趣的重点问题,通过将利益相关者的利益与战略制定联系起来,根据利益相关者的重要程度及其影响对他们进行排序和分类,对于考察社会组织战略需要和执行战略是非常有用的。

3. SWOT 分析。SWOT 分析法是由美国哈佛大学商学院发明的。它是一种综合考虑组织内部条件和外部环境的各种因素,进行系统分析评价,进而选择最优战略的常用方法。这里 S 是指组织内部的优势(Strengths),W 是指组织内部劣势(Weaknesses),O 是指组织外部环境的机会(Opportunities),T 是指组织外部环境的威胁(Threats)。SWOT 模型分析组织面临的威胁和机会(外部评价),以及组织本身的优势和劣势(内部评价),充分体现了组织内外部关系对制定战略的重要性。

SWOT 分析的目的在于给出一个有关组织内部环境、问题的集中图画,并激励组织调动优势,以便最大限度地利用机会,规避风险。组织的优势、劣势分析也叫作内部环境分析,进行内部环境分析的目的是为了明晰组织的核心能力。组织的机会和威胁分析也称为外部环境分析,它是指组织外部条件及趋势,进行外部环境分析是为了识别组织面临的机会和威胁。

SWOT 分析被大量地用于战略分析过程中,但它同时也是一个有效的战略制定工具。在使用 SWOT 分析法制定战略时,组织试图将战略建立在自身优势的基础上而消除劣势。一个组织为了趋利避害,可从 SO、ST、WO、WT 匹配分析中识别优劣态势,并采取措施实现扬长避短战略。

知识链接 3.3 组织如何识别优势与劣势

通常来讲,在进行 SWOT 分析的过程中,社会组织的优势和劣势主要包括:(1)社会组织的业务范围是否明确?(2)社会组织是否有恰当的资金来源?(3)社会组织的竞争能力和技术如何?(4)受益人对社会组织服务的满意度如何?(5)社会组织的各种活动与目标是否合适?(6)社会组织的收入和支出是否平衡?(7)社会组织的服务支出和其服务质量是否相一致?(8)社会组织是否具有其他组织不具备的竞争能力?(9)社会组织的研究和开发能力如何?(10)社会组织的内部管理和信息处理能力如何?(11)社会组织是否有明确的战略目标和方向?(12)社会组织是否有闲置的设备和设施?(13)社会组织的管理质量和人才状况如何?(14)社会组织提供的服务是否能够满足对象的需求?(15)社会组织的筹资能力和资金运营状况如何?(16)社会组织与企业的合作关系和能力如何?(17)社会组织与政府的合作关系和游说能力如何?(18)社会组织宣传和鼓动能力如何?(19)社会组织在公众心目中的优势是什么?社会公信度如何?(20)社会组织在银行中的信誉如何?在进行SWOT分析的过程中,社会组织的机会和威胁主要包括:(1)是否为新的群体提供服务?(2)是否增加新的服务产品和种类?(3)是否开发一些延伸服务?(4)是否与其他社会组织进行纵向和横向联合?(5)其他社会组织是否有一些重大失误?(6)外部环境中是否发生了有利于社会组织发展的重大事件或变化?(7)社会组织可以发展的服务空间是否增加?(8)是否有相类似社会组织成立或解散?(9)政府是否制定了有利于或不利于社会组织的政策和法规?(10)目前社会组织之间在相同业务方面的竞争度是否有所增加?(11)社会组织的顾客对服务需求是否有所增加?(12)社会组织得到信息的渠道是否减少?(13)外部环境是否有利于利用信息技术提供服务?(14)社会组织发展环境尤其是经济环境变化如何?(15)社会组织与国际机构和国外社会组织合作的可能是增加还是减少?(16)社会组织的研究和开发力量是否增加?

(资料来源:黄浩明:《社会组织战略管理》. 北京:中国人民大学出版社,2003年,第68~69页)

构建SWOT分析矩阵的过程一般有八个步骤:(1)列出组织的主要外部机会。(2)列出组织的主要外部威胁。(3)列出组织的主要内部优势。(4)列出组织的主要内部劣势。(5)将内部优势与外部机会相匹配,形成SO战略。(6)将内部劣势与外部机会相匹配,形成WO战略。(7)将内部优势与外部威胁相匹配,形成ST战略。(8)将内部劣势与外部威胁相匹配,形成WT战略。

进行SWOT分析的关键是进行优势与劣势以及机会与威胁的分析,并在此基础上形成行动战略。考察社会组织关键的内部因素(社会组织本身的优势和劣势)和外部因素(社会组织面临的威胁和机会)是进行SWOT分析最困难的部分,它要求有良好的判断。SWOT分析方法是一门特别的艺术,必须建立在大量准确信息的基础上,而对于这种信息的分析和取舍需要社会组织的管理层学会如何面对威胁和劣势,如何客观看待优势和机会;并且这种结果并不是一成不变的,而是要以动态和发展的思路冷静对待。

表 3.9　SWOT 分析矩阵

组织内部 外部环境	**优势 S**(Strengths) 列出优势: 1. 2.	**劣势 W** (Weaknesses) 列出劣势: 1. 2.
机会 O (Opportunities) 列出机会: 1. 2.	**S0 战略** 利用优势抓住机会: 1. 2.	**WO 战略** 利用机会去克服不足: 1. 2.
威胁 T (Threats) 列出威胁: 1. 2.	**ST 战略** 利用优势规避威胁: 1. 2.	**WT 战略** 将劣势和威胁最小化: 1. 2.

经过 SWOT 分析,一个社会组织可以有四种不同的战略匹配和选择:(1)优势-机会(SO)战略。这是一种发挥社会组织内部的优势而利用外部机会的战略。所有的组织及管理者都期望可以利用自己的优势,并抓住外部环境所提供的机会。(2)劣势-机会(WO)战略。WO 战略的目标是利用外部机会来弥补内部的弱势。运用这一战略的情况是:社会组织存在着外部机会,但内部存在着劣势,妨碍着外部机会的实现。(3)优势-威胁(ST)战略。ST 战略是利用优势规避或减轻外部威胁的影响。(4)劣势-威胁(WT)战略。WT 战略是一种旨在减少内部劣势的同时规避外部环境威胁的防御性战略,一个面对大量外部威胁和具有许多内部劣势的社会组织的确处于不安全或不确定的境地。下面是一个医院组织的 SWOT 分析:

知识链接 3.4　以一个医院发展为例的 SWOT 矩阵分析

内部环境 外部环境	**优势 S**(Strengths) 1. 医院基础好并具有传统影响 2. 人员有公共预算经费补助保障 3. 政府有政策性支持	**劣势 W** (Weaknesses) 1. 各种法规相互矛盾牵绊 2. 医院经营自主受到制约 3. 缺乏激励员工的有效手段 4. 管理落后、缺乏活力
机会 O (Opportunities) 1. 有并购与改制政策 2. 有可利用的民间游资 3. 医疗科技推陈出新	**S0 战略** SO1 吸引各类资金加强发展实力 SO2 多种渠道提升医疗科技水平 SO3 与绩优医院合作结盟 SO4 择机进行民营化改制	**WO 战略** WO1 引进企业化管理制度方法 WO2 呼吁政府解决法规矛盾 WO3 为精英人才提供好条件 WO4 择机进行民营化改造

续表

威胁 T (Threats) 1. 医疗院所的竞争增加 2. 同业猎头行为加剧 3. 社会对医疗品质要求提高	**ST 战略** ST1 加强与绩优医院联合经营 ST2 用待遇感情和事业留人 ST3 市场调查了解民众需求 ST4 采取措施提升医疗服务品质	**WT 战略** WT1 争取人事财务自主权 WT2 疏通职业发展管道 WT3 实施组织弹性管理 WT4 建立良好沟通渠道

4. 麦克米兰矩阵。麦克米兰矩阵由美国哥伦比亚大学商业研究所麦克米兰(I. C. MacMilliam)教授于 1983 年提出。该评估战略方案的标准有 4 项:符合组织宗旨的程度;吸引潜在资源的可能性;服务范围的可选择性、竞争能力的强弱。

第一项标准为:符合组织宗旨的程度(符合或者不太符合)。符合组织宗旨是指:与机构的使命目标一致;能够利用组织现有技术能力;能够与组织其他计划分享资源和协调活动。

第二项标准为:吸引潜在资源的可能性(能够或者不太能够)和加强现有战略行动方案。是指:(1)对已有行动计划起促进作用。(2)有来自大批客户的市场需求。(3)能够提供现在和未来的支持团体。(4)有稳定的资金来源。(5)对志愿者有吸引力等。

第三项标准为:服务范围的可选择性(选择性高或者选择性低)。根据方案提供的服务类型范围。可选择性高是指:战略方案提供的服务类型多,有较大的选择余地;反之,就是选择性低。

第四项标准为:组织竞争地位的强弱(强势竞争地位或者竞弱势竞争地位)。优势竞争地位指:(1)较好的地理位置和完备的信息传递系统。(2)汇集大量的客户、社区或支持团体。(3)具有成功地获得捐赠资金的经验。(4)基于提供优质公益服务而形成的良好社会声誉。(5)有比较理想的客户群(提供服务市场份额)。(6)与竞争对手相比更有能力顺利完成社会服务任务。(7)提供服务所需的管理和技术都属于一流水平。(8)更有效地提供服务。反之,则是弱势竞争地位。

上述 4 项标准相互组合,便形成 10 个具有战略分析与选择意义的方格,叫作“麦克米兰矩阵”,见表 3.10。

组合 1:参与竞争的战略。根据 4 个因素都处于理想状态的情况,即符合组织宗旨;能够吸引潜在资源和加强现有战略行动方案;服务范围的可选择性高;组织居于优势竞争地位,建议采取积极竞争的战略。

表 3.10　麦克米兰矩阵

<table>
<tr><td colspan="2" rowspan="3">战略建议 ＼ 对资源和服务范围评价
对宗旨和竞争力评价</td><td colspan="2">吸引潜在资源的可能性和加强现有战略行动方案:是</td><td colspan="2">吸引潜在资源的可能性和加强现有战略行动方案:否</td></tr>
<tr><td colspan="2">服务范围的可选择程度</td><td colspan="2">服务范围的可选择程度</td></tr>
<tr><td>高</td><td>低</td><td>高</td><td>低</td></tr>
<tr><td rowspan="2">符合组织宗旨</td><td>强竞争地位</td><td>1. 参与竞争的战略</td><td>2. 完善与成长战略</td><td>5. 形象与品牌战略</td><td>6. 挑战宗旨(改变性质?)</td></tr>
<tr><td>弱竞争地位</td><td>3. 避弱就强战略</td><td>4. 加强实力或放弃</td><td>7. 倾向放弃战略</td><td>8. 寻求合并或外援</td></tr>
<tr><td colspan="2">不太符合宗旨</td><td colspan="2">9. 果断放弃</td><td colspan="2">10. 自然放弃</td></tr>
</table>

Jane Arsenault. *Forging Nonprofit Alliances*. San Francisco: Jossey-Bass Publishers,1998: 178。

组合 2:完善与成长战略。本组合除了服务范围的可选择性低之外,其余都处于理想状态,建议采取提升能力,拓展服务空间战略。

组合 3:避弱就强的战略。在这个组合中,除了竞争力处于弱势之外,其余都处于理想状态。建议采取避弱就强的“蓝海战略”,转移到有竞争实力的服务领域。

组合 4:培养实力或放弃战略。在这个组合中,出现了两个不利因素,即服务范围的可选择性低;组织居于弱势竞争地位。据此建议采取加强实力或者干脆退出的战略。

组合 5:形象与品牌战略。针对本组合中的组织宗旨、服务范围、竞争力地位都比较理想,而唯独吸引潜在的资源能力不足的弱点,建议采取建设一流组织的形象战略。

组合 6:挑战组织灵魂。这是一个比较棘手的组合:一方面,组织提供的服务符合宗旨,而且有利于社会公益;另一方面,组织又无法获得足够的项目资源,而且替代服务选择余地很小。这就使组织陷入了两难境地。依赖“组织的灵魂”,即仅仅从组织的高尚使命感出发,坚持向社会提供公益服务,其挑战在于运用组织稀有资源或者挪用其他项目资源来补贴这个计划,使组织很难承受支持“灵魂行动”所带来的巨大资金压力,而且还面对相关的决策困难,包括如何确保组织的可持续性,以及保障客户获得高品质的服务等。这两者之间达到相对的平衡是有难度的。因此这种“组织的灵魂”行动很难具有可持续性,建议量力而行。

组合7:倾向放弃的战略。这个组合中出现了两个不利因素,即,不能吸引潜在的资源和居于弱势竞争地位。据此建议采取依次退却战略,不涉足没有根基的服务项目。

组合8:合并或者外援战略。鉴于在这个组合中仅仅组织宗旨没有问题,而其他三个方面都处于不利状态,因此,组织除了与其他强力组织合并或者找到外援予以帮助外,已经别无出路。

组合9:果断放弃的战略。在这个组合中,虽然组织能够想办法吸引资源,但所从事的项目已经与组织宗旨发生了背离,因此建议不要留恋,而是果断放弃方案。

组合10:自然放弃的战略。从这个组合中看出,组织既不能吸引潜在的外在资源,所从事的行动项目又不太符合组织宗旨,因此对于行动方案的枯萎,不用有惋惜之情。让其自生自灭,是可以采用的建议。

至于战略优选的依据,麦克米兰提供的标准是:第一,与社会公益组织的宗旨一致,有效地利用资源以支持社会公益组织宗旨和目标的实现。第二,与SWOT分析的结果相符。第三,方案或项目的财务设计至少能够获得平衡,即保证自收自支,方案或项目本身能够承担起所有支出,不论是通过收取服务费用或是捐赠、赞助资金。第四,服务项目或者行动建立在目标群体需求基础之上。第五,能够有利于扩大社会公益组织的知名度,改善其公众形象。第六,能够提高网络建设的能力,支持与其他组织合作所做的努力。第七,能够完善和规范计划,补充正在进行的方案。第八,能够利用有限的资源满足服务对象的需求。第九,能够进一步扩大过去的项目业绩。第十,能够支持组织的核心战略。第十一,预期收入大于成本或至少等于成本,即有比较经济的成本效益比,等等。

除了上述外,对组织战略分析有用的其他工具还有:战略定位与趋势变化分析方法,简称的SPACE方法;内外因素九方格模型,简称IE组合方法;战略计划数量分析模型,简称QSPM方法等。在此不再展述。

结语。社会组织能力评估是对社会组织具有的潜能、素质进行的自我测量和分析,主要借助参与式自我评估工具来进行,旨在帮助社会组织发现自身能力方面的问题,确定能力战略的优先考虑,识别组织未来能力建设需求。进行能力评估是组织的学习过程,它使社会组织能清楚自己的弱点与长处,进而制定能力开发战略计划。这种自我评估需要尽量在内容选取和指标框架上反映有关组织能力的维度。确定评估内容之后的评估程序主要包括确定评估项目的执行者,进行评估准备,具体时间安排,以及评估环节的执行等。社会组织战略管理的程序和内容主要包括准备、战略分析、战略规划、战略实施、战略监督和评估阶段。其中,战略规划、战略实施和战略监督和评估三个阶段尤为关键。在社会组织战略管理过程中,需要掌握必要的分析工具。其中,PEST分析、利益相关者分析、SWOT 分析、麦克米兰矩阵这样的方法可以直接适用于社会组织战略管理;还有一些分析工具可以通过适当转化用于社会组织战略管理,例如五种竞争力模型和波士顿矩阵分析工具。至于以利润和现金流量作为决策依据的分析方法,例如 V 矩阵和 EVA 管理方法,并不适合作为社会组织战略管理分析工具。

第四章　社会组织筹款募捐能力

筹款与募捐能力是社会组织从事公益与慈善事业的条件。筹募能力的基本要求包括筹募的基础条件、筹募的基本价值准则和筹募的主要行为规范；筹募的资源目标策略包括建立多元筹募渠道、研究筹募的可能对象和与潜在筹募者建立联系；筹募活动的组织方法包括活动主要方式、活动的准备工作以及活动的组织安排等。

第一节　筹款募捐的理论述要

筹募能力是指社会组织的筹款与募捐能力。社会组织筹募资金和相关资源时，无论在主体资格上还是在活动范围与尺度上，都必须符合我国现有法规的规定。公益事业中的“筹款”和“募捐”既有相同之处也有不同之处。募捐是指具有募捐资格的组织基于慈善目的面向社会开展的募集捐赠活动，包括募集资金和物资等。筹款则是更广范围内的社会组织为进行公益服务活动进行资金筹集的活动。广义的筹款包括缴纳会费、合理投资、合法经营、社会捐赠、政府资助等直接和间接获得资源的活动；而狭义的筹款主要是指直接筹集财物等支持的活动。为适度涵盖和便于表述，本章使用“筹募”和“筹募能力”的概念，主要阐述社会组织为社会公益慈善目的而进行筹资和募捐的能力。

一、筹募的一些基础条件

一个社会组织必须具备的与成功筹募相关的一些基础因素是，组织有比较强的公信力、规范的财务制度、良好的公共关系策略、正确的筹募策略方法，以及筹募所需要的资格等。

1. 具有社会公信力。社会组织筹募的基础是公信力。具有诚信形象和良好社会声誉的社会组织才能够得到资助者、受益人及合作伙伴和公众的认可。捐赠前，每一位捐赠者都会对有意向捐赠的社会组织做一定的了解，在信任的基础上才能放心地捐赠。捐赠后，捐赠者也希望和所捐赠的社会组织保持联系，确保自己的捐赠落到实处。捐赠者不会只是因为社会组织有需求就捐赠，他们之所以捐赠，是因为组织能够满足他们自身的需求。如果社会组织自身缺乏良好的运作和管理机制，如缺乏合理的治理结构，内部规章制度不完善，缺乏具有专业技能的员工，资金管理不规范甚至是滥用资金，以及缺少社会知

名度等,都很难让捐赠方对组织建立信任关系,就会影响到筹募有效性。社会组织公信力的一般要求是:

第一,具有组织合法性。即要求社会组织应当是具有合法性和募集资金资格的组织;必须遵守所在国相关法律、法规;必须在组织章程框架内进行运作。具备条件的民间组织,可以向管理部门申请向社会募捐的合法资格。而实力弱小的民间组织可以选择与具备筹募资格的社会团体合作,以合作方的名义和账号,在合作方的支持下为特定服务活动筹募。

第二,明确的公益使命。社会组织的章程要清晰的说明它以服务公众利益作为机构的使命和目标,并用组织的使命来指引组织的一切行动。清晰而公益性使命,可以让不熟悉社会组织的人了解组织存在的理由;可以让公众很快记住组织的形象;更重要的是,他体现了组织对自身长期发展的把握和衡量,可以帮助建立公众形象和信任度。

第三,透明的信息机制。社会组织要想提高公信力,进而有效筹募,就必须建立透明和诚信的信息机制。准确披露组织的活动和资金筹集与使用情况,让公众知情并方便监督。最有效的方式就是通过发布工作年报,报告一年的成就,对主要捐赠者、合作组织、志愿者、理事以及员工致谢,披露财务总结报告和财务审计报告。年报可以印刷,也可以公布在网站上,还可直接提交给相关资助者和受益人。

第四,树立良好形象。在道德诚信和能力方面社会组织要从细节做起,保持专业人员、志愿人员应有的敬业精神和专业水平。员工和机构能力的提高会促进社会组织的工作效率。应培训员工具备管理、财务和筹募技能,使社会组织的工作逐步走向职业化,从而树立良好的机构形象,得到公众的认可与支持。NGO 和 NPO 等社会组织,与政府部门和私人部门不同,在招募员工的时候首先要求工作人员具有社会责任感和对所从事的工作的认同,其他各方面的能力则在实际工作中培训和锻炼。不可能完全依靠升职加薪来调动员工的积极性,但可以通过提供更多培训和自我挑战的机会,促进员工对机构使命的认同。

2. 规范的财务制度。作为捐款者的个人、企业或基金会都关心的问题是"我的捐款是否用到了实际的工作中? 有没有浪费和滥用?"很多社会组织经过几年的发展逐步认识到,真实、准确和经过审计的财务记录,经过公证的项目陈述报告,是赢得诚信的好方式。其中包括:财务信息必须真实可靠;组织资产记录完好保存,未被滥用或被损坏;合乎组织章程和体现了组织政策;符合政府的法律法规以及捐赠方对财务报告的要求等。

社会组织须保持完整而精确的账簿和记录。社会组织的财务工作要秉持认真负责的态度,遵循财务透明、非营利的原则,确保所有的捐赠都要用于支持社会组织的工作。社会组织应尊重捐赠者意愿,所有指明用途的资助都要按规定专款专用,有条件的社会组织可以按照每笔专项赠款进行独立的会计核算。如果项目或机构有变化,需调整时,必须和资助方商量。如果资助方不同意将资金改作他用,社会组织应将剩余款项归还资助者。在资金使用中应与机构的使命和目标保持一致。建立相应的财务管理制度,接受独立专业机构的审计,每年公布年度报告,提供真实准确和及时的财务报告,接受社会监督和咨询。

3. 良好的公共关系。社会组织制定公共关系策略,是提高公众对社会组织认知的一个有效途径。要善于与媒体合作,虽然媒体不是直接的资金来源,但他们所具有的传播和舆论作用对扩大组织社会影响很有帮助,因此,社会组织应当在正确履行使命的同时,与新闻媒介建立积极的伙伴关系,在进行公益活动和筹募中获得他们的支持与配合。媒体的传播,能够提高公众对社会组织的认知,能够吸引更多的工作人员、志愿者、会员,能够吸引更多的捐助者。

很多组织已经做了大量的工作,但是因为缺乏与媒体合作的经验而默默无闻;有的组织,因为担心报道失实而对保持距离。作为社会组织,需要媒体来提供公众对社会组织认知的渠道,并扩大影响。因为只有让社会大众了解组织、了解组织使命及其推动事业和活动,才能谈得上参与。作为社会组织,需要“第四权力”的合作,也需要在合作中使媒体从业者意识到担当社会责任的重要性。

4. 筹募策略方法。巧妇难为无米之炊。一个组织尽管有很强的公信力,有规范的财务制度,也有丰富的公共关系资源,却不能保证成为高效的筹募组织和实现预定筹募目标。上述这些基础性或者外围因素,必须借助于正确的筹募策略和方法。在这个至关重要的运作过程中,一个社会组织不仅要确立正确的筹募价值准则,更要有一套实际可行的操作程序。这套程序至少包含:制定筹募策略、成立筹募部门、建立捐款渠道、设计筹募品牌、选择筹募方式,以及最为关键的筹募活动组织。这其中有包含有筹募活动的策划、筹募活动的舆论宣传、筹募活动的过程管理,和筹募活动的捐赠回馈管理等非常具体的环节。只有这些所有环节的技巧都能够熟练掌握和运用,才能使整个操作程序连贯、完整、有效,才能保证最终达到筹募的预定目标。

5. 募捐身份合法。公开募捐如不合理规范容易造成不良影响。因此,一个社会组织必须获得“慈善组织”和“公开募捐资格”才能进行公开募捐活动。根据国家民政部《慈善组织认定办法》(2016),社会组织申请认定为慈善组织,应符合的条件包括:申请时具备相应的社会组织法人登记条件;以开展慈善活动为宗旨,业务范围符合《慈善法》第三条的规定;申请时的上一年度慈善活动的年度支出和管理费用符合国务院民政部门关于慈善组织的规定;不以营利为目的,收益和营运结余全部用于章程规定的慈善目的;财产及其孳息没有在发起人、捐赠人或者本组织成员中分配;章程中有关于剩余财产转给目的相同或者相近的其他慈善组织的规定;有健全的财务制度和合理的薪酬制度;法律、行政法规规定的其他条件。

成为慈善组织并不必然具有募捐资格。根据我国2016年公布的《慈善法》,“慈善组织开展公开募捐,应当取得公开募捐资格”(第二十二条);“不具有公开募捐资格的组织或者个人基于慈善目的,可以与具有公开募捐资格的慈善组织合作,由该慈善组织开展公开募捐并管理募得款物”(第二十六条)。未取得“公开募捐资格”的社会组织自获得慈善组织名号之日起“可以开展定向募捐。慈善组织开展定向募捐,应当在发起人、理事会成员和会员等特定对象的范围内进行,并向募捐对象说明募捐目的、募得款物用途等事项”(第二十八条)。

知识链接4.1 慈善组织的公开募捐资格

第三条 依法取得公开募捐资格的慈善组织可以面向公众开展募捐。不具有公开募捐资格的组织和个人不得开展公开募捐。

第四条 县级以上人民政府民政部门依法对其登记的慈善组织公开募捐资格和公开募捐活动进行监督管理,并对本行政区域内涉及公开募捐的有关活动进行监督管理。

第五条 依法登记或者认定为慈善组织满二年的社会组织,申请公开募捐资格,应当符合下列条件:

(一)根据法律法规和本组织章程建立规范的内部治理结构,理事会能够有效决策,负责人任职符合有关规定,理事会成员和负责人勤勉尽职,诚实守信;

(二)理事会成员来自同一组织以及相互间存在关联关系组织的不超过三分之一,相互间具有近亲属关系的没有同时在理事会任职;

(三)理事会成员中非内地居民不超过三分之一,法定代表人由内地居民担任;

(四)秘书长为专职,理事长(会长)、秘书长不得由同一人兼任,有与本慈善组织开展活动相适应的专职工作人员;

(五)在省级以上人民政府民政部门登记的慈善组织有三名以上监事组成的监事会;

(六)依法办理税务登记,履行纳税义务;

(七)按照规定参加社会组织评估,评估结果为3A及以上;

(八)申请时未纳入异常名录;

(九)申请公开募捐资格前二年,未因违反社会组织相关法律法规受到行政处罚,没有其他违反法律、法规、国家政策行为的。

《慈善法》公布前设立的非公募基金会、具有公益性捐赠税前扣除资格的社会团体,登记满二年,经认定为慈善组织的,可以申请公开募捐资格。

第六条　慈善组织申请公开募捐资格,应当向其登记的民政部门提交下列材料:

(一)申请书,包括本组织符合第五条各项条件的具体说明和书面承诺;

(二)注册会计师出具的申请前二年的财务审计报告,包括年度慈善活动支出和年度管理费用的专项审计;

(三)理事会关于申请公开募捐资格的会议纪要。

有业务主管单位的慈善组织,还应当提交经业务主管单位同意的证明材料。

评估等级在4A及以上的慈善组织免于提交第一款第二项、第三项规定的材料。

第七条　民政部门收到全部有效材料后,应当依法进行审核。

情况复杂的,民政部门可以征求有关部门意见或者通过论证会、听证会等形式听取意见,也可以根据需要对该组织进行实地考察。

第八条　民政部门应当自受理之日起二十日内做出决定。对符合条件的慈善组织,发给公开募捐资格证书;对不符合条件的,不发给公开募捐资格证书并书面说明理由。

第九条　《慈善法》公布前登记设立的公募基金会,凭其标明慈善组织属性的登记证书向登记的民政部门申领公开募捐资格证书。

(节选自民政部《慈善组织公开募捐管理办法》,2016年9月1日起施行)

二、筹募的基本价值准则

评价一次NGO筹募行为是否成功应包括三个层面:第一看是否筹集到目标资金;第二是机构的形象是否被有效推广,公共关系网络是否得到稳固或扩大,综合能力水平是否得以提升;第三是公众对筹募行为的认知度、观念的变化和参与情况。为了达成这些筹募目标,组织应当确立一些基本筹募准则。

1. 坚守使命。资金固然重要,但任何筹募行为都不能有违机构理念,不能为了拿到资金而放弃公益价值,更不能见钱眼开和不择手段。不能接受的捐助如:军火商的捐助,烟草商的捐助,非法来源的捐助,违背宗旨和事业的捐助,违反受益者意愿的捐助,不道德的捐助等。因为这些钱的来源对人类社会进步是有害的。如果接受了这些资金,公众就会对机构的使命产生怀疑,失去对机构的信任。另外,需要谨慎对待的捐助包括:具有宗教意图的捐助、具有政治色彩的捐助、附带额外要求的捐助等。

2. 公益目的。筹募实际上是从人到人的过程,捐款人想要知道他们的钱能否被用好、产生真正的效果,对人有多大的帮助和改善。多少年来,非营利性组织都习惯于笼统报告捐款人一种公益活动的社会效果,例如为多少人提供了服务,有多少个志愿者工时,提供了多少次咨询服务等。但要强调的是,资金使用的有效性更应具体到,当 100 个失业者接受了公益组织用筹募资源进行了就业培训后,最后到底有多少人找到了工作。这意味着当开展新的筹募活动时,过去的具体业绩记录就是最有说服力的理由。

3. 阳光运作。在世界各地,捐款人都担心贪污和资金的滥用。显然,非营利性组织必须依法登记,合法筹募,并接受由志愿人员组成的相关委员会(如理事会等)的监督;必须按照国家和地方相关法规依法运作,严格控制与筹募相关的筹募成本、管理成本和行政成本,还必须向筹募向关方和公众及时提供和公布年度财务报告以及定期的项目工作报告。募集资金的组织应当自觉地通过阳光运作,约束自己使用资金的正当性,避免利用筹募来增加组织的福利和谋求奢侈的办公条件等。

4. 诚信公关。在筹募中应像对待朋友一样对待捐助者,从这个意义上将,筹募就是与捐助者交朋友的过程,而交朋友是需要时间的,需要 NGO 组织与捐助者互相了解、建立互信。因此,筹募必须要以责任和信任为基础。责任是一个捐助者的动力,但是这个动力如果能够保持下去,还需要组织募捐者对于相互之间友好互信关系的培养,否则,捐助者的责任和热情可能会昙花一现。对于募捐者而言,提供第一笔捐款的多少并不重要,重要的是在此基础上获得责任和诚实的感觉和建立相互信赖的关系,只要这种成熟持久的关系建立起来,必定能带来超出意料的回报。

5. 实话实说。无论是筹募还是资金使用,组织一定要说明与筹募相关的事实,组织的名声至关重要。组织由人组成,而人总会出错的,当出现错误或不足时,不要试图掩盖事实,那会破坏信任。相反诚实会赢得捐助者的信心,而有信心可能会使捐助者捐得更多。同时,要让捐助者清楚地知道组织需要什么。无论是面向公众的宣传还是一对一的沟通,都要说出要求,都要毫不犹豫地去接触,去行动。不要主观认为自己无法得到资源,也不要存有“天上掉馅饼”的幻想,这将限制筹募。

6. 不交易筹募。交易筹募,是指筹募的基础不是建立在公益奉献和慈善爱心基础之上,而是用市场交易的原则获得筹募。公益事业毕竟不同于商业活动,应将营销的核心放在考虑捐助者的合法、高层次需求上,而不能把商业活动中的所有手段都吸收过来,如“回扣”和“提成”等做法。如果在公益组织筹募中使用这些手段吸引筹募,将生百害而无一利,最终会把组织为实现宗旨目标和使命而开展的募捐活动引向歧途,一旦曝光无疑要使组织陷于不仁不义和社会信任丧失的境地。

三、筹募的主要行为规范

1. 资金使用的规范。慈善筹募的总收入中必须有一个合理的比例用于与益慈服务运行相关的支出;在每一次的募捐中,也要有一个合理的比例用于具体的募捐组织活动。国家民政部在《关于慈善组织开展慈善活动年度支出和管理费用的规定》中对慈善组织的慈善活动支出和管理费用支出做了明确规定。所谓慈善活动支出是指“直接或委托其他组织资助给受益人的款物;为提供慈善服务和实施慈善项目发生的人员报酬、志愿者补贴和保险,以及使用房屋、设备、物资发生的相关费用;为管理慈善项目发生的差旅、物流、交通、会议、培训、审计、评估等费用”;所谓慈善组织的管理费用包括“理事会等决策机构的工作经费;行政管理人员的工资、奖金、住房公积金、住房补贴、社会保障费;办公费、水电费、邮电费、物业管理费、差旅费、折旧费、修理费、租赁费、无形资产摊销费、资产盘亏损失、资产减值损失、因预计负债所产生的损失、聘请中介机构费等”。如果一个组织支出不合比例,应当提供理由。比如一个新成立的慈善组织的筹款和行政成本可能会相对高一些;比如在严重传染病疫情的环境中任何组织都可能无法正常运转等。当然,正在努力争取慈善组织身份和公开募捐资格的社会组织,因为能力有限也只能根据规定尽力而为。

知识链接 4.2　中国对慈善组织的支出规定

第六条　慈善组织中具有公开募捐资格的基金会年度慈善活动支出不得低于上年总收入的百分之七十;年度管理费用不得高于当年总支出的百分之十。

第七条　慈善组织中具有公开募捐资格的社会团体和社会服务机构年度慈善活动支出不得低于上年总收入的百分之七十;年度管理费用不得高于当年总支出的百分之十三。

第八条　慈善组织中不具有公开募捐资格的基金会,年度慈善活动支出和年度管理费用按照以下标准执行:

(一)上年末净资产高于6000万元(含本数)人民币的,年度慈善活动支出不得低于上年末净资产的百分之六;年度管理费用不得高于当年总支出的百分之十二;(二)上年末净资产低于6000万元高于800万元(含本数)人民币的,年度慈善活动支出不得低于上年末净资产的百分之六;年度管理费用不得高于当年总支出的百分之十三;(三)上年末净资产低于800万元高于400万元(含本数)人民币的,年度慈善活动支出不得低于上年末净资产的百分之七;年度管理费用不得高于当年总支出的百分之十五;(四)上年末净资产低于 400 万元人民币的,年度慈善活动支出不得低于上年末净资产的百分之八;年度管理费用不得高于当年总支出的百分之二十。

第九条　慈善组织中不具有公开募捐资格的社会团体和社会服务机构,年度慈善活动支出和年度管理费用按照以下标准执行:(一)上年末净资产高于 1000 万元(含本数)人民币的,年度慈善活动支出不得低于上年末净资产的百分之六;年度管理费用不得高于当年总支出的百分之十三;(二)上年末净资产低于 1000 万元高于 500 万元(含本数)人民币的,年度慈善活动支出不得低于上年末净资产的百分之七;年度管理费用不得高于当年总支出的百分之十四;(三)上年末净资产低于 500 万元高于 100 万元(含本数)人民币的,年度慈善活动支出不得低于上年末净资产的百分之八;年度管理费用不得高于当年总支出的百分之十五;(四)上年末净资产低于 100 万元人民币的,年度慈善活动支出不得低于上年末净资产的百分之八且不得低于上年总收入的百分之五十;年度管理费用不得高于当年总支出的百分之二十。

第十条　计算年度慈善活动支出比例时,可以用前三年收入平均数代替上年总收入,用前三年年末净资产平均数代替上年末净资产。上年总收入为上年实际收入减去上年收入中时间限定为上年不得使用的限定性收入,再加上于上年解除时间限定的净资产。

第十一条　慈善组织的年度管理费用低于 20 万元人民币的,不受本规定第七条、第八条、第九条规定的年度管理费用比例的限制。

(节选自民政部等《关于慈善组织开展慈善活动年度支出和管理费用的规定》民发〔2016〕189 号)

按照国际上的一般经验做法,基金会的筹款成本和管理成本两项合计低于 30% 是比较理想的。如香港乐施会的筹资成本是 14%,行政成本占 7%,筹资总成本是 21%,其用于社会公益的支出在 80% 左右。

2. 筹募信息的规范。筹募活动对募捐组织的诚信、透明、正当性有严格要求。的信息材料,无论是整体还是部分都必须没有模糊误导信息。首次要让社会知道募捐主体是否合法和募捐是否必要。开展募捐活动的组织,应当在募捐活动现场或者募捐活动载体的显著位置,公布本组织名称、公开募捐资格证书、募捐方案和用途、联系方式、募捐信息查询方法等。慈善组织通过互联网开展公开募捐活动的,应当在政府职能部门指定的慈善募捐信息平台公开募捐信息,并在以本组织名义开通的门户网站、官方微博、官方微信、移动客户端等网络平台发布准确无误地募捐信息。

知识链接 4.3　慈善组织互联网募捐信息平台

根据《中华人民共和国慈善法》及《公开募捐平台服务管理办法》有关规定,民政部按照"自愿申请、公开透明,依法依规、优中选优"原则,迄今先后于2016年、2018年、2021年开展了三批慈善组织互联网募捐信息平台遴选工作,经专家评审并经社会公示,确定32家平台为慈善组织互联网募捐信息平台。第一批依次是腾讯公益网络募捐平台、淘宝公益、蚂蚁金服公益平台、新浪微公益、中慈联慈善信息平台、京东公益互联网募捐信息平台、基金会中心网、百度慈善捐助平台、公益宝、新华公益服务平台、轻松筹、联劝网、广州市慈善会慈善信息平台;第二批依次是美团公益、滴滴公益、善源公益、融e购公益、水滴公益、苏宁公益、帮帮公益、易宝公益、中国社会扶贫网;第三批依次是字节跳动公益、小米公益、亲青公益、哔哩哔哩公益、平安公益、360公益、中国移动公益、芒果公益、慈链公益、携程公益。

3. 对捐赠约定的规范。募捐者与捐赠者本着平等、互信、依法、守诺的精神,保证募捐、捐赠、受捐过程的规范。第一,作为募捐机构开展募捐活动,不得摊派或者变相摊派,不得妨碍公共秩序、企业经营和居民生活。第二,任何捐赠人与慈善组织约定捐赠财产的用途和受益人时,不得指定捐赠人的利害关系人作为受益人。第三,无论代表慈善机构从事筹募动员的员工、志愿者还是外聘顾问,他都应清楚告知捐赠询问者有关自己和筹募组织的关系与身份。第四,如果慈善机构认为一个捐赠意向会严重影响其自身的财务状况、收入,或和机构的利益相关者造成利益冲突,该机构就要鼓励捐赠者寻求独立的第三方意见。第五,尊重捐赠者对其资料和隐私的保密要求。即使双方的捐赠关系已完结,仍须继续承担保密的责任。第六,募捐组织接受捐赠时捐赠人要求签订书面捐赠协议的,慈善组织应当与捐赠人签订书面捐赠协议。书面捐赠协议包括捐赠人和慈善组织名称,捐赠财产的种类、数量、质量、用途、交付时间等内容。第七,募捐组织接受捐赠,应当向捐赠人开具由财政部门认可的捐赠票据,捐赠票据应当载明捐赠人、捐赠财产的种类及数量、慈善组织名称和经办人姓名、票据日期等。捐赠人匿名或者放弃接受捐赠票据的,慈善组织应当做好相关记录。

4. 筹募工作的规范。第一,代表慈善机构而做的筹募工作应该是真实的,客观准确表述机构的服务活动并解释说明如何使用筹到的资金。第二,代表慈善机构收集捐款或发动捐助的员工、志愿者和外聘顾问应该做到公平、正直、遵守相关法律法规,不接受和本机构目标使命相矛盾的捐赠。第三,受薪劝募人员的薪酬不与筹募多少直接挂钩,其薪酬水平和奖惩应依据整体表现和契合机构的激励制度。第四,慈善机构不能以任何形式变卖资助者信息资料,任何转借、交换和分享慈善机构资助者资料都必须得到捐助者本人的正式同意。

5. 财务透明度的规范。第一,慈善机构的财务工作要遵循认真负责的态度,严格遵守本规范,并要执行各级政府的法律条文。第二,所有的捐赠都要用于支持该慈善机构的工作。第三,所有指明用途的资助都要按规定专款专用。如果项目或机构有变化,需要调整时,必须和资助方商量。如果资助方不同意将资金改作他用,按照规定,慈善机构应该将剩余款项归还资助者。如果资助者已亡故,或丧失能力,抑或慈善机构不能合法地签署协议,那么捐赠的使用方向应该尽量接近资助方的初衷。第四,财务年报应该:(1)包含的所有的资料都要真实、准确。(2)包括筹募所得的总数(无论有无发票)。(3)也包括筹募所有支出(包括工资和管理费用)。(4)要包括各类慈善活动的开销。(5)还要符合国家税务局的财务制度和标准。第五,行政办公费用和筹募工作本身的开支不应超过资源发动和管理效力方面的费用。在任何场合,慈善机构都要符合国家税务局对慈善事业开支的规定。第六,慈善机构的理事会应该定期回顾该机构筹募项目的进度和收支有效性。

第二节　筹款募捐的目标策略

筹募不仅是慈善的翅膀,更是一个国家的慈善文化。追求益慈事业的社会组织不仅通过筹募确保自己使命的落地和可持续,而且也是深耕细作社会慈善土壤的过程。与发达国家相比,我国公益捐赠水平还不算高。礼来家族慈善学院(Lilly Family School of Philanthropy)研究撰写由施惠基金会发布的*Giving USA 2022*报告,全美2017—2021年每年的慈捐总额一直保持稳增趋势:2017年是4247.4亿美元,2018年是4314.3亿美元,2019年是4486.6亿美元,2020年是4662.3亿美元,2021年是4848.5亿美元(预估)。2021年的总额中,来自个人(Individuals)的捐赠约占67.4%达3268.7亿美元,来自基金会(Foundations)的捐赠约占18.7%达908.8亿美元,来自遗产(Bequests)捐赠约占9.5%达460.1亿美元,来自企业(Corporations)的捐赠约占4.4%达210.8亿美元。2021年捐赠总额占美GDP的约2.3%,如果按人头计算,平均每人捐款1460.4美元①。2020年中国内地接收款物捐赠共计2086.13亿元,占全国

① Lilly Family School of Philanthropy:Giving USA: Total U.S. charitable giving remained strong in 2021. https://philanthropy.iupui.edu/news-events/news-item/giving-usa:--total-u.s.-charitable-giving-remained-strong-in-2021,-reaching-%24484.85-billion.html? id=392。

GDP 总量的 0.21%。其中现金捐赠 1474.97 亿元占捐赠总额的 70.66%;物资捐赠折合 612.16 亿元占比 29.34%。人均捐赠 147.77 元。无论相对于 GDP 总量还是国际横向比较,我国益慈筹募仍然有不小的差距。

一、建立筹募的多元渠道

1. 向社会筹募资源。社会捐赠分为个人捐赠和机构捐赠两大类别。应当根据国家的慈善文化现状来合理确定在个人和机构两个方向上的工作安排。

如美国主要的慈善资源是来自家庭个人,一般占捐赠总额的 70%左右,而企业则只有 4%~5%。由于慈善文化相对较弱,中国则是来自机构的捐赠具有绝对比重,其中企业捐赠又占主体地位。如 2020 年我国企业捐赠为 1218.11 亿元占总额约 58%;个人捐赠为 524.15 亿元占捐赠总额约 25%;其余来自事业单位、协会商会等的捐赠 343.77 亿元占捐赠总额约 17%。

国际社会企业捐赠占比少,这不仅与捐赠在本质上是私人财富转移的本质有关,也与企业产权性质和机构捐赠的民主程序有关。但中国由于个体公益慈善捐赠习惯的欠缺,加之国有企事业组织和一些具有公权背景的协会等组织产权的公共性,机构自然成为益慈捐赠的主力,这是中国当下的特点。在益慈文化走向全球公认理性之前,我国的社会组织应将企事业机构和特殊背景的协会商会作为募捐的努力对象。与此同时也重视在传播共识慈善文化的过程中,加强对家庭个体捐赠者的引导,不放松通过同情心和认同感刺激这个最具有潜力的群体,尤其是努力发现高净值资产个体,他们是值得投入募捐努力的社会捐赠资源。

2. 向政府寻求资源。"花钱买服务"和"政社伙伴关系",早已是国际社会比较成熟的公共服务方式。1995 年上海浦东社会发展局和罗山新村街道办事处委托上海基督教青年会管理集休闲交往、文化体育、互助救济等社区功能于一体"罗山市民会馆",被认为是中国地方政府向社会组织购买服务的先河之开。2002 年上海市先后出台《上海市促进行业协会发展规定》《上海市行业协会暂行办法》,浦东以此为契机,在全国率先建立了政府向社会组织购买公共服务的制度。继浦东之后,上海和全国各地普遍探索政府经由一定的市场程序和以相应经费,寻找包括社会组织在内的各类主体承担某些公共服务事项。国家财政部在全国各地多年实践趋于成熟基础上于 2020 年 3 月 1 日正式施行《政府购买服务管理办法》,明确规定"政府购买服务项目所需资金应当在相关部门预算中统筹安排"(第十六条)。随着政社合作的发展,政府购买服务资金规模越来越大,所有社会组织应当高度重视这个资源,要建立与政府的合作关系和机制,将政府购买服务项目作为资金获取的一个战略性目标。

知识链接4.4　中国政府2021年的购买服务资金规模

2021年,全国政府购买服务支出达到4970亿元,其中公共服务支出3479亿元,占比70%。2020初《政府购买服务管理办法》实施后,财政部于当年12月印发《中央本级政府购买服务指导性目录》。2021年7月接着举办中央部门政府购买服务指导性目录编制工作网络培训班,对98个中央部门进行了培训。截至2021年底,已有60余个中央部门完成本部门政府购买服务指导性目录编制工作,各部门购买内容进一步明确和细化。在全国原有12个政府购买服务联系点的基础上,财政部增加北京市顺义区、山东省滨州市沾化区、浙江省温州市龙港市三个联系点,共设置15个联系点,发挥"试验田"作用。2021年,15个政府购买服务联系点根据国家关于"十四五"城乡社区服务体系建设相关要求,在社区养老、托育、未成年人关爱、就业、卫生、教育、文化、体育、科普等公共服务领域,积极探索通过政府购买服务提升城乡社区服务效能。

(资料来源:吴宇宁:《2021年全国政府购买服务支出达4970亿元》,载《中国财经报》,2022年3月16日)

3. 向海外挖掘资源。海外捐赠是前景广阔潜力巨大。在国际筹款市场上,有大量面对各国公益性社会组织的资金。这些资金有的来自于政府间国际组织,有的来自于国际非政府组织,有的来自于发达国家。如欧盟的发展援助委员会(DAC)的多数成员国,都有为其国内外非营利组织提供参与国际发展援助项目的与机会。其名列前茅的一些国家,在2015—2019年的5年间对非营利组织的资金支持,美国一直以均约70亿美元的规模名列第一,英国以均约22亿的规模位居第二,德国以均约14亿美元的规模位居第三,瑞典以均约10亿美元的规模位居第四,荷兰以均约9.5亿美元的规模位居第五;挪威和加拿大两国五年平均也都在8亿美元左右。[①] 在中国加入WTO的最初十年中,国外国际援助资金对我国非营利部门的支持可圈可点。如美国福特基金会每年对中国的资助约有1300万美元。世界自然科学基金会、世界银行等组织也是非营利项目的重要资助者。如"希望工程""地球村""自然之友""北京万众社会创新研究院"等成百上千的社会组织都曾以之资助致力于中国改革开放。不难发现,它们能获得国际资金援助不仅靠自身业务实力,还靠与国际同行建立的良好互信关系。因此,我国的民间社会组织要努力熟悉国际资源分布格局,了解各类国家和国际组织的资金流向和资助程序,需要学习掌握国际筹款市场的规则,努力培养能有效筹募和申请国际援助资金的专才。

---

① OECD (2021), Development Co-operation Profiles, OECD Publishing, Paris, https://doi.org/10.1787/2dcf1367-en. [2022-03-17]。

4. 用经营增加资源。非营利组织通过商业经营自我造血一直饱受争议,最主要的诘难是认为商业运作与公益组织的非营利性相冲突。在国外这类偏狭的批评已逐渐平息,但我国业内外迄今仍无定论。① 社会公益组织大多还停留在单纯依赖捐款和政府支持的阶段。实际上,要解决资金短缺的问题,出于公益慈善目的的商业经营应为必要。第一是投资收入。根据国家民政部《慈善组织保值增值投资活动管理暂行办法》(2019),慈善组织在确保年度慈善活动支出符合法定要求和捐赠财产及时足额拨付的前提下,可以开展投资活动,投资取得的收益应全部用于慈善目的。投资活动主要包括直接购买银行、信托、证券、基金、期货、保险资产管理机构、金融资产投资公司等金融机构发行的资产管理产品;通过发起设立、并购、参股等方式直接进行股权投资;将财产委托给受金融监督管理部门监管的机构进行投资。但慈善组织可以用于投资的财产限于非限定性资产和在投资期间暂不需要拨付的限定性资产。第二是有偿服务收入。有偿服务比较适合养老、托幼、教育、文体等类型社会组织,能够帮助解决资金短缺的问题。有偿服务的缺点,一方面是常常被认为偏离慈善目标而引起公众反感,弄不好会影响组织形象;另一方面是难以把握经营与公益的边界尺度。因此,服务定价最为关键,以受益对象可支配收入水平作为参照,在成本线以上略有结余为定价尺度为好。

知识链接4.5　鹤童养老院的有偿服务

> 天津的鹤童养老院(简称鹤童)是1995年创立的全国第一家非营利性质的高龄长者护理院。经过多年发展,其独特的“鹤童模式”已形成,并成为民间社会组织为高龄人群提供社会养老服务的典范。鹤童作为非营利组织,参与养老服务的途径不同于政府集中供给模式,而是走完全自主的路线。鹤童的产权不属于任何个人,而是为鹤童这所非营利机构所有。与国有养老院由国家投资拨款完全不同,鹤童的资金来源主要是三个渠道:一是创办人的投资。二是服务收费,鹤童将老人分为不同的等级,并根据照顾等级收取相应的费用。鹤童照顾等级的划分经历了三个阶段,在第一阶段主要分为全护、全自理和半护、半自理两个等级,第二阶段分为痴呆老人(5个等级)和非痴呆老人(2个等级),第三阶段根据老人一天需要照顾的总时间分为5个等级。鹤童按老年长者不同的需求提供高端服务和低端服务,收费标准有差异。服务收费的目的不是为了营利,而是为了维持机构自身的运转和再发展。三是社会捐赠。鹤童还与德国的养老机构及相关基金会建立了良好的合作关系,通过实物或资金补助的方式缓

---

① 时任南都公益基金会理事长徐永光先生于2017年在中信出版社出版《公益向右 商业向左》一书后,中国人民大学康晓光教授发表《驳永光谬论》以作回应。两人在见解上的激烈冲突引发了公益界的大讨论,“两光之争”也因此成为2017年中国公益界的一个亮点。

解资金开销压力。在护理服务方式上,鹤童通过学习国际上非营利组织的服务形式并使之本土化,形成了独特的高龄长者集中赡养连锁机构的运作模式。

（作者改写自汪大海,张建伟:《福利多元主义视角下社会组织参与养老服务问题》,载《华东经济管理》2013(2)）

二、研究筹募的可能对象

对捐赠者进行有针对性和细致的研究是成功实现筹募的基础。因为这样不仅可以把精力集中到那些最有可能的捐赠目标上面,而且还可以通过有针对性地了解捐赠者,避免不当的行为,建立日后积极的相互信任关系,能够为该捐赠者撰写更有针对性的筹募建议书,理解当前筹募活动的趋势。

谁会成为潜在的资助者,这需要对现有情况进行分析研究并确定具有一定可能性的潜在公益慈善资源,并有策略地加以开发。研究我国当下主要的财物等资源可以发现主要筹募对象是:(1)国家、省市等各级政府。(2)国内、国外的基金会。(3)民营和国有企业捐赠。(4)商品捐赠或者无偿服务。(5)个人捐赠与服务。(6)经营收入,收费,会费,利息收入。(7)国际援助(包括多边和双边来源,比如联合国、亚洲开发银行、世界银行和不同国家的政府)。(8)国际社会组织。对捐赠者调研可以从以下几个方面考虑:

1. 研究捐赠者的关注点。在对捐赠者进行研究之前,首先需要明确了解捐赠者的捐赠兴趣。有些捐赠者可能会倾向于对某一区域或某一类服务对象的捐赠。不同的捐赠者侧重于不同的兴趣和发展方向,所以在和捐赠方接触之前,首先需要了解,他们最感兴趣资助哪个领域的服务,过去几年中他们分别资助过哪几个领域或者机构的项目和活动,在过去的捐款记录中有没有特例,他们的年报中记录了哪些相关内容等等。捐赠者的关注点和每年的捐赠资金相对集中的流向,对于社会组织募捐而言都是非常有价值的信息。

知识链接 4.6　捐赠者的关注点和捐赠流向

根据历年捐赠数据分析,教育、健康、扶贫和社会服务等一直是中国捐赠者的关注目标和捐赠资源相对集中的投入领域。如 2020 年中国共接收境内外慈善捐赠 2253.13 亿元人民币(包括内地款物捐赠计 2086.13 亿元;香港特区共计捐赠 149 亿元;澳门特区共计捐赠 18 亿元),主要流向卫生健康、教育、扶贫与发展领域。其中,卫生健康方面因为当年抗击新冠肺炎(Corona Virus Disease 2019,COVID-19)疫情特殊原因,首次超过教育而跃升到第一多,共接受捐赠 710.36 亿元,占比 34.05%,同比增长 160.94%;第二多的是各类教育共接受捐赠 450.29 亿元,占比 21.58%,同比增长 2.27%。教育领域的大额捐赠多来自企业基金会和企业家群体,主要流入多家高校教育基金会;第三多的是扶贫与发展,恰逢脱贫攻坚之年,捐赠者向该领域捐赠385.58亿元,占比18.48%,同比增长1.73%;其他包括生态保护、权益保护、科学研究、灾害救助等领域获得总共539.90亿元,占比25.88%,同比增长29.20%。

而根据美国施惠基金会理念的美国慈善捐赠报告,该国慈善捐赠流向主要是细分的十个领域,包括宗教(Religion),教育(Education),人道服务(Human Services),基金会(Foundations),公共社会福利(Public-society Benefit Organizations),健康(Health),国际事务(International Affairs),艺术、文化与人文(Art, Culture, and Humanities),环境/动物保护(Environment and Animals Organizations),个人(Individuals)。如2021年全美慈善捐赠流向宗教1357.8亿美元占比27%;教育707.9亿美元占比14%;人道服务653.3亿美元占比13%;基金会642.6亿占比13%;公共社会福利组织558.5亿美元占比11%;健康405.8亿美元占比8%;国际事务274.4亿美元占比5%;艺术文化人文235亿美元占比5%;环境/动物组织163.2亿美元占比3%;个人117.4亿美元占比2%。

(资料来源:《慈善蓝皮书:中国慈善发展报告(2021)》,北京,社会科学文献出版社,2022;*Lilly Family School of Philanthropy: Giving USA: Total U. S. charitable giving remained strong in* 2021. https://philanthropy. iupui. edu/news-events/news-item/giving-usa:--total-u. s. -charitable-giving-remained-strong-in-2021, -re aching-%24484. 85-billion. html? id=392)

2. 研究捐赠的可能方式。捐赠不仅仅是钱,捐赠者可以给予的也不仅仅是资金上的帮助。社会组织应当根据社会服务与慈善活动的需要,设计和接受多种捐赠方式,包括:现金、电汇、邮局汇款等;提供技术方面的支持,例如专业技能培训、心理咨询、管理咨询等;各种产品,如二手家具,电脑,其他办公设备等;支持性服务,如允许使用他们的打印和复印设施等;员工担当志愿者;提供场地,如提供办公室、会议室或搞活动的场地等;对举办活动进行人、财、物的赞助。捐赠的形式可以灵活多样,如果捐赠者在资金捐赠上有困难,可以动员捐赠方考虑其他方面的捐赠选择。

3. 研究捐赠者资助能力。捐赠机构可能提供的资助可根据以往的资助记录做分析,捐赠建议书中已经表明的可能捐赠的数额和限制;过去实际的捐赠数额;捐赠者所提供的资金是全部资金还是一部分资金;其他捐赠方必须提供多少配套资金;资助是每年拨付还是几年为一期拨付;捐赠方的资助是否有时限等。

三、与潜在捐赠者建立联系

在确定了潜在捐赠者的基础上,就应当开始接近捐赠者,并且做到自然,做到不生拉硬扯。这不仅需要一些策略,而且应该遵循一些基本的指导原则。具体如:(1)接近那些曾经捐赠过的资助者,或者和本组织的理事会成员、员工、志愿者、顾问等有联系的人士,这样在一定程度上预先减少陌生感,有助于迅速有效地沟通和直接进入主题。(2)如果是陌生关系,最好还是借助一个熟悉的第三者给予引荐和介绍。(3)见面之前应该先致电或发询问信约好见面的时间;在初次见面之后可以安排餐会。(4)不同的捐赠方赠予的标准和感兴趣的领域可能会在不同的年度有所变化,应当根据这些变化,进行真正切题的沟通才能保证效率。(5)避免给资助方留下比如组织的财务稳定性完全依赖于他们支持的印象。(6)要保持耐心。一次成功的捐赠往往会经历很多次见面甚至还有可能几次遭到拒绝。捐赠是建立一种和谐和合作的关系。(7)对于拒绝应当有心理准备,决不能因为一次拒绝就断绝来往。应当具有长远眼光。筹募者的气量和对于拒绝者的理解是组织筹募战略所必不可少。

在与捐赠者接触的时候,要注意尽管各个捐赠机构的文化和习俗不同(包括不同的国家的文化和不同的企业文化),但以下几点是共通的:

各捐赠机构都是由人来运营的;他们各自的兴趣和性格必须得到尊重;项目官员是看门人,尊重他们,注意不要绕过他们;最后期限有无灵活性,要接受资助方的决定;如果项目官员愿意,在写建议书时尽量向他咨询;可以向捐赠方询问建议书被拒绝的原因:可以探询弥补的办法,或者是否有其他的资助方可能感兴趣。

一旦确定了一个潜在的资助者,就有计划地接触他们,展示出组织的能力和竞争力。用当地资源来代替国际资金需要时间和努力,但一个组织越早开始发展这方面的能力,就越有可能获得持续成长和壮大的机会。由于更多的接近本地的潜在资助者,就有机会发展出一个由当地支持者组成的坚实的社会基础——无论是给予财物支持,还是给予智力支持,还是作为志愿者给予时间,或哪怕只是支持组织的工作以及向其他人介绍他(她)对组织的了解等,都是一种加强社会组织的道德威信和提高工作效果的重要方式。

建立联系也是一个相互了解的过程。不管是基金会、企业、国内政府还是国际援助机构,这些资助方都会比较明确地标明自己的优先领域和申请标准。这些信息可以从网站等很多渠道获得。其实很多国际资助组织在一定时期内都会有特定的优先领域,比如受到全社会关注的艾滋病预防和公共宣传。一般情况下,弱势群体的权益都是其优先考虑的领域。掌握这些信息当然重要,不过作为社会组织也不要因为开展某些领域的活动比较容易获得资助,而任意改变组织的使命和方向,因为这样就会让组织转移原来的使命,并导致不良结果。

第三节　筹募活动的组织方法

一、筹募活动的主要方式

筹募方式是多种多样的,每个社会组织应根据自己的实际情况采用合适的筹募形式。以下是几种常见的慈善募捐方式:

1. 信函筹募。这种方式由于可在同一时间接触大量的目标捐助者,且直接成本投入低,因此被许多组织采用。邮寄筹募信函须注意四个要点:一是信的内容要真诚,与收信人交心。二要展现弱势人群的危急境况,令人感到事情危急,体现捐助价值。三是版面设计要活泼,文字要言简意赅。四是要以故事形式并配以照片,将传递的信息形象化。总之,在写筹募信时应换位思考,将自己放在收信人的角度,简洁、活泼、生动、准确地将筹募信息传递给目标对象。

2. 网上筹募。社会组织利用网上自助捐赠,首先要建立自己的网站,并选择可靠的网上支付平台合作(如网银在线等),在自己的网站建立起网上自助捐赠的平台,并安排专人对网上捐赠进行后台管理等。这样,凡是有银行存折、信用卡、储蓄卡的捐赠者,即可按网络提示,快捷地将捐款通过网络直接划到预定的账号上。如重庆大学教育基金会的网上捐赠,规范性和功能性都很强,网站上对于基金会概况、募集项目、捐助的使用、法规依据、捐助的方法、资助对象名单、捐赠鸣谢等,都有详尽介绍,可信程度很高,网上捐赠非常方便。

3. 公益营销。是通过企业营销与公益活动相结合结合,达成让受益者、公益慈善组织、和企业及其顾客等社会多方受益的一种营销方法。最早被美国运通公司应用,于 1981 年在全国性的营销活动中与公益事业——“修复自由女神神像”相结合,只要用信用卡购买运通公司的产品,运通公司就相应地捐赠一笔钱用来修复自由女神像,到 1983 年,该公司为此公益事业捐赠了 170 万美元。也因此,公益营销渐成全球营销界热点话题。另一个精彩的公益活动由直销企业的领军人物安利创意,当年加勒比海油轮泄漏,造成巨大的环境污染,无数海鸥翅膀被油粘连,失去飞翔的能力,安利发动当地的直销人员,用那款著名起家产品的 LOC,清洁海鸥翅膀,当成千上万的海鸥重新展翅高飞时,世人共同目睹了安利的爱心、品质与环保性,而 LOC 产品的非凡品质尽在不言中,成为安利 40 多年畅销不衰的洗涤用品。公益营销其实就是与公益组织合作,充分利用其权威性、公益性资源,搭建一个能让服务对象认同的营销平台,促进市场销售的营销模式,这是一种非常有效的营销模式。

4. 义卖筹募。出售者为了慈善和公益目的进行的物品销售活动即义卖。

义卖筹款中，只要不是非法的物品来源都可以卖；义卖可以是拍卖，可以通过义卖商店；最关键的是义卖所得必须是用于慈善和公益目的。

慈善拍卖。一些富于爱心的人们捐出一些产物品，通过拍卖活动进行变现，以支持慈善和公益项目。在香港和台湾，一些知名的社会组织能够得到很不错的物品捐赠，例如珠宝和丝绸地毯，然后在一定场合拍卖，响应者竞相以参与，用远远高于实价的价格购买，社会组织用拍卖所得来实现慈善目的。

义卖筹募。人们将各类物品捐给义卖商店，商店再通过向社会出售获得义资。组织者会通过广告方式，向社会收集慈善捐赠的物品，然后再以“义卖”名义，通过市场或者商店或者专门的义卖店出售。有慈善爱心的人们往往会积极购买，以做贡献。有的组织通过批发方式以成本价格买进一些日用消费品，然后再以正常的市场价出售，赚取差价，集腋成裘。

5. 电视筹募。电视筹募可以在短时间内，将社会组织的筹募信息直观、形象地传递到潜在的目标人群。特别是可以通过电视，由服务对象直接向观众表达艰难的处境及需求，更具说服力。电视筹募的效果较好，但要找到具有相关栏目的电视媒体以及组织相关的活动，除了电视的官方性质具有可信性外，这种方式还可以为筹募者化解一部分成本，而且也有利于信息公开和社会的监督。

6. 电话筹募。对于潜在的捐助者来说，电话营销可能是他们和组织直接接触的常用方式，在电话营销过程中可以回答潜在的捐助者的问题。策划电话营销时，对于能提供准确信息、提出问题和反对意见的受访者，要做充分的准备。另外，由于电话营销人员通过在电话中与潜在捐助者交谈，可以帮助社会组织做一个市场研究，从而更好地完善筹募工作。电话筹募的重要环节是要通过公正等权威渠道，证实电话筹募的可信性和可靠性，务必避免诈骗情况的产生。

7. 慈善餐会。组织者包一个餐馆摆一次餐会，通过出售宴会票请人来参加。那些有意慈善捐赠的人们通过这种方式来捐钱。有时候，组织者也可以说服宴会承担者在提供酒水、场地以及服务中给予打折，作为他们对慈善公益的支持。这都有助于提高筹募的效率。在美国的初中、高中，一些学生演出队和体育校队，为了购买活动所需要的设施、服装道具等，经常采用餐会筹募的方式。学生会通过学生将目的转达家长以及各类社会关系，请他们到某个已经联系好的饭店去花钱吃饭，饭店老板按照学生和他的事先约定，将成本价以外的收入转给学生。这就是典型的公益餐会。

8. 义赛义演。体育界和演艺界人士进行比赛或者演出活动，将门票收入贡献给慈善和公益项目就称之为义赛或者义演。义赛和义演活动是一种很普遍的筹募方式,比如在 2008 年 6 月初,香港“演艺界 5. 12 关爱行动”在西九龙中天地举行大会演,300 多位艺人以马拉松接力方式轮流演出,为四川地震灾区筹款。百位歌手台上为地震遇难者默哀,然后台上台下高呼“四川加油! 中国加油!”所有艺人合唱《承诺》,承诺不离不弃竭力为灾民重建家园! 此次义演 8 小时筹善款近 3500 万元港币。

9. 赞助筹募。除了上述外,还有一些事由公益慈善组织创意的各种吸引社会赞助的筹募活动。只要是能够引起社会公众的兴趣,通过带动人们广泛参与并获得赞助,就是成功的赞助方式。比如“毅行筹募”就是其中一种。很多外国人团体经常旅行来到中国,在长城上以“毅行筹募”的方式为国际慈善组织筹募。类似的如主办者和志愿者承诺要完成某种耐力测试,通过广告宣传动员人们前来观赏并寻求有条件赞助:每多跑 1 公里,观赏者就付 10 元钱的赞助。假如志愿者坚持跑 20 公里,一个赞助者就向该公益组织捐款 200 元。香港乐施会每年都举办翻越新界几座山丘的“百公里毅行筹募”活动。很多香港市民都积极响应前来赞助,它已成为乐施会很大一笔资金的来源。

10. 协同筹募。协同筹募是以社会组织为主体,选择社会急需资助的项目,协同当地政府、企业、媒体和群众,集中资金、物资和人力资源共同建设这一项目。协同筹募好处主要有:首先,有关方面各自以有限的资金、物资或人力资源投入,取得项目效果的最大化。大家有钱出钱、有物出物、有力出力,充分发挥社区各类资源整合的作用。其次,可以动员村社区域内的群众以自身的力量解决迫切需要解决的问题,有利于团结和凝聚。最后,由于有广大群众的参与,有利于避免贪污、浪费、挪用等问题的出现。

筹募者要注意参考学习国内外筹募经验和做法,咨询进行过成功筹募的组织和个人,他们会提供很有价值的建议,或者提供一些咨询专家的信息。

二、筹募活动的准备工作

在筹募过程中,社会组织需要做好充分的组织准备工作,包括建立筹募团队,培训志愿者,制订筹募计划,起草筹募计划书和资金申请书等。

1. 成立筹募团队。为了有效开展筹募和资源动员工作,可以根据组织的需求和实际情况,建立筹募团队,包括志愿者和理事,以及配备有经验的筹募专家担任专职或兼职的筹募协调人。为筹募宣传、开展市场资源调研、策划设计筹募方案,以及进行筹募人力资源的相关准备作必要的基础性工作。

2. 制订筹募计划。筹募协调人带领的筹募团队,应当制定组织的筹募计划。计划中所要考虑的内容大致如下:(1)本次筹募的目标和具体数额(应当由董事会来确定)。(2)组织内部优势、劣势以及组织外部的机遇、挑战。(3)采用什么样的方法来实现筹募目标。(4)筹募团队的人员包括协调人、理事会、工作人员、志愿者的责任确定和任务分工。(5)做筹募的预算,包括用于联络、交通、记录保存和活动、致谢等相关事项的具体金额。(6)建立保证诚信度和透明度的财物和捐赠管理系统。(7)培训所有参与筹募的人员,统一认识和目标,并在理念和具体方法上达成共识。(8)设定筹募效率衡量指标,包括沟通的目标、参与人数、受劝募的人数、筹募财物数额、其他相关资源、时间期限、筹募成本等。(9)设计筹募项目的评估计划,包括评估的时间和核心的参与者。

3. 制作筹募计划书。这是筹募计划拟定后的必经步骤。如果筹募计划主要是内部的,那么筹募计划书则主要是给潜在捐赠者看的。计划书的目的一个方面是清楚地表达出机构筹募的具体行动设计;另一方面是让社会捐赠参与者一目了然,知道如何去做。筹募计划书的内容大致要包括以下方面:(1)组织介绍。是用来表明组织的可信性的。需要列举组织的使命和宗旨,简述组织的历史,并列举组织曾经组织的活动和获得的成就。应当简要尽量用数字说明组织如何让慈善对象和其他社会人群从自己的工作中受益。(2)活动概要。是对活动项目简洁而清晰地描述。概要说明项目的目的,项目的性质,项目要帮助的对象人群,项目需要筹募赞助的理由,项目的大致做法,以及对捐赠者予以答谢等。要足够简短以便迅速阅读,足够生动以便吸引参与资助者。(3)活动目标。是说明活动项目筹募的数额和筹募的具体用途。首先要符合实际情况,目标里要描述受益人群的实际需要,必要的情况下要进行数字计算,还要有具体的衡量指标,说明筹募募捐的投入与产出。(4)活动内容。说明为了达到筹募目标计划如何做,其中必须要列出组织筹募活动的时间安排;活动步骤和组织方法,每一步都予以简单说明;也可以列出活动的统筹协调架构;活动需要投入的员工和志愿者力量。(5)项目预算。无论是从基金会或者政府项目中争取资金,还是通过某种公众参与的活动比如公益文体娱乐活动中筹募资金,都会产生筹募成本。根据国际上的经验,筹款成本的控制底线是25%,资金执行的管理成本的控制底线是20%。筹款成本和管理成本合计低于30%是最理想的。管理成本愈低对捐助者越有吸引力。筹募活动的组织者应当以此为根据做出并公布项目预算。(6)答谢方式。筹募资金的规模不一样,答谢的方式也就不一样。但无论规模大小,都要适当安排答谢方式和程序,尤其要注意设计好,根据捐助数额的多少,来进行与之相应的答谢。至于答谢方式则是多种多样的,比如冠名纪念品,冠名活动服装,冠名活动项目,专门宣传手册,媒体推介宣传等。(7)受捐管理。附上捐助回执的表格,说明捐款的渠道和交接方式,申明严格监督善款使用的明确态度和办法:除捐款人指定用途外,所有筹款均全数用作项目活动申明的对象。筹款执行过程将接受捐助者和社会公众的监督。

4. 写资金申请书。资助者有时候需要筹募组织提供公益或者慈善项目资金申请书,尽管格式要求可能不尽相同,但有些共同性的文字角度合语气特点必须予以重视,才能使得申请书有说服力和打动人:(1)将组织对资金的需求与该组织如何服务于社会建立有效的联系。(2)证明需求是真实的,并创造一种需要立即行动的紧迫感。(3)说服捐赠者这样的需求是值得为之行动的。(4)说明是对于社会需求的支持而非对于组织需求的支持。(5)说明组织本身有能力且努力帮助解决问题,但本身不能满足需求,需要资助伙伴。(6)解释资金将如何使用。(7)务必以捐赠者为导向。(8)语言简洁,并且有说服力,保持积极的态度。(9)有效地使用数字和图表,满足不同捐赠者不同的阅读习惯和需求,使申请书更有说服力和表现力。

三、筹募活动的组织安排

1. 策划活动方案。没有具体的筹募活动,所有筹募策略和方法都是纸上谈兵。筹募活动要先行策划,形成一个独具特点而且周密和具有可操作性的活动方案。活动策划要求是:

第一,要有确定的公益目的。第二,要有明确的活动目标。包括直接的参与人数、筹募额度、义工数量、社会名流参与情况、支持者与赞助者的发动,以及主办组织自身的社会认知度等。这些目标要可衡量和具有可行性。第三,要选择恰当的活动方式。如前所述,筹募方法有义卖、义演、义赛、劝募、网募、函募、专业筹募,公益营销、餐募、吸引赞助等。活动类型可谓多种多样,但关键要能够操办并具有吸引力。第四,争取知名人士参与。知名人士对筹募活动的认可和参与,对筹募活动宣传、动员的贡献率是不可低估的。第五,设计活动的具体事项。包括:活动的主题,活动的时间,活动的地点,活动的特色,志愿者的招募,参加人群计划,成本预算,捐赠与回馈,募款计划,宣传计划,活动的组织分工,时间进度计划,危机处理预案等。

2. 进行舆论烘托。烘托包括前期准备和活动期间两个阶段。活动前的集中推介具有扩大信息覆盖面、催化聚焦的作用,其重点在于传递活动本身的信息。考虑到成本和可行性,这时的推介传播应分两种形式布局:将活动的信息布局在基础性网络上,同时浓缩、提炼出活动的核心信息,以形象、简明的广告方式在恰当的媒体适时发布,以最快的速度、最简单的形式让人们知道活动信息。活动前的传播也应提前开始，一般活动系统信息的传播至少在活动前2个月启动，而活动的广告传播则至少在活动的前10天开始。具体开始时间应以活动的目标群体范围、传递的预期难度以及活动的目标等因素综合分析确定。广告媒体可选择的种类较多，具体应以目标群体以及媒体对其覆盖度为依据选择。从效果、成本综合考虑，可选的广告媒体顺序应为：平面媒体、电视媒体、网络媒体、手机媒体等。需要说明的是，尽管公益性的媒体的支持最好，但就活动开始前的广告传播进行一定的投入也为必要。在整个筹募活动中，主办者可以争取低投入低成本，但不要作为硬性指标。

3. 方案执行管理。筹募活动的管理包括对人力资源的调度管理、计划与目标责任管理、筹募活动中的过程管理以及捐赠管理等。

第一，对人力资源的调度，首先要组建活动的组织机构。要有总负责人，根据需要建立顾问组，宣传组，报名组，捐赠接待组，后勤支持组。大量工作需要志愿者的参与，因此要充分利用现有志愿者网络，进而扩大志愿者招募，根据活动的要求，明确对志愿者的责任要求，如负责的岗位、需要承担哪些工作等。机构须与志愿者签订志愿者服务协议，以法律形式保障双方的相关权益。

第二，活动的过程管理。首先应建立起筹募工作的检查评估机制，及时发现问题，及时解决或调整。其次要注重实施中的细节管理，以确保筹募过程中每个环节的准确性、可靠性，从而最大限度地与活动的各类目标关联一致。需要注意的一些细节主要包括：各类捐赠合同的准备与管理，活动接待涉及的有关登记安排，各有关人员的言行举止规范、形象要求等。最后是把握好活动的议程管理。议程管理具有严格的时间性和准确性，要根据活动的特点将议程涉及的每件事分解落实到人。议程管理一般包括登记安排、交通配套、后勤保障、人员分工与时间表等。议程中如有任务委托给其他机构，就要以合同的方式确定下来，并对执行者进行督促和监管。

第三，筹募捐赠管理。捐赠管理涉及各类捐赠登记和对支持者的回馈管理等。捐赠登记管理。包括两个方面：一是合同管理，即针对不同类型捐助者准备相应的捐赠合同，将双方的权利和义务规定清楚，依法约束、规范各方行为，让捐赠者放心。二是登记与收据管理，即每笔捐款，无论数额大小，都必须有专职的接待人员按统一的登记表分类进行登记，然后由财务人员收款、及时进入银行专户，并出具收据；接待人员必须定期与财务人员对账，核对的内容包括银行和现金两部分，以确保捐款的安全性和准确性。

捐赠回馈管理，既是筹募的末尾，又是筹募的继续，它跨越筹募活动的期限，对公益组织的筹募战略具有实质意义。捐赠回馈管理离不开具体的公共关系行为：第一，在活动结束后，机构必须有专人与所有捐助者保持定期的沟通、交流,报告机构的项目活动,征求支持者的意见或建议。第二,要及时协调落实项目的实施,并邀请捐助者对捐助项目直接进行考察,参与项目的监督等。第三,如果是收到捐款捐物,除了当面感谢外,应当在活动结束后逐一写信表示感谢。感谢信不需要很花俏也不要太冗长,信中应该包括一些个人化的语言。如实在需要批量打印感谢信,组织者的负责人写上个人的感谢话和签名为最好。

要做好回馈管理的沟通、协调、联络和公共关系工作,关键的就是要体现对捐助者、支持者的感谢尊重和真正的责任感。这是与支持者建立长期合作关系的保障。

知识链接4.7　苗圃行动筹款活动计划

一、"苗圃行动"简介

"苗圃行动"是由一群有志改善内地山区教育的义工组成,于1992年在香港注册成立,为一非政治、非宗教及非牟利慈善团体,税局档号:91/3859。我们透过"实地考察、直接资助、长期跟进"的工作守则,落实及确保所有捐款有效地用于改善山区教育。截至2008年8月底,已重建超过850所中、小学和学生宿舍,资助逾25万人次的中小学生,总资助金额超过2亿万元人民币。除了每年定期举行的筹款项目如"行路上广州""苗圃挑战12小时"外,我们也举办跨地域的大型筹款活动如"助学长征""茶马古道",以推广助学讯息。在过去17年,超过3500名义工的无私奉献,落实本会的资助重建工作,"5.12"地震发生后,本会所资助重建的学校并没有发生倒塌情况。这些都是义工及捐款人持续支持的成果。

活动简介。"挑战12小时",是"苗圃行动"一年一度的大型行山活动,希望参赛者从活动中,体验到内地山区学生每天上学的苦况,并且为改善山区教育工作筹募善款,今年为第十一届活动。"苗圃挑战12小时"的行政费用支出包括:活动的筹备、宣传等,主要来自机构的捐助,"苗圃挑战12小时"诚邀贵公司赞助本活动所需费用和物品。为表示感谢,我们设计了不同的答谢方式。

活动历史:"苗圃挑战12小时"是公开让大众参赛的活动,共分为42公里及10公里赛事,参赛者可以个人或集体组队参与。本活动累计参赛人数超过15825名,合共筹得超过港币21000000$。社会知名人士包括林嘉欣小姐、方力申先生、任贤齐先生、黄德森先生、高永文医生等,均曾担任活动的助学大使或者挑战之星,他们身体力行,唤起更多社会人士关心内地有需要的人。

二、"苗圃挑战12小时2009"内容

- 日期:2009年11月1日
- 路线:卫奕信径3~8段
- 预计参赛人数:2000人

- 比赛内容:42 公里:精英杯(个人或团体),公开杯(个人或团体),工商杯(团体);

  10 公里:公开杯(个人或团体);

  2.3 公里:体验行(家庭/新秀);

  新设路线,让参加者体验山区学生每天走 2.3 公里上学情况。

三、赞助及答谢

1. 金赞助。赞助金额:HK $ 100000 或以上。答谢方式:贵机构名称或标志将印制于本活动所有宣传品及活动印刷品上;3 张贵机构名称或标志的独立告示横额,张贴于特定的检查站;于 42 公里其中一组别的冠、亚、季军奖座背面印上贵机构名称或标志;在贵机构赞助月起在本活动网页上刊登答谢启事;于参赛者手册刊登一页(A5)答谢启事;于赛典礼致送活动纪念品;活动完成后,在报章刊登答谢;于本会年报刊登答谢;豁免工商盃三队(每队 4 人)参赛队的报名费。

2. 银赞助。赞助金额:HK $ 50000 或以上。答谢方式:贵机构名称或标志将印制于本活动部分宣传品及活动印刷品上;两张贵机构名称或标志的独立告示横额,张贴于特定检查站;在贵机构赞助月起在本活动网页上刊登答谢启事;于参赛者手册刊登半版(A6)答谢启事;致送活动纪念品;活动完成后,在报章刊登答谢;于本会年报刊登答谢;豁免两队(每队 4 人)参赛队的报名费。

3. 铜赞助。赞助金额:HK $ 10000 或以上。答谢方式:于参赛者手册刊登半版(A6)答谢启事;致送活动纪念品;活动完成后,在报章刊登答谢;于本会年报刊登答谢;豁免一队(每队 4 人)参赛队的报名费。

4. 赞助。赞助金额:HK $ 10000 或以下。答谢方式:于赛典礼致送活动纪念品;活动完成后,在报章刊登答谢;于本会年报刊登答谢。

四、组织协调与筹备

"苗圃挑战 12 小时"每届平均有近 1000 名义工参加,其中负责统筹的义工,专职计划活动要项,准备活动当天所需要器材及物资,安排工作时间表及分配义工人手。

筹委会架构:筹委会主席;副主席;宣传及筹款组;行动组;财务组;技术支援组。"苗圃挑战 12 小时"活动由筹备到完成分为以下阶段:

日期	工作内容	答谢赞助商
2009 年 3—4 月初	确定统筹义工人员,准备活动基本资料	√
2009 年 4—5 月	筹募活动经费,更新网页,印制宣传品	√
2009 年 6 月	"苗圃挑战 12 小时"起动礼	√
2009 年 6—10 月中	正式接受报名,举行大型宣传工作,准备活动所需物资,步行训练	√
2009 年 10 月	派发参赛者物资,安排简介会,安排当日活动及颁奖	√
2010 年 1 月	登报答谢赞助者	√

五、财务预算

根据2008年度的总筹资数额,初步计算此次筹资管理成本控制在36%以内。筹资的大约64%将全部用于助学。筹资过程的成本主要是发生在为活动以及赞助者进行推介和宣传,其中有超过50%,约HK $400000将用于宣传活动(有名人义务协助)及广告上,这是一般商业宣传活动所不能做到的。

日期	工作内容	预计支出
2009年5—6月	筹备于大型商场举行起动礼,将邀请传媒出席	HK $50000
2009年6—10月	刊登广告、张贴大型横额、制作宣传印刷品及更新网页	HK $320000
2009年6—10月中	接受报名,举行大型宣传工作,准备所需物资,步行训练	HK $10000
2009年10月	筹备参赛者活动简介会及派发参赛物资;预备起步礼及筹款奖颁奖礼奖品	HK $280000
2010年1月	刊登报纸鸣谢广告及筹备筹款奖颁奖礼	HK $25000
总计:		HK $685000

六、结论

"苗圃挑战12小时"必须得到社会各界的参与及支持,方能顺利举行。特别是活动筹办经费这一环,必须得到社会的赞助,筹备工作方能顺利开展。我们期盼得到贵公司支持及赞助活动经费,借着您的支持,引发社会上其他人士参与,让活动成功举行、让内地的教育得以持续发展。敬请填妥附奉赞助回条,并于2009年5月30日前邮寄或传真至本会。(回执附件略)

七、联系方式(略)

(作者根据《苗圃行动中国教育助学计划》(2009-04-01)整理,http://www.doc88.com/p-756220629307.html)

结语。社会组织筹募资源不仅是组织开展各种活动和提高自身能力建设的重要环节,而且更是履行组织使命,提供慈善和公益服务的前提条件。

社会组织要提升自己的筹募能力,先要从自身的基础条件积累做起,包括要全力打造自己的公信力,建立规范的财务制度,要有良好的公共关系环境,要熟悉各种筹募的方法,还有就是组织必须要有合法身份;筹募能力对于价值准则是,组织必须要坚守使命,必须要用于慈善和公益目标,必须要进行阳光运作,必须要有诚信的形象,自始至终必须要实事求是,再就是必须要进行"干净"筹募;筹募能力对于筹募行动的要求是,对捐赠者权利保护要规范,对筹募信息的管理要规范,对筹募资金使用要规范,对筹募过程管理要规范,对筹募财务管理要规范。

社会组织要提升自己的筹募能力,需要研究和实施正确的资源目标策略。

首先是要形成多元的筹募渠道，要从实际出发，制定出社会组织向社会、向政府、向海外、向自己筹募资源和挖掘资源的多管齐下的策略；其次是要研究筹募资源的可能对象，要善于了解慈善组织和热点人物，善于了解他们的兴趣关注点，善于了解他们的资助方式和自主能力等。再次是采取恰当形式建立与扩大与潜在捐赠者的联系网络。

社会组织要提升自己的筹募能力，就得熟悉并创造性掌握各种各样的筹募方法，每个组织应根据自己的实际情况采用合适的筹募形式；就具体筹募实践而言，组织者要学会从成立筹募团队、制订总体筹募计划、制作筹募计划书、撰写筹募申请书等细节着手，做好细致的筹募活动准备工作；而围绕一次筹募活动，组织者应掌握策划方案、舆论宣传和方案执行的正确方法。这些理念、策略、知识、方法都是社会组织提升筹募能力所应学应会的。

第五章　社会组织财务管理能力

社会组织财务管理能力是指社会组织管理财务活动、处理财务关系、协调和控制财务管理过程的能力，主要包括财务计划、财务决策、财务控制、财务核算和财务分析能力等。一个合格社会组织的管理者和财务人员必须十分重视提升财务管理能力，掌握社会组织财务管理的相关知识，包括熟悉中国非营利组织会计制度，了解社会组织财务管理的特征、目标和功能，熟练运用社会组织财务管理的方法和流程，理解社会组织财务内部控制制度和内容，使财务管理成为组织发展的有力杠杆。

第一节　社会组织财务管理概述

社会组织财务管理是指社会组织管理本单位的财务活动、处理财务关系的一项经济管理工作。因此，要理解社会组织财务管理，必须先了解社会组织财务管理特征、目标和功能。

一、社会组织财务管理特征

为了有效地进行财务管理，应当了解社会组织的财务特征。由于社会组织不以营利为目的，主要从事一些社会性活动，这就决定了社会组织的资金循环和周转过程与营利性组织和企业相比是不同的，尽管社会组织应严格执行国家的各项财务制度及财经纪律，严格按国家的有关规定及标准办理各项收支活动，提高资金使用效率，由于社会组织的不同资金运动特点决定了其财务管理的特征：

1. 资金来源渠道多

企业主要的资金来源是通过销售产品和提供服务，从顾客那里获取收入，以维持正常经营活动，实现企业价值最大化目标。与企业不同的是，社会组织收入是指社会组织开展业务活动及其他活动依法取得的非偿还性资金。这是社会组织为实现其社会使命而获取资金的主要来源。社会组织的收入因组织性质不同，收入来源渠道业也不同，按其收入来源分为，捐赠收入、会费收入、提供服务收入、政府补助收入、投资收益、商品销售收入等主要业务活动收入和其他收入等。

2. 不存在利润指标

对企业而言，在竞争的市场环境中，企业需要利润这一财务指标来衡量企业业绩，评价企业管理层业绩，实施激励机制，以利于提高经营管理效率。而对于社会组织而言，由于社会组织是不以获取利润为目的的社会公益性服务组织，因而，不存在利润这一财务指标，各部门的职责履行的情况难于考核评价，各部门的责权利无法十分明确，不利于不同社会组织间经费开支的绩效和社会效益的评价，也无法通过利润指标来直接衡量和评价管理人员的业绩，这也大大增加了分权管理的操作难度。

3. 所有权形式特殊

对企业而言，企业的股东提供资金创建企业，是企业的所有者，拥有企业的净资产。而对于社会组织而言，净资产所有权属于组织本身，但是，社会组织不能对其资产权益进行转让、出售，并且在某些情况下必须按照资产提供者的要求来运作、管理和处置资产。由于资产提供者不期望收回或以此获取经济利益，因而社会组织通常不进行损益核算，也不进行净收入的分配，即使社会组织解体，资产提供者也没有分享剩余资产的权利。

二、社会组织财务管理目标

社会组织财务管理目标与企业有着较大的差异。根据希姆(Jae K. Shim)和西格尔(Joel G. Siegel)在《财务管理》(*Financial Management*)的观点，企业的财务管理目标顺序是持有最多的股份、利益最大化、最大的边际效益、行为目标和社会责任；而社会组织的财务管理目标的顺序是稳定、宗旨和责任、行为目标和社会责任。在市场经济社会，社会组织为完成某一具体的社会使命需要有足够的资金支持，资金的筹措和有效使用需要完善的财务管理系统来保障。因此，与社会组织完成某一具体的社会使命的目标相适应，社会组织财务管理目标是通过努力筹措资金，合理安排财务活动，严格经费开支，充分利用有限资金，提供资金使用效率，最大限度地实现组织的社会使命。社会组织的财务管理目标可分为战略(长远)目标和具体目标，从不同的角度和层次，有不同长远目标和具体目标，具体内容见表5.1。

三、社会组织财务管理功能

社会组织财务管理功能主要体现在两个方面：一是有助于降低组织财务活动的成本，提高组织财务运作效率，使有限的资金发挥最大的社会效益。二是

表 5.1 社会组织财务管理目标

战略(长远)目标		具体目标
A	B	C
诚实的财务 信用的财务 透明的财务 信息的财务 公共的财务	生存 发展 “获利”	1. 建立健全财务制度和会计责任体系,规范财务行为。 2. 加强预算管理,保证业务计划和工作任务的完成。 3. 加强收支管理和控制,提高资金使用效益。 4. 加强资产管理,防止资产流失。 5. 加强财务分析和监督,如实反映社会组织财务状况。

有助于社会组织树立良好的社会形象,提高组织社会公信度,有利于组织顺利而有效的筹集资金。其具体功能主要包括以下几个方面:

1. 实践组织宗旨。社会组织的收入和支出项目集中体现了其组织活动的宗旨。财务管理不仅需要直接以组织宗旨为中心,加强预算管理,优化资源配置,合理安排资金和使用各项资金,尤其需要在财务预算和决算上直接反映整个组织各部分目标与组织宗旨的内在关系。科学有效的财务管理不仅在组织的日常业务活动中体现组织宗旨,而且还通过财务管理功能来督促和保障具体目标的全面履行。

2. 优化绩效管理。尽管社会组织资金来源广泛,但相对其提供的各项社会公益服务开支,其资金是有限的,而且往往寄托着资金提供者对社会组织完成某一项社会使命的信任和期待,因此,严格财务收支管理,提高资金利用效率是非常必要的。组织需要完善财务管理系统,抓好组织每个环节成本管理和绩效管理,保障项目开支和正常运作所需资金,通过成本效益分析、财务预算监督、加强内部控制等环节,提高资金运作效率,实现资金最大效益。

3. 防范财务危机。社会组织也可能面临各种财务困难和危机,财务危机可能直接影响社会组织活动的正常进行,危机社会组织完成社会使命的目标。因此,社会组织科通过健全的财务管理,财务预算和财务分析规划,监测和掌握资金的运作情况,确保组织发展的资金基础;通过建立财务危机预警系统,对于财务收支过程中存在的资金紧缺或者资金运作中存在风险发出预警信号,并采取紧急而有效的措施,防范和化解财务危机。

4. 保证组织廉洁。由于社会组织的资金来源于社会各界,公益性组织的腐败会对社会产生强烈的负面效应,社会组织财务管理的不规范和不完善常常为这些假公济私、滥用善款、违规交易、营私舞弊的丑恶行为提供了机会。为此,社会组织应当通过健全的财务制度,严格的财务管理,提高财务信息的透明度和公开性,加强内部控制制度建设,配合公正合理的奖惩制度,使社会组织的资金始终处于可以控制的状态,保证其财务活动符合法律、法规、政策的规定，有效遏止组织的腐败情况滋生，保证组织的廉洁性，提高资金的使用效益，确保社会组织目标的实现。

5. 提高组织公信度。社会组织需要树立良好社会形象和公信度，以提高公众对组织的认同和信任，保障组织有来自社会各界的资金资助和捐赠。财务管理要确保组织有一个公开透明的资金运作机制，定期反馈财务管理过程及公布财务报告，主动接受社会各界对其资金使用的合理性和合法性的监督。社会组织只有建立健全高效透明的财务管理体系，才能不断提高自身的社会公信度，增加社会对组织的认同，从而为获得更多捐赠资金打下坚实基础。

第二节　财务预算管理与内部控制

预算管理是社会组织一定时期内财务运作的起点。组织财务管理的核心内容就是进行预算管理、运行预算机制，使社会组织有限的资金得到合理配置和充分利用，使稀缺的资源产生最大效用。而组织财务控制是财务管理的一项职能，社会组织财务控制就是以制度、预算等为主要手段，通过财务规范来约束社会组织及其内设机构、员工的行为，为确保其实现财务管理目标的管理活动。

一、社会组织预算管理

要做好财务预算，首先要有明确的目标、行动方案、工作量及人力资源计划，此外还要有充分的人力、技术、信息和资金支持。这可以从图 5.1 看出。

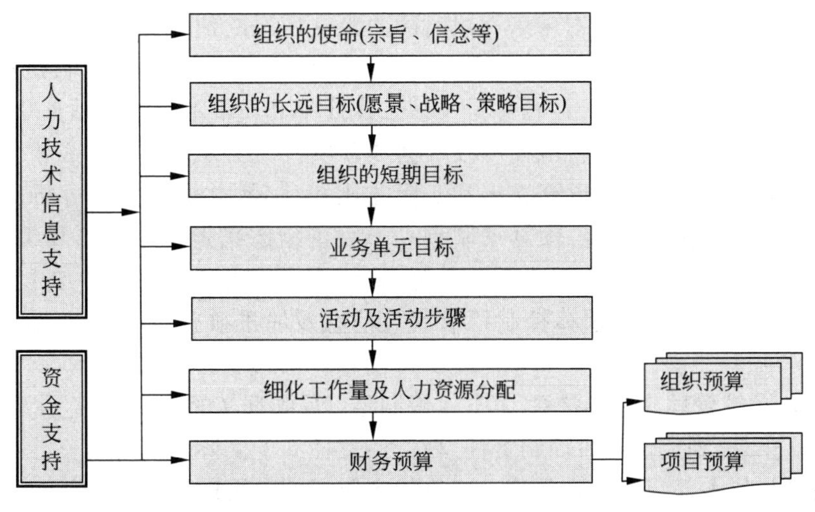

图 5.1　财务预算的相关因素

(一) 关于预算管理的理解

1. 预算管理的概念。预算是行为计划的量化,这种量化有助于管理者协调、贯彻计划,是一种重要的管理工具。预算包括营业预算、资本预算、财务预算、筹资预算,各项预算的有机组合构成企业总预算,也就是通常所说的全面预算。预算具有的特点是:(1)制订计划。预算有助于管理者通过计划具体的行为来确定可行的目标,同时能使管理者考虑各种可能的情形。(2)促进合作与交流。总预算能协调组织的活动,使得管理者全盘考虑整个价值链之间的相互联系,预算是一个有效的沟通手段,能触及企业的各个角落。(3)有助于业绩评价。通过预算管理各项目标的预测、组织实施,能促进企业各项目标的实现,保证企业各项目标的不断提高和优化,是体现企业业绩的一种好的管理模式。(4)激励员工。预算的过程会促进管理者及全体员工面向未来,促进发展,有助于增强预见性,避免盲目行为,激励员工完成企业的目标。

预算管理是在企业战略目标的指引下,通过预算编制、执行、控制、考评与激励等一系列活动,全面提高企业管理水平和经营效率,实现组织的财务管理目标。预算管理可优化企业的资源配置,全方位地调动组织各个层面员工的积极性,是会计将组织内部的管理灵活运用于预算管理的全过程,是促使实现组织财务管理目标的坚实基础。

2. 预算管理的意义。总结起来,预算管理的意义是:第一,预算是计划的数量化。预算不是简单的收支预计或仅把预算看作财务数字金额方面的反映,预算是一种资源分配,对计划投入产出内容、数量以及投入产出时间安排的详细说明。预算编制明确了组织管理者的经营目标和工作方向。第二,预算是一种预测。预算是对未来一段时间内收支情况的预计,预算执行者可以根据预测到的可能存在的问题、环境变化的趋势,采取预备措施,控制偏差,保证计划目标的实现。第三,预算是考核工作效率和质量的标准。预算是数量化的标准,具有可考核性,因而可以根据预算执行情况来评定工作成效,分析预算收益和实际收入、预算支出和实际支出相比较,并进行差异分析,有利于及时纠正偏差。第四,预算编制有利于完善组织信息管理。预算编制需要各项定额,如人员、物料消耗定额等,定额要合理并随定额条件变化而不断修正。预算编制与预算控制要求大量信息及时准确传递,促进信息管理发展。

3. 预算管理应有的注意。第一,编制足以反映现实的预算,避免预算过于繁琐。第二,划定预算的控制责任,划清各责任人的实际业绩。第三,注意防止各部门从本部门出发以预算目标取代企业目标。第四,预算控制不是对现状本身的控制,而是对发展趋势的控制。第五,做好预算执行过程中的业绩记录,以便分析比较。第六,预算责任必须落实到人。第七,预算控制是激励经理人员的依据,是他们对预防偏差、纠正偏差所采取的措施。

(二) 社会组织预算管理流程

1. 财务预算编制的条件。 预算编制一般要具备六个条件:第一,组织性质和构成状况相对稳定,理事会负责到位。第二,人力资源的质量、数量与发展规模相对合理、稳定。第三,组织目标数量和水平适度,项目和任务相对稳定。第四,资金来源相对稳定,有可供支配的具体资金总额。第五,历史财务数据全面而准确,对当前和未来的物价水平、成本变化与资金用量有正确和具体的财务分析、预测和估算。第六,出资人和社会公众对公益产品的需求和标准也相对稳定。

2. 财务预算编制的主要方法。 预算编制的方法有很多,在实践中经常使用的预算方法主要包括以下几种:

(1) 递增预算法。它是指在基期费用水平的基础上,考虑预算期业务量水平及有关降低费用的措施,通过调整原有费用项目而编制预算的方法。

(2) 项目预算法。它是指主要根据与组织宗旨结合的程度、项目可行性、费用开支三个指标来决定排列服务方案的优先顺序的方法。

(3) 零基预算法。它是指编制预算时不是以现有费用为前提,而是一切从零开始,从实际需要与可能性出发,逐项审议各项费用开支是否必要合理,进行平衡预算的方法。

(4) 弹性预算法。也称上下限预算法,它是指按一系列可能达到的预计业务量水平编制,能适应多种情况的预算方法。主要适合于费用预算。

3. 财务预算编制的步骤。 在理事会组织下,社会组织的财务预算编制由财务主管负责,财务管理部门和有关部门共同研究、商量和实施操作。有会员的社会组织需要经过会员大会或者会员代表大会做出最后抉择。具体来说,一般有五个步骤:第一步,收集预算信息,分析内外财务环境,确定预算指标,并对预算指标进行合理分解或整合;第二步,协调财务能力,包括:人力、财力、物力,组织综合平衡;第三步,选择适用的预算方法,进行单项预算,汇总编制成预算草案;第四步,征求意见、修订和完善预算草案,对预算指标及其他内容进行调整,编制汇总的财务预算;第五步,递交理事会或会员大会讨论并表决通过。

二、社会组织财务内部控制

对非营利社会组织而言,财务控制制度是社会组织为了保护组织资产的安全、完整,提高会计信息质量,确保国家规章制度、项目协议或营运方针执

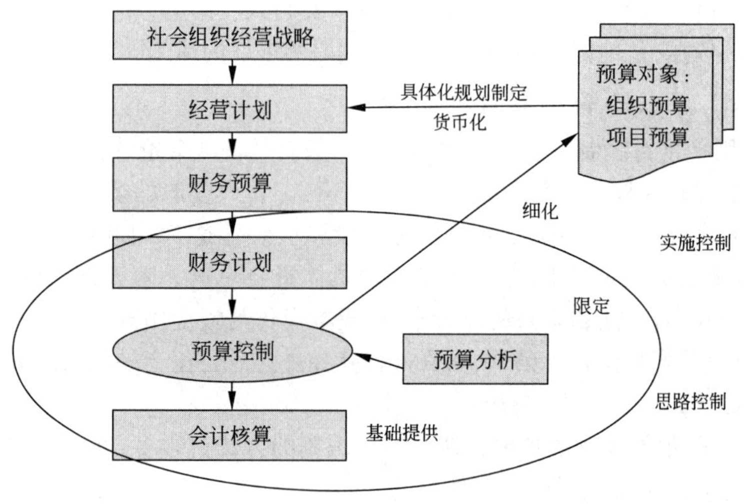

图 5.2　预算管理流程图

行,避免或降低各种风险,提高管理效率,实现组织经营目标而制定和实施的一等系列控制方法、措施和程序。

(一) 财务内部控制内容与方法

1. 财务内部控制内容。财务内部控制的内容非常广泛,从横向看:涵盖组织内部和各个部门、各项业务;从纵向看:涉及各个部门的各个岗位、每个员工及各项业务的各个环节。主要内容包括:第一,管理控制:组织结构、人事制度、质量、安全等。第二,会计控制:账簿凭证、货币资金、实物资产、收入支出、采购和付款、投资、筹资、核算程序、担保等。第三,审计控制:管理流程审计、财务收支审计等。

2. 财务内部控制方法。财务控制方法是指实施内部控制所采取的手段、措施及程序等。不同组织、时期、经济业务、控制内容采用控制方法不完全相同,同一业务或控制内容,可同时采用几种不同的控制方法,这些控制方法在财务系统中是相互交叉、共同发生作用的。

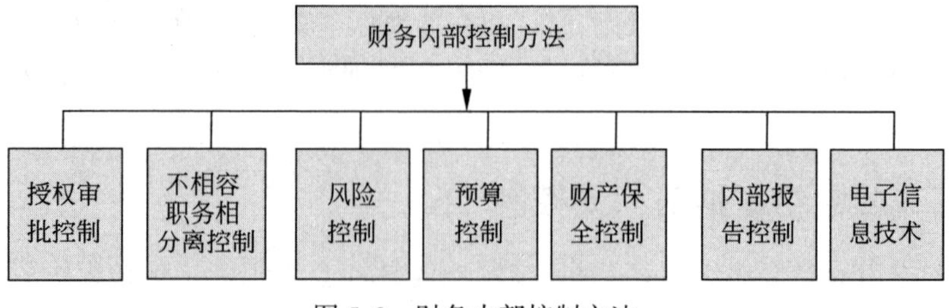

图 5.3　财务内部控制方法

3. 财务内部控制目标。财务控制控制目标是指内部控制对象应达到的目标或效果，主要包括：第一，有助于管理层实现组织发展战略和目标；第二，保护各项资产的安全和完整，防止流失；第三，保证经营管理信息和财务会计资料的真实完整；第四，有助于避免或降低经营和财务风险，防止欺诈和舞弊；第五，保证国家法律、规制的执行；第六，保障社会组织项目资金按既定用途使用。

（二）会计内部控制的做法

1. 建立会计控制制度原则。第一，符合法律和规制原则；第二，符合实际情况原则；第三，具有广泛约束性原则；第四，全面和系统性原则；第五，实行内部牵制原则；第六，讲究成本效益和动态信息反馈原则。

2. 会计控制制度步骤和方法。主要步骤包括：第一步，评估组织内部结构和外部环境；第二步，按系统论的方法和要求划分组织内部结构；第三步，找出所属系统活动过程中的关键环节；第四步，用文字形式形成内部会计控制制度。

主要方法包括：第一，内部牵制法：(1)体制牵制。(2)簿记牵制。(3)实物牵制。第二，一般控制法：人、财、物等要素合理配置。

3. 会计控制内容。会计控制是以财务部门为控制主体，依据组织管理规定、财务政策、预算、项目文件、标准等实施控制活动。会计控制内容主要包括：(1)预算控制。(2)货币资金控制(现金、银行存款、其他货币资金)。(3)实物资产控制(存货、固定资产)。(4)投资控制(债券、股票)。(5)采购控制、付款控制、往来账项控制。(6)筹资控制。(7)费用控制、工程项目费用控制。(8)担保控制。(9)其他。

第三节　社会组织财务会计核算与管理

财务会计核算是以货币为主要计量单位，对企业、单位一定时期的经济活动进行真实、准确、完整和及时的记录、计算和报告。社会组织财务会计核算主要是指社会组织对已经发生或已经完成的经济活动进行的事后核算和管理。我国《民间非营利组织会计制度》明确了社会组织会计核算的基本前提和保证会计信息质量的基本原则，在这些前提和原则下，需要具体处理的会计核算和管理事项主要包括会计财务处理，资产负债和净资产管理，以及收入和支出管理。其主要功能是会计对客观服务活动的表述和价值确定，以提供运营管理活动所需的会计信息。

一、会计账务处理要求

(一) 会计科目分类与设置

会计科目简称“科目”,按经济内容对资产、负债、净资产、收入、费用等五大会计要素作进一步分类。

1. 会计科目的分类。第一,按其反映经济内容不同,可分为资产类科目、负债类科目、净资产类科目、收入费用类科目等。资产类科目是反映社会组织拥有或者控制的经济资源的会计科目,如现金、存货等会计科目;负债类科目是反映社会组织债权人拥有权益的会计科目,如短期借款、应付账款等会计科目;净资产类科目是反映社会组织持有的资产净值的会计科目,如非限定性净资产和限定性净资产等会计科目;收入费用类科目是反映社会组织在业务活动中资金流入、流出的会计科目,如捐款收入和提供服务收入等收入会计科目;业务活动成本和管理费用等费用科目。

第二,按其隶属关系,可分为总账科目、明细科目。(1)总账科目,又称总分类科目、一级科目,是对资产、负债、净资产、收入和费用进行总括分类核算的会计科目。如现金、存货、短期借款、捐款收入、提供服务收入、业务活动成本和管理费用等均为总账科目。(2)明细科目,又称明细分类科目或二级科目,是对总账科目进一步分类的项目,它提供明细核算的指标,主要为社会组织内部管理服务。例如,“提供服务收入”一级科目,分成“学杂费收入”“医疗收入”和“培训收入”等;又如“管理费用”一级科目,分“限用”和“非限用”二级科目等。

有些总分类科目反映的经济内容比较广泛,可以在总分类科目下,先设置二级科目,根据需要,在二级科目下设置三级、四级或五级明细科目。

2. 会计科目设置的原则。主要包括:第一,符合会计学原理及法规和满足核算需要。第二,能够反映社会组织理念和经济活动特征。第三,核算结果应以资助者的关注意愿为本,有利于会计核算的进行并保持相对稳定。第四,保持经济的中立性和真实性,尽量避免明显带有营利性和政治性色彩。第五,做到既全面完整又不相互重叠,便于分类、排列和编号;第六,简捷明了易于公众解读和接受。

表 5.2　会计科目表

资产类科目	负债类科目	收入费用类科目
现金	短期借款	捐赠收入
银行存款	应付票据	会费收入
应收账款	应付工资	提供服务收入

续表

资产类科目	负债类科目	收入费用类科目
其他应收款	应交税金	政府补助收入
应收票据	应付账款	商品销售收入
坏账准备	其他应付款	投资收益
预付款项	委托代理负债	其他收入
存货		业务活动成本
存货跌价准备		管理费用
应收利息	净资产类	筹资费用
固定资产	非限定性净资产	其他费用
累计折旧	限定性净资产	
递延资产		

（二）会计凭证填制及其要求

会计凭证是记录经济业务、明确经济责任的书面证明，是登记账簿的依据。

1. 会计凭证的分类。会计凭证按照凭证填制程序和用途，分为原始凭证和记账凭证。第一，原始凭证。它是在经济业务发生时取得或填制的书面证明，是表明经济业务执行和完成情况的唯一合法凭据，也是填制记账凭证的根据。例如，购货发票、领料单、工资单、收款收据、银行结算单等。第二，记账凭证。它是会计核算人员根据审核后的原始凭证，按照会计制度要求确定会计核算分录的凭证，是登记账簿的依据。

2. 会计凭证的填制要求。第一，原始凭证应具备下列要素：凭证名称；填制日期；凭证编号；接受凭证单位的名称；经济业务的内容，包括品名、数量、单价、金额等；填制单位名称、经办人签章和单位财务公章。第二，记账凭证应具备的要素：填制单位的名称；凭证名称；填制日期；经济业务的内容摘要；会计核算科目的名称和金额；所附原始凭证的张数；制单、复核、记账人员的签章。记账凭证的基本格式，见图5.4。

记　账　凭　证　　　　第　号

20　年　月　日　　　　附单据　张

摘要	科目名称		金额（元）
	借方	贷方	

会计主管：　　记账：　　复核：　　制单：

图5.4　记账凭证

(三)会计账簿设置要求

账簿是以会计凭证为依据,序时、分类地登记全部经济业务的簿籍。设置和登记账簿是会计核算的中心环节。

1. 会计账簿设置。第一,总分类账。它是按照总账科目对单位全部财务核算要素进行总结分类登记的账簿,并控制各种日记账和明细账,简称总账。总账按照会计制度规定的总账会计科目设置账户,根据记账凭证或总账科目汇总表进行登记。总账的格式通常是三栏式。

第二,明细分类账。它是按照明细科目对单位某项会计核算要素进行明细分类登记的账簿,是总账的详细说明,简称明细账。明细账根据记账凭证及原始凭证汇总表进行登记。明细账的格式通常采用三栏式或多栏式。包括支出明细账、收入明细账、往来款项明细账、固定资产明细账、库存材料明细账等。

第三,日记账。它是按照经济业务发生的时间先后顺序,逐日逐笔登记经济业务的账簿。分为现金日记账和银行存款日记账。(1)现金日记账。它是核算现金收付结存情况的账簿,又称现金出纳账,通常为三栏式。由出纳人员根据现金收付的原始凭证按照业务发生的先后顺序,逐笔登记。每日结出余额与现金库存数核对,月末与总账“现金”科目核对。(2)银行存款日记账。它是核算银行存款收付结存情况的账簿,通常采用三栏式,由出纳人员根据银行收付的原始凭证按照业务发生的先后顺序,逐笔登记,并定期与银行对账单进行核对。

2. 会计账簿登记。第一,账簿扉页启用。内容包括:账簿名称、启用日期、账簿页数、记账人员姓名、财务会计主管人员签章等。记账人员调动时,应在表内注明交接日期、接办人员姓名、并由交接双方签章。

第二,账簿使用。以一个会计年度为期限,在新会计年度开始时,除资产部门的固定资产和库存材料等明细账,可爱年终结账后转给下年度使用以外,其他账簿必须建立新账,不能使用旧账。

第三,账簿种类。可分订本式和活页式。总账、现金日记账和银行日记账必须使用订本式账簿,明细账可使用活页式账簿。

第四,账簿登记要求。(1)根据审核无误的会计凭证登记,保证会计记录的正确性、完整性。(2)使用钢笔和蓝色或黑色墨水书写,不能使用铅笔或圆珠笔,红色墨水只能用于冲销错账、登记负数和改错或结账划钱时使用,保持账簿记录的清晰、耐久,便于保存防止涂改。(3)按照编定的页次,逐页逐行顺序连续登记,不能隔页或跳行登记,防止涂改科目,保证账簿记录严密性。如果发生隔页、跳行时,应将空页、空行用红线对角线划掉,加盖“作废”字样,并由记账人员签章。(4)每一张账页登记满后,应结出发生额合计和余额,并结转下页时,在摘要栏注明“过此页”,并启用下一张账页时,在摘要栏内注明“承前页”。(5)登记账簿发生错误应根据具体情况,使用正确的错账更正法,不能涂改、挖补、涂擦或用涂改液涂改。

3. 账务处理程序。账务处理程序是指各种会计凭证和账簿之间的相互联系和登记的程序。其程序是:第一步,根据原始凭证(或原始凭证汇总表)填制记账凭证。第二步,根据记账凭证及原始凭证登记现金日记账和银行存款日记账。第三步,根据记账凭证及原始凭证登记各种明细账。第四步,根据记账凭证编制科目汇总表。第五步,根据科目汇总表登记总账。第六步,根据总账和明细账编制财务会计报表。其中强调在总账与现金日记账和银行存款日记账之间、在总账与明细账之间,应当是一种可检查验证的逻辑对应关系(即勾稽关系)。见账务处理程序图(见图 5.5):

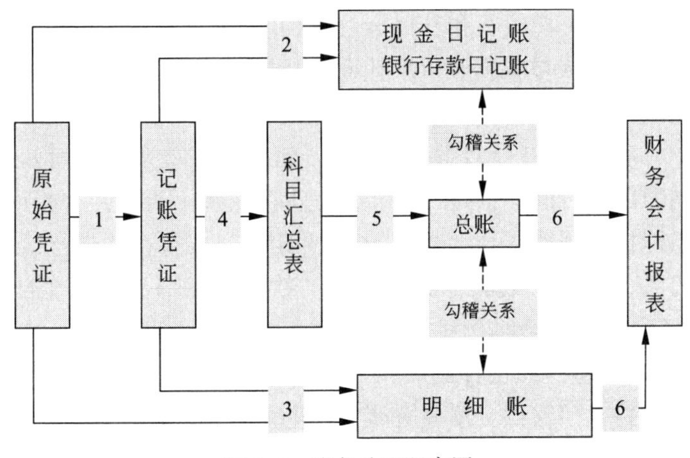

图 5.5　账务处理程序图

二、资产、负债和净资产管理

(一) 社会组织资产管理

1. 流动资产管理。流动资产管理主要是指社会组织对日常活动过程中所涉及的流动资产进行科目核算和管理,充分利用流动资产,提高运营效率的管理活动。流动资产是指预期可在 1 年内(含 1 年)变现或者耗用的资产,主要包括现金、银行存款、定期存款、应收款项、预付账款、存货、待摊费用等。

(1) 货币资金管理。货币资金是指社会组织在日常活动中由于各种原因而持有或保留的现金、银行存款等现金及现金等价物。主要包括社会组织持有现金的动机,现金管理的要求和转账结算。

采用现金结算需要执行国家颁布的《现金管理条例》,遵守对库存现金管理的有关规定:第一,钱账分管,会计和出纳分开。第二,建立现金交接手续,坚持查库制度。第三,遵守规定的现金使用范围。第四,遵守库存现金限额。第五,严格现金存取手续,不得坐支现金。

社会组织应当设置"现金日记账",由出纳人员根据收付款凭证,按照业务发生顺序逐笔登记。每日终了,应当计算当日的现金收入合计数、现金支出合计数和结余数,并将结余数与实际库存数核对,做到账款相符。每日终了结算现金收支、财产清查等发现的现金短缺或溢余,应当及时查明原因,并根据管理权限,报经批准后,在期末结账前处理完毕。

转账结算又称非现金结算,是指不直接用现金,通过银行进行转账进行的货币资金收付结算的方式。主要包括:汇兑结算、托收承付结算、委托收款结算、支票结算、银行汇票结算、商业汇票结算和银行本票结算等。

社会组织应按开户银行和其他金融机构、存款种类等,分别设置"银行存款日记账",由出纳人员根据收付款凭证,按照业务的发生顺序逐笔登记,每日终了应结出余额。"银行存款日记账"应定期与"银行对账单"核对,至少每月核对一次。月度终了,社会组织账面余额与银行对账单余额之间如有差额,必须逐笔查明原因进行处理,并按月编制"银行存款余额调节表"调节相符。

社会组织应加强对银行存款的管理,并定期对银行存款进行检查,如果有确凿证据表明存在银行或其他金融机构的款项已经部分或者全部不能收回的,应当将不能收回的金额确认为当期损失,冲减银行存款。

根据《民间社会组织会计制度》,社会组织应设置"现金""银行存款""其他货币资金"账户,可参照如下设置明细账进行明细核算。

表 5.3 现金、存款以及其他资金的账户设置

一级科目	二级科目	三级科目	四级科目	五级科目
现金	限用组 非限用组			
银行存款 其他货币资金	限用组 非限用组			

(2) 应收款项管理。应收款项是指社会组织在日常业务活动过程中发生的各项应收未收债权,包括应收票据、应收账款和其他应收款等。应收账款管理的主要内容包括:第一,应收账款的功能与成本管理。第二,信用政策的制定,要确定信用期限、现金折扣和应收政策。第三,应收账款的日常管

理，例如：调查客户信用状况、评估客户信用状况，如五C评估法，即品质（Character）、能力（Capacity）、资本（Capita）、担保品（Collateral）、行情（Condition）和信用评分法；催收应收账款；预计坏账损失，计提坏账准备，其主要方法包括：销货百分比法、账龄分析法和应收账款余额比率法等。

根据《民间非营利性组织会计制度》，社会组织应该设置“应收账款”“应收票据”“其他应收款”“预付账款”等账户，参照如下设置明细账进行明细核算。

表5.4　应收账款票据等账户设置

一级科目	二级科目	三级科目	四级科目	五级科目
应收账款 应收票据 其他应收款	限用基金 非限用基金	单位 个人名字		项目费用
预付账款	限用基金 非限用基金	单位		

（3）存货管理。存货是指社会组织在日常业务活动过程中持有以备出售或捐赠的，或者为了出售或捐赠仍处在生产过程中的，或者将在生产、提供服务或日常管理过程中耗用的材料、物资、商品等。存货管理的内容主要包括存货的功能与成本；存货资金定额的核定和存货日常管理等方面。

社会组织应当对存货定期进行清查盘点，每年至少盘点一次。对于发生的盘盈、盘亏以及变质、毁损等存货，应当及时查明原因，并根据社会组织的管理权限，经理事会、董事会或类似权力机构批准后，在期末结账前处理完毕。

社会组织应当按照规定对存货是否发生了减值进行检查。如果存货的可变现净值低于其账面价值，应当按照可变现净值低于账面价值的差额计提存货跌价准备，确认存货跌价损失并计入当期费用。如果存货的可变现净值高于其账面价值，应当在该存货期初已计提跌价准备的范围内转回可变现净值高于账面价值的差额，冲减当期费用。

根据《民间非营利性组织会计制度》，社会组织可按照存货的种类和存在形式设置明细账进行明细核算，参照如下设置明细账进行明细核算。

表5.5　存货账户设置

一级科目	二级科目	三级科目	四级科目	五级科目
库存材料 库存商品	限用基金 非限用基金	物资名称		

2. 固定资产管理

固定资产管理要求保证固定资产完整无缺,提高固定资产的使用效率,核定固定资产需要量,有计划地计提固定资产折旧,进行固定资产投资项目可行性预测等。固定资产是指同时具有以下特征的有形资产:为行政管理、提供服务、生产商品或者出租目的而持有的;预计使用年限超过 1 年;单位价值较高。固定资产管理的内容主要包括:

(1) 建立资产安全、完整的保障措施。包括:加强会计记录和台账记录管理;进行实物领用记录和日常维护管理;定期进行资产清查;购买相应的财产保险,确保保值增值;对盘亏、盘盈、转让、出售固定资产及时处置等。

(2) 加强固定资产营运措施。包括:通过出租、项目使用或租用、抵押等运营方式提高固定资产的使用效率;制定资产使用或租用管理办法;根据合理的低于市价或略高于成本价原则将收入及时入账,同时应结转相应的成本。

根据《民间非营利性组织会计制度》,社会组织应当根据固定资产定义,结合本组织的具体情况,制定适合于本组织的固定资产目录、分类方法、每类或每项固定资产的折旧年限、折旧方法,作为进行固定资产核算的依据,可参照如下设置明细账进行明细核算。

表 5.6　固定资产账户设置

一级科目	二级科目	三级科目	四级科目	五级科目
固定资产	办公设备 交通工具 房屋、建筑物 专用设备 文物和陈列品图书	设备名称		

3. 投资管理。投资管理主要是指社会组织在有关法律规定和许可范围内,利用现金、实物资产和无形资产等方式向其他单位的投资,以实现资产的保值和增值的过程。

(1) 投资目的。投资的目的是投资获利,实现闲置资金的价值增值,使投资基金增值,从而拓展本组织成长发展的更大空间。投资活动需要根据法律法规的要求,在合理合法的范围内从事投资活动。社会组织必须遵守《基金会管理条例》《捐赠法》《税法》等有关法律法规中对社会组织投资所做的明确规定和限制,从而保障资金用于慈善、公益事业,防止挪用慈善、公益资金搞商业投资,规避投资风险。

（2）投资管理基本原则。第一,风险小;第二,有一定的投资回报率;第三,保证基金增值。社会组织投资应遵循这三个基本原则,尽可能选择国库券、其他各种债券等,相对风险较小投资品种,保证投资基金增值。

根据《民间非营利性组织会计制度》,社会组织可设置“短期投资”“长期股权投资”“长期债权投资”“长期投资减值准备”等账户核算投资活动,可参照如下设置明细账进行明细核算:

表 5.7　投资类账户设置

一级科目	二级科目	三级科目	四级科目	五级科目
短期投资 长期股权投资 长期债券投资	非限用基金 固定资产基金 留本基金	国库券 其他债券	债券面值 债券折价 债券溢价	

（二）社会组织负债管理

负债是指过去的交易或事项形成的现时义务,履行该义务预期会导致含有经济利益或者服务潜力的资源流出社会组织。负债按其流动性分为流动负债、长期负债和受托代理负债等。

1. 负债管理原则。包括两条:第一,控制社会组织负债规模,保证不影响社会组织业务工作的开展。第二,对到期债务应及时进行清理和结算,维护结算制度及纪律的严肃性。

2. 负债管理应注意问题。第一是充分考虑财务风险,加强负债意识。第二是科学地、动态地确定贷款规模,大力提高资金的使用效率。由于社会组织承受债务负担的能力是有限的,如果借款规模过大,超过其财务承受能力,就会影响社会组织的正常运转,加大财务风险,因而,科学和动态地确定贷款规模对社会组织负债管理是至关重要的。

3. 负债管理内容。主要包括流动负债和长期负债的管理。流动负债是指将在1年内(含1年)偿还的负债,包括短期借款、应付账款、其他应付款、预收账款、应交税金等。长期负债是指社会组织向银行或其他金融机构借入的期限在1年以上(不含1年)的各项借款和其他各项长期应付款。

（1）流动负债管理。根据《民间非营利性组织会计制度》,社会组织可设置“短期借款”“其他应付款”“应付账款”“预收账款”“应交税金”等账户,可参照如下设置明细账进行明细核算。

表 5.8　流动负债类账户设置

一级科目	二级科目	三级科目	四级科目	五级科目
短期借款 应付账款 其他应付款 预收账款 应交税金	限用基金 非限用基金	单位名称 个人名字 税类名称	根据需要设置	

(2)长期负债管理。根据《民间非营利性组织会计制度》,社会组织可设置“长期借款”“长期应付款”等账户,可参照如下设置明细账进行明细核算。

表 5.9　长期负债类账户设置

一级科目	二级科目	三级科目	四级科目	五级科目
长期借款 长期应付款	限用基金 非限用基金	单位名称 个人名字 税类名称	根据需要设置	

(三) 社会组织净资产管理

社会组织净资产是指资产减去负债后的余额,也称基金。按照其是否受到限制,分为非限定净资产和限定净资产等。净资产管理的内容包括:

1. 非限定性净资产管理。社会组织应当在期末将当期非限定性收入的实际发生额、当期费用的实际发生额和当期由限定性净资产转为非限定性净资产的金额转入非限定性净资产。根据《民间非营利性组织会计制度》,社会组织可设置“非限制性净资产”账户,可参照如下设置明细账进行明细核算。

表 5.10　非限制性净资产账户设置

一级科目	二级科目	三级科目	四级科目	五级科目
非限制性净资产	指定用途 未指定用途	资本增值 资助 福利		

2. 限定性净资产管理。社会组织应当在期末将当期限定性收入的实际发生额转为限定性净资产。如果资产或者资产的经济利益(如资产的投资收益和利息等)的使用和处置受到资源提供者或者国家有关法律、行政法规所设置的时间限制或(和)用途限制,由此形成的净资产即为限定性净资产。

时间限制,是指资产提供者或者国家有关法律、行政法规要求民间社会组织在收到资产后的某一时期或某一特定日期之后才能使用该项资产；用途限制，是指资产提供者或者国家有关法律、行政法规要求民间社会组织将收到的资产用于某一特定的用途。根据《民间非营利性组织会计制度》，社会组织可设置“限定性净资产”等账户，可参照如下设置明细账进行明细核算。

表 5.11　限制性净资产账户设置

一级科目	二级科目	三级科目	四级科目	五级科目
限定性净资产	A 基金会 B 基金会	项目编号 研究 发展		

三、收入和支出管理

1. 社会组织收入管理。社会组织收入是指组织开展业务活动取得的、导致本期净资产增加的经济利益或服务潜力的流入。为了加强收入管理，需要对社会组织收入进行分类：

(1) 根据收入来源不同分为捐赠收入、会费收入、提供服务收入、政府补助收入、投资收益、商品销售收入等主要业务活动收入和其他收入等。

(2) 按照收入是否与其主要业务活动的关系，分为主要业务收入和其他业务收益。主要业务收入是指由社会组织非基本业务活动所取得的收入。它在社会组织的收入中占有较大比重，直接影响着其经济效益，主要业务收入的范围随着社会组织的性质的不同而不同，一般指捐赠收入、会费收入、提供服务收入、商品销售收入、政府补助收入、投资收益等。其他收入是指社会组织除主要业务活动收入以外的其他收入，如确实无法支付的应付款项、存货盘盈、固定资产盘盈、固定资产处置净收入、无形资产处置净收入等。

(3) 按照收入的使用是否存在限制，分为限定性收入和非限定性收入。限定性收入是指资产提供者对资产的使用设置了时间限制或者(和)用途限制而取得的收入。非限定性收入是指资金使用不受资金提供者所附条件限制和制约而取得的收入。社会组织的会费收入、提供服务收入、商品销售收入和投资收益等一般为非限定性收入，除非相关资产提供者对资产的使用设置了限制；

(4) 按照社会组织收入的形式，可分为货币性收入和非货币性收入。如政府拨款和社会各界捐赠的固定资产等，属于非货币性资产；如接受捐赠的现金，以及会费收入和商品销售收入等为货币性收入等。

(5) 按照收入是否自创，可分为自创收入和非自创收入。自创收入是指社会组织通过提供产品或劳务而向服务对象直接收取的收入以及通过投资而从受资方取得的收益。自创收入主要包括业务收入、经营收入和投资收益。对于自创收入,社会组织按照法定或约定的价格或收费标准取得,主要用于补偿业务支出。非自创收入是指社会组织接受的政府拨款和社会各界捐赠。对于这类收入,社会组织需要依法定程序申请或者采取措施获取。

收入管理是指对于组织获得的各项收入所进行管理的活动。社会组织可根据收入的性质和分类分别进行收入管理:第一,明确社会组织现行收入确认原则与国际惯例的差异。划分捐赠与捐赠以外的其他业务活动的界限,区别情况处理,主要是区分和界定捐赠与捐赠以外的其他业务活动,分别处理捐赠收入、资助收入和代收代付业务收入以及其他一些收入。第二,明确与国际惯例有差异的账务处理,包括处理好递延捐赠、递延收入、劳务捐赠、应收捐赠承诺款等账务处理。根据收入的不同特点进行分类,以真实反映资金来源的性质和渠道。第三,确保各项收入必须及时入账,统一核算,避免财产流失。第四,按照社会组织会计制度,设置账户并进行会计核算。

根据《民间社会组织会计制度》,按照收入来源分设置"捐赠收入""会费收入""提供服务收入""政府补助收入""投资收益""商品销售收入"和"其他收入"账户,可参照如下设置明细账进行明细核算。

表 5.12　收入类账户设置

一级科目	二级科目	三级科目	四级科目	五级科目
捐赠收入 会费收入 提供服务收入 政府补助收入 投资收益 商品销售收入 其他收入	限用收入 非限用收入	基金会 政府拨款 营运收入	项目编号 设备租赁收入 利息收入 会员会费 其他收入	项目费用

2. 社会组织支出管理。社会组织支出是指社会组织开展业务活动所发生、导致本期净资产减少的经济利益或者服务潜力的流出。它是为组织自身的生存发展和开展业务活动以实现其社会使命而发生的各种资金耗费。

社会组织的支出分类是多维度的,可根据实际确定资金支出的合理分类,可按照费用性质、区域、目标及项目等分别进行分类。(1)按资金支出用途可分为行政支出、筹款支出、项目支出和其他支出。(2)按资金支出项目地区分为北京地区支出、河北地区支出、甘肃地区支出和青海地区支出等。(3)按资金支出目标及项目分为研究支出、发展支出、教育支出和救援支出等。(4)根据《民间社会组织会计制度》,社会组织支出按照其功能分为业务活动成本、管理费用、筹资费用和其他费用等。

社会组织可根据不同费用的性质和分类分别进行支出管理和会计核算。社会组织支出的使用原则包括:第一,限定用途资金使用原则。主要是明确规定资金的用途和使用原则,强调必须遵循捐赠者的意愿、项目协约、执行项目活动内容和预算标准。第二,未限定用途资金使用原则。主要是关于限定范围以外的所有资金使用,必须在国家法律法规许可的范围内,根据社会组织业务范围及活动需要,勤俭节约,适度灵活,按实核销。

根据《民间社会组织会计制度》社会组织的支出需要设置“业务活动成本”“管理费用”“筹资费用”和“其他费用”账户,可参照如下设置明细账进行明细核算。

表 5.13　支出类账户设置

一级科目	二级科目	三级科目	四级科目	四级科目
业务活动成本	项目、服务或业务活动成本			
管理费用	董事会经费 行政管理人员的工资、奖金及津贴等福利费 住房公积金 住房补贴 社会保障费 离退休人员工资与补助 办公费 水电费 邮电费 差旅费 修理费等			
筹资费用	借款费用 汇兑损失或收益等			
其他费用	固定资产处置净损失 无形资产处置净损失等			

第四节　社会组织财务报表分析

财务报表分析是财务管理的重要环节,通过财务报表分析能评价组织过去的经营业绩、衡量现在的财务状况、预测未来的发展趋势。社会组织财务报表分析是以财务报表和其他资料为依据,运用系统科学的分析方法,对社会组织的财务状况、收支情况和现金流量进行比较、分析和评价,以帮助财务会计报表使用者正确评价社会组织绩效,掌握受托责任履行情况,预测未来财务状况、业务活动结果以及现金流量情况并进行营运决策的一项管理活动。

一、财务报表分析目的

社会组织财务报表使用者主要包括组织管理者、捐赠者、债权人、有关政府部门和机构、社会公众等,不同的财务报表使用者对财务报表所提供的信息有不同的要求。如组织管理者需要了解财务状况、现金流量项目进度及预算执行情况、管理决策依据;捐赠者需要了解资金安全,保障资金按既定用途使用;债权人需要了解收回到期债务、偿债能力;政府及相关机构需要了解法律、规制执行,资金筹集运用、分配情况、满足其监管的需要;社会公众需要了解财务诚信透明,未来发展,增强他们的投资信心等。因而,财务报表分析的目的主要包括:

1. 分析和掌握社会组织业务活动的效率情况。财务报表分析有助于组织管理者分析社会组织利用人力、物力、财力等资源从事业务活动的程度,如劳动效率、营运资金利用效率、固定资产利用效率的高低等。

2. 分析和衡量管理机构受托责任履行情况。一般情况下,社会组织的资金来源主要来自捐赠人的捐赠、会员缴纳的会费、向服务对象收取的服务费等,而且这些资金提供者在提供资金以后不再享有所有权(如资产处置权、受益权、分配权等)。但是,他们十分关注所提供资金的用途及其产生的效益,财务报表分析可有助于资金提供者深刻地了解社会组织控制的资产状况、负债水平、资金使用情况及其效果、现金流量等信息,了解管理机构受托责任的履行情况。

3. 分析和了解社会组织偿还长期和短期债务的能力。为了促进公益事业发展的需要,社会组织可以从组织外部借入资金,获得资金的使用权,并按期履行偿还本金,支付利息。财务报表分析有助于资金的债权人分析社会组织能否到期清偿其债务,了解社会组织偿还长期和短期债务的能力。

4. 分析和预测社会组织未来的发展趋势。通过不同年度的财务数据,结合本组织当前的内部条件和外部环境,有助于社会组织的相关政府部门、投资机构和社会公众等预测组织未来的业务活动情况和业务成果的趋势,为加强监管和指导,增强投资信心提供科学依据。

二、财务报表分析对象与方法

1. 财务报表分析的对象。第一,财务报表分析主体,包括社会组织管理者、捐赠者、债务人、捐赠者、债权人、有关政府部门和机构、社会公众等。第二,财务报表分析客体,包括社会组织财务状况、资金营运情况与趋势。第三,财务报表分析依据,包括资产负债表、收入表、支出表、组织财务计划、项目资金预算。

2. 财务报表分析的方法。适用的财务报表分析方法主要包括:比较分析法、比率分析法、趋势分析法等。

(1) 比较分析法。它是指通过实际数与基数的对比,测算出相互间的差异,从中进行分析、比较,找出产生差异的主要原因的一种分析方法。主要包括:本期实际指标与计划、预算指标的比较分析;本期实际指标与往期实际指标比较分析;本组织实际指标与同类型其他组织的实际指标比较分析。

(2) 趋势分析法。它是指将连续数期相同财务指标进行比较,分析变动趋势的方法。如:组织数年收入趋势分析、组织数年支出趋势分析等。

(3) 因素分析法。它是主要指针对项目实施中活动受其他影响进行变更调整、某些项目费用发生较大超支情况或其他重大会计事项,对其变更情况进行因素分析所采用的方法。

(4) 比率分析法。它是指将财务会计报表中某些彼此存在关联的项目进行对比,计算出比率,通过这些项目的逻辑关系揭示组织经济活动变动程度的方法。

三、财务报表分析指标

常用的财务报表分析指标包括流动性比率、筹资比率、营运能力比率和效率比率等。

1. 流动性比率。流动性比率是指将资产迅速转变为现金的能力。流动性是衡量一个社会组织支付能力的重要方面,流动性比率是反映社会组织短期偿债能力的重要指标,主要包括流动比率和现金比率。

流动比率是流动资产与流动负债之比。利用该指标可衡量社会组织流动资产在短期债务到期前可以变为现金用于偿还流动负债的能力,表明组织每1元流动负债有多少流动资产作为支付的保障。其计算公式是:

$$流动比率 = \frac{流动资产}{流动负债} \times 100\%$$

现金比率是指现金(各种货币资金)和短期有价证券与流动负债的比率。其计算公式是:

$$现金比率 = \frac{现金 + 短期有价证券}{流动负债} \times 100\%$$

由于现金及短期有价证券是流动资产中变现能力最强的项目,因此,现金比率是评价社会组织短期偿债能力强弱可信的指标。

2. 筹资比率。筹资比率反映社会组织筹集资金能力。主要包括捐赠比率和资产负债率。

捐赠比率是指捐赠收入总额与收入总额之比。捐赠比率反映社会组织收入总额中有多少是来自捐赠、每年的开支在多大程度上依赖捐赠。其计算公式是:

$$捐赠比率 = \frac{捐赠收入总额}{收入总额} \times 100\%$$

资产负债率是指社会组织负债总额与资产总额之比。其计算公式是:

$$资产负债率 = \frac{负债总额}{资产总额} \times 100\%$$

资产负债率反映社会组织全部资金中有多达比例是通过借款筹集的,是否应当需要还本付息,因此,这一比率能反映资产对负债的保障程度。

3. 营运能力比率。运营能力比率主要是反映社会组织资金运用的能力。主要包括回报率指标和运营净收益率指标。

回报率是指社会组织收入总额与资产总额之比。其计算公式是:

$$回报率 = \frac{收入总额}{资产总额} \times 100\%$$

该指标反映社会组织运用资产创造或实现收入的能力,从某种意义上说是一种"投资回报",说明社会组织每年投入 1 元的资产带给社会组织的收入,体现组织筹集资金活动的效率。

运营净收益率是指净收益与收入总额之比。其中,净收益一定时期收入总额与费用总额之差。其计算公式是:

$$运营净收益率 = \frac{净收益}{收入总额}$$

从以上公式可以看出,社会组织在增加收入额的同时,必须相应地获得更多的净收益,才能使营运净收益率保持不变或有所提高。通过分析运营净收益率的变动,可出促使社会组织在扩大收入的同时,注意改进管理水平,减低费用,提高运营净收益率。

4. 效率比率。效率比率是指分析社会组织财务和业务活动的比率,旨在揭示资金周转情况,资源的利用情况等,主要指标包括:应收账款周转率、存货周转率。

应收账款周转率是赊销净额与平均账款余额之比。该指标反映应收账款周转变现能力,说明应收账款流动的速度,表明一定时期内应收账款转化为货币资产的次数。其计算公式是:

$$应收账款周转率 = \frac{赊销净额}{平均应收账款余额} \times 100\%$$

$$平均应收账款余额 = \frac{期初应收账款余额 + 期末应收账款余额}{2} \times 100\%$$

应收账款周转率反映应收账款变现速度和管理的效率，应收账款周转率高说明回收迅速，即可节约资金，也说明组织信用状况好，不易发生坏账损失。

存货周转率是指使用的存货成本与平均存货之比，该指标反映了存货停留自爱社会组织的时间，显然，存货周转率越高，停留时间越短，说明资金周转速度越快，利用资源效率越高。其计算公式是：

$$存货周转率 = \frac{使用的存货成本}{平均存货} \times 100\%$$

其中：

$$平均存货=\frac{期初存货+期末存货}{2}\times100\%$$

第五节 我国社会组织会计制度

为了规范社会组织中的社会组织的会计行为，财政部于 2004 年 8 月 18 日发布并于 2005 年 1 月 1 日起开始执行《民间社会组织会计制度》。这个新制度适用于依照法律法规登记的社会团体、基金会、社会服务机构和宗教场所等。

一、会计制度的总体要求

1. 基本前提。会计制度的基本前提也就是是会计人员对经济活动进行会计核算的基本假设，它不仅是民间社会组织会计核算的基础性依据，也是我国民间社会组织会计制度的根本指导思想。这个新会计制度提出的会计核算基本前提主要有以下方面：

（1）会计格式。规定民间社会组织以权责发生制为会计核算的基础。凡是当期已经实现的收入和已经发生或应当负担的费用，不论款项是否收付，都应当作为当期的收入和费用；凡是不属于当期的收入和费用，即使款项已在当期收付，都不应作为当期的收入和费用。权责发生制以权利取得和责任完成作为收入和费用发生的标志，有助于正确计算组织的业绩。与以往的会计准则把会计核算基础作为一般原则的规定不同，我国的《民间社会组织会计制度》将权责发生制的会计格式，上升到基础和前提的地位来加以专门强调。

（2）记账方法。规定民间社会组织会计核算采用借贷记账法。借贷记账法是以“借”“贷”作为记账符号，对每一项经济业务，在两个或两个以上账户，以借贷相等的金额全面地、相互关联地反映的一种专门的复式记账方法。它以“资产总额=负债总额+所有者权益总额”这一平衡关系,作为设置会计科目、复式记账和编制资产负债表的依据;它根据复式记账的平衡原理,按会计报表要素将会计科目分为资产类、负债类、所有者权益类、损益等四类;它以“有借必有贷,借贷必相等”作为记账规则,保持借贷双方相互对应和金额相等。

(3) 会计主体。规定会计核算应当以民间社会组织的交易或者事项为对象,记录和反映该组织本身的各项业务活动。

(4) 持续经营。规定会计核算应当以民间社会组织的持续经营为前提。持续经营假设,为会计核算明确了时间范围,从而使民间社会组织会计核算有一个稳定的基础。

(5) 会计期间。规定民间社会组织会计核算应当划分会计期间,应当分期结算账目和编制财务会计报告。会计期间是指在会计工作中,为核算生产经营活动或预算执行情况所规定的起讫日期。会计期间分为年度、半年度、季度和月度。有了会计期间这个前提,才产生了本期与非本期的区别,才产生了权责发生制,才能正确贯彻配比原则,才能准确地提供财务状况的资料,才能进行会计信息的对比。

(6) 货币计量。规定民间社会组织会计核算应当以人民币作为记账本位币。业务收支以人民币以外的货币为主的民间社会组织,可以选定其中一种货币作为记账本位币,但是编制的财务会计报告应当折算为人民币。

2. 基本原则。这套专门会计制度明确规定社会组织会计核算必须遵循真实性、相关性、实质性、一致性、可比性、及时性、明晰性、配比性、实际成本、谨慎性、支出区分以及重要性等12个原则。

(1) 真实性原则,即会计核算应当以实际发生的交易或者事项为依据,如实反映民间社会组织的财务状况、业务活动情况和现金流量等信息。对于经济活动的记录和报告,不受会计人员主观意志的左右,避免错误并减少偏差。

(2) 相关性原则,即会计核算所提供的信息不仅应当满足组织决策者的需要,更应当能够满足包括捐赠人、组织的会员、各类监管者等外部会计信息使用者的需要。

(3) 实质性原则,即会计核算应当按照交易或者事项的实质进行,而不应当仅仅按照它们的法律形式作为其依据。在实际工作中,交易或事项的外在法律形式并不总能真实反映其实质内容。为了使会计信息真实反映组织财务状况,就不能仅仅依据交易或事项的外在表现形式来进行核算,而要反映交易或事项的经济实质。

(4) 一致性原则,即会计政策前后各期应当保持一致,不得随意变更。如有必要变更，应当在会计报表附注中披露变更的内容和理由、变更的累积影响数，以及累积影响数不能合理确定的理由等。

（5）可比性原则，即会计核算应当按照规定的会计处理方法进行，会计信息应当口径一致、相互可比。为了保证会计信息能够满足会计信息使用者的需要，便于比较不同组织的财务状况、经营成果和现金流量，只要是相同的交易或事项，就应当采用相同的会计处理方法，从而确保会计信息的横向的可比性和纵向的可比性。

（6）及时性原则，即会计核算应当及时进行，不得提前或延后。过时的会计信息的使用价值会大大降低，甚至无效。因此，在会计核算中，要求及时收集会计信息、及时对会计信息进行加工处理、及时传递会计信息，以满足各方面会计信息使用者的需要。

（7）明晰性原则，即会计核算和编制的财务会计报告应当清晰明了，便于理解和使用。在会计核算中只有坚持明晰原则，才能有利于会计信息使用者准确、完整地把握会计信息的内容，从而更好地利用。

（8）配比性原则，即在会计核算中，所发生的费用应当与其相关的收入相配比，同一会计期间内的各项收入和与其相关的费用，应当在同一会计期间内确认、计量并登记入账。

（9）实际成本原则，即资产在取得时应当按照实际成本计量或者按照特别规定的计量基础进行计量。其后，资产账面价值的调整，应当按照已经有的规定执行。除法律、行政法规和国家统一的会计制度另有规定的外，民间社会组织一律不得自行调整资产账面价值。

（10）谨慎性原则，即会计核算应当遵循谨慎性原则。要求组织在面临经济活动中的不确定因素的情况下做出职业判断并处理会计事项时，应充分估计风险和损失，不高估资产或收入也不低估负债或费用。对于预计会发生的损失应计算入账，对于可能产生的收益则不预计入账。做到既不致虚增账面利润，也不夸大所有者权益。

（11）支出区分原则，即会计核算应当合理划分应计入当期费用的支出和应当予以资本化的支出，将组织的运营性支出和资本性支出区分开来。运营性支出是指为了组织的相关活动而发生的费用，应计入当期成本，并在会计核算中得到反映，以正确计算当期组织业绩；资本性支出是指为当期、主要是为以后会计期间收入的取得而发生的费用，应反映在资产负债表中，根据其与以后各期收益的关系，将其价值分摊到以后各会计期间，以真实地反映组织的财务状况。

（12）重要性原则，即会计核算应当对资产、负债、净资产、收入、费用等有较大影响,并进而影响财务会计报告使用者据以做出合理判断的重要会计事项,必须按照规定的会计方法和程序进行处理,并在财务会计报告中予以充分披露;对于非重要的会计事项,在不影响会计信息真实性和不至于误导会计信息使用者做出正确判断的前提下,可适当简化。

二、对特别事项会计处理的规定

我国《民间社会组织会计制度》对于捐赠和政府补助、受托代理业务、文物文化资产、资产减值会计、净资产的分类与列报、收入的确认、费用的确认与列报等民间社会组织特有或者特殊的交易或事项的会计处理做出了规定。

1. 关于捐赠和政府补助的会计处理。民间社会组织接受的捐赠不能作为资产,而应当将其确认为收入并在业务活动表中予以记录,以完整反映其收入来源和业务活动开展情况。如果将其接受的捐赠作为净资产确认,将会有很大一部分收入无法在业务活动表中反映出来,既不利于真实、完整地反映民间社会组织的业务活动情况,也不利于衡量管理者的经营业绩。

与此同时,应当针对无条件捐赠和附条件捐赠分别进行处理。对于无条件的捐赠或政府补助,应当在捐赠或政府补助收到时确认收入;对于有条件的捐赠或政府补助,如果存在需要偿还全部或者部分捐赠资产(或者政府补助资产)或者相应金额的现时义务时,应当在确认收入的同时,相应就需要偿还的金额,确认一项负债和费用。

2. 关于受托代理业务的会计处理。民间社会组织所从事的受托代理业务,是指民间社会组织只是从委托方收到受托资产,并按照委托人的意愿将资产转赠给指定的其他组织或者个人,或者按照有关规定将资产转交给指定的其他组织或者个人的行为。

显然,受托代理业务与接受捐赠业务有本质上的差别。因此,进行会计处理时,应当将受托代理业务与捐赠业务相区分,民间社会组织因从事受托代理业务而获得受托代理资产时,不应当确认收入,因为受托代理交易不会增加民间社会组织的净资产。具体会计处理时,制度规定组织应当对受托代理资产进行确认和计量,在确认一项受托代理资产时,应当同时确认一项受托代理负债。

3. 关于文物文化资产的会计处理。不少民间社会组织拥有艺术品和历史文物等,比如基金会接受捐赠的字画和其他艺术品、博物馆的艺术品及文物收藏和寺庙拥有的历史文物等,主要用于展览、教育或研究等目的,通常不对外捐赠或销售。从实务情况看,大量的民间社会组织并没有将其纳入表内核算,有些甚至连基本的实物登记和管理制度都没有,导致这些文物文化资产管理上的混乱。

我国制度规定，对于用于展览、教育或研究等目的的历史文物、艺术品，应当作为固定资产核算，并要求单设“文物文化资产”科目进行核算，在资产负债表的固定资产大类下单列项目予以列报。但考虑到这些资产的价值一般不会随时间的推移而减少，所以，对于文物文化资产，不必计提折旧。

4. 关于固定资产折旧的会计处理。在会计实务中，民间社会组织参照事业单位会计制度，固定资产不计提折旧。但是，固定资产不计提折旧一方面无法反映固定资产的损耗情况，导致资产价值和净资产价值的高估；另一方面，固定资产不计提折旧，也使得民间社会组织每期业务活动表中的成本、费用低估，不利于如实反映组织的经营业绩。因此，我国规定，民间社会组织应当对固定资产计提折旧，在固定资产的预计使用寿命内系统地分摊固定资产的成本。

5. 关于资产减值会计处理。以往，民间社会组织对于所发生的资产减值损失，一般都不予确认。这一会计处理原则已经导致组织的一些长期无法收回的应收款项继续挂账和资产价值高估。因此，新制度规定，民间社会组织应当定期或者至少每年年度终了，对短期投资、应收款项、存货、长期投资等资产是否发生减值进行检查，如果这些资产发生了减值，应当计提减值准备。考虑到民间社会组织的固定资产、无形资产等其他长期资产，发生减值的可能性较小，而且其减值损失的计量也相对比较困难，所以，该制度原则上不要求计提减值准备，但是如果固定资产或者无形资产发生了重大减值，则应当计提减值准备，确认减值损失。

6. 关于净资产的分类处理。由于民间社会组织一般既没有所有权属于出资者的投入资本，也没有针对出资者的分配，所以，民间社会组织的净资产来源基本上都为其所获得的收入扣减相应的费用后的余额。民间社会组织的这种组织特征决定了它对于净资产的分类与列报与企业有明显不同。

既然民间社会组织的净资产主要来自于收入减去费用后的余额，而在构成民间社会组织收入来源的相关资产中，则又因其使用是否受到限制而在性质上有所不同。所以，将民间社会组织的净资产按照其资产的使用是否受到限制而分为限定性净资产和非限定性净资产，将有助于向会计信息使用者提供较为有用的信息，有利于会计信息使用者据以判断在民间社会组织的净资产中，有多少属于其使用受到资产提供者等限制的，有多少属于不受限制的，是民间社会组织可以自由支配和使用的。

7. 关于收入的确认处理。从国际上来看，一般是将民间社会组织的收入区分为交换交易所形成的收入和非交换交易所形成的收入两类。我国新制度借鉴了国际上的这一通行做法，在规范收入确认原则时，亦区分交换交易和非交换交易并进行规范。对于交换交易形成的收入的确认原则,与我国企业会计准则中的收入确认相一致;对于非交换交易形成的收入,则规定在符合以下3个条件时才能予以确认:与交易相关的含有经济利益或者服务潜力的资源能够流入民间社会组织并为其所控制,或者相关的债务能够得到解除;交易能够引起净资产的增加;收入的金额能够可靠地计量。

8. 关于费用的确认与列报。由于我国新制度规定的会计核算基础为权责发生制,而且业务活动表的主要功能是用以评价民间社会组织的经营绩效,因此,该制度要求在对费用的会计核算中,应当严格区分业务活动成本和期间费用,将两者分别列报。其中,业务活动成本,是用于归集民间社会组织开展项目活动或者提供服务所发生的费用;对于民间社会组织为了组织、管理其业务活动和为筹集业务活动所需资金而发生的费用,制度规定应当确认为当期费用,分别计入管理费用和筹资费用。

三、社会组织财务会计报告

1. 财务会计报告的分类。财务会计报告是反映民间社会组织财务状况、业务活动情况和现金流量等的书面报告。财务会计报告分为年度财务会计报告和中期财务会计报告。以短于一个完整的会计年度的期间(如半年度、季度和月度)编制的财务会计报告称为中期财务会计报告。年度财务会计报告则是以整个会计年度为基础编制的财务会计报告。

财务会计报告由符合《民间社会组织会计制度》格式、种类和内容要求的会计报表、会计报表附注和财务情况说明书组成。在编制中期财务会计报告时,应当采用与年度会计报表相一致的确认与计量原则。中期财务会计报告的内容相对于年度财务会计报告而言可以适当简化,但是不能遗漏重要财务信息。财务会计报表至少应当包括三张报表:(1)资产负债表。(2)业务活动表。(3)现金流量表。

2. 会计报表附注的内容。(1)重要会计政策及其变更情况的说明。(2)理事会或者类似权力机构的成员和员工的数量、变动情况以及获得的薪金等报酬情况的说明。(3)会计报表重要项目及其增减变动情况的说明。(4)资产提供者设置了时间或用途限制的相关资产情况的说明。(5)受托代理交易情况的说明,包括受托代理资产的构成、计价基础和依据、用途等。(6)重大资产减值情况的说明。(7)公允价值无法可靠取得的受赠资产和其他资产的名称、数量、来源和用途等情况的说明。(8)对外承诺和或有事项情况的说明。(9)接受劳务捐赠情况的说明。(10)资产负债表日后非调整事项的说明。(11)有助于理解和分析会计报表需要说明的其他事项。

3. 财务情况说明书的内容。(1)民间社会组织的宗旨、组织结构以及人员配备等情况。(2)民间社会组织业务活动基本情况,年度计划和预算完成情况,产生差异的原因分析,下一会计期间业务活动计划和预算等。(3)对民间社会组织运作有重大影响的其他事项。

4. 关于合并会计报表的要求。民间社会组织对外投资,而且占对被投资单位资本总额50%以上(不含50%),或者虽然占该单位资本总额不足50%但具有实质上的控制权的,或者对被投资单位具有控制权的,应当编制合并会计报表。

5. 对财务会计报告的要求。(1)民间社会组织的年度财务会计报告至少应当于年度终了后4个月内对外提供。如果民间社会组织被要求对外提供中期财务会计报告的,应当在规定的时间内对外提供。(2)会计报表的填列,以人民币"元"为金额单位,"元"以下填至"分"。(3)民间社会组织对外提供的财务会计报告应当依次编定页数,加具封面,装订成册,加盖公章。封面上应当注明:组织名称、组织登记证号、组织形式、地址、报表所属年度或者中期、报出日期,并由单位负责人和主管会计工作的负责人、会计机构负责人(会计主管人员)签名并盖章;设置总会计师的单位,还应当由总会计师签名并盖章。

结语。随着社会组织的快速发展,社会组织必须十分重视提升自身的财务管理能力,更好地完成社会组织的财务管理目标。社会组织财务管理能力的提高,第一,需要明确社会组织财务管理目标,区别其与营利性组织财务管理的特征和功能。第二,需要根据社会组织的经营战略和经营计划,运用科学的财务预算管理的方法和流程进行财务预算和制订财务计划,以提升财务计划和财务决策能力;第三,需要建立有效的会计内部控制机制确保国家规制、项目协议或营运方针执行,避免或降低各种风险,提高管理效率,以提升财务控制能力。第四,需要建立科学规范的财务会计核算制度和符合社会组织实际的财务会计管理内容,确保社会组织的各项财务活动有章可循并有效进行,以提升财务核算能力。第五,需要建立健全的财务报告体系,了解不同财务报表使用者的需要,运用适用的财务分析方法进行科学的财务分析,以提升财务分析能力。因此,对于本章财务预算、财务控制、财务核算和财务分析等相关知识的掌握和运用将有利于综合提升社会组织财务管理能力。为了规范社会组织中的社会组织的会计行为,国家财政部于2005年1月1日起开始执行《民间社会组织会计制度》。这个制度适用于我国依照法律法规登记的社会团体、基金会、社会服务机构和宗教场所等,标志着我国社会组织会计规范体系建设迈出了重要的一步。

第六章　社会组织人力资源管理能力

社会组织人力资源工作包括其对内部员工和志愿者的管理服务。社会组织人力资源工作的优点是可借助员工和志愿者自动自发的公益慈善热情，难点是无法完全搬用商业组织的激励机制。社会组织针对员工的人力资源工作主要包括员工素质模型建构、人力资源配置、职业生涯规划、岗位分析与人员规划、招录与培训、薪酬与福利、绩效评估、劳动关系、员工管理制度等内容。志愿者是社会组织很重要的辅助性资源，作为社会组织人力资源的特殊构成，无论管理还是服务都具有鲜明的自身特点和方法。

第一节　社会组织人力资源管理概述

一、社会组织人力资源构成

一般意义上的人力资源是指，有助于特定组织达成任务目标的具有智力和体力劳动能力的人们的总和。社会组织人力资源是指与一个社会组织形成一定约定关系，具体落实组织宗旨和使命，帮助组织承担和达成任务目标的人员总和。社会组织的人力资源包括内部人员和从外部招募的志愿者两大对象群体，以其中的内部人员为主。社会组织的内部人力资源一般包括理事会决策团队、管理团队和一线工作人员。外部人力资源是那些出于个人自愿而非义务或法律责任，不图获取报酬，以自己的劳动来帮助社会组织达成任务目标的志愿人员。

社会组织人力资源管理，是社会组织依据法律规定对人力资源对象进行规划、录用、任用、工资、保障等管理活动和过程的总和。它利用现代人力资源管理理论，运用相应机制方法，根据组织发展目标，持续进行人力资源的获得、整合、调控、开发等工作，在使命与宗旨的精神杠杆基础上，施加合理恰当的物质激励，以满足组织履行使命和宗旨需要的过程。社会组织人力资源管理的近期目标是：(1)吸引、招募合适的潜在员工。(2)激励员工。(3)留住所需员工。(4)提高组织效率，改进工作质量。(5)帮助员工在组织内发展。长远目标是为组织的生存、可持续发展、保持强有力竞争力提供人力资源保障。

二、社会组织人力资源管理特点

与商业机构人力资源管理不同，由于社会组织不以获利、分利为目的，具有公益性特点,决定了社会组织人力资源工作的特殊性质。员工往往带着自己的公益慈善理念和社会使命感进入组织,一般没有明显和直接的经济利益动机,其员工群体的公益慈善自觉性和热情一般要高于道德品质要高于社会整体人力资源的平均水平。因此,在社会组织人力资源管理每一个环节上,都体现着社会组织的宗旨和使命目标,体现着组织和员工在公益理想和慈善追求上的共鸣。这些特征也使得社会组织的人力资源管理将随之具有自己的个性特点。

社会组织人力资源管理的最大优点与难点在于:既要激励员工的工作热情,又要赋予工作以特殊的意义。社会组织人力资源管理具有自身特点,具体表现为以下几个方面①:

第一,素质要求的特殊性。由于社会组织不以获取利润为目的,是为社会公益或共益服务的独立机构,因而它具有较高的社会使命感。所以,对社会组织的成员素质应该有特殊要求,其益慈志向要高于社会平均水平。社会组织活动应该有很高的自愿参与成分,成员之间要有很强的团队合作精神,成员个人要有很高的道德自律。

第二,培训过程的特殊性。由于对社会组织人力资源的素质要求不同于一般组织的人力资源,因而在其获取、使用与管理中也必然有所区别。培训内容除了一般意义上的技能培训与岗位培训,更需要侧重于使命感培训、责任感培训和益慈理念的价值引导。

第三,激励方式的特殊性。与营利企业相比,社会组织成员个人与组织之间缺少直接的经济利益相关性。因此,在对成员约束和激励过程中,社会组织员工更偏好于稳定的工作、被委以责任、获得肯定和赞誉等,因而目标激励、人本管理、文化建设及柔性管理显得更为重要。一方面,要通过倡导组织文化、设定组织目标将个体凝聚起来,以组织行为带动和约束个体行为,呼唤起个体成员的责任感和使命感,并用员工认同感使其感到自身价值。另一方面,要贯彻人本管理理念,实行柔性管理,而不是热衷于制度、结构和模式。

第四,绩效评估的特殊性。由于社会组织的目标不确定和紧迫感相对较弱,从而使得社会组织的人力资源绩效评估与一般组织也有所不同,主要表现在:绩效评估不一定与物质激励直接挂钩;绩效评估过程中,定性的方法一般要多于定量的方法;对于员工贡献的评价,不应看重短期收益,而是要看重长远贡献。

第五,管理策略的特殊性。社会组织人力资源管理在策略上更强调价值

---

① 袁凌、孙俊杰:《社会组织人力资源管理面临的挑战》,载《企业经济》,2003 年第 6 期。

体系和使命感的作用;更强调人力资源管理和责信度管理相结合。由于社会组织的原动力来源于它的价值体系,更强调一种公益性、慈善性和志愿性;而理想主义和使命感是社会组织的凝聚力之所在,能赋予社会组织以明确目标,激励其工作人员,并能为其活动争取到财务和公共支持。所以,社会组织人力资源管理在策略上更强调价值体系和使命感的作用,强调员工对社会组织工作计划和社会使命的献身精神,注重价值体系和使命感对员工的激励和凝聚作用。

与此同时,在日常人力资源管理操作中,社会组织的人力资源管理在管理策略上更强调人力资源管理和责信度管理相结合。责信度管理的伦理守则为:无私的社会承诺、恪遵法令规章、道德承诺、公益使命优先、尊重个人的价值和尊严、包容社会的多元性并维护社会公平、开诚布公的做法、慎用社会资源等。人力资源管理和责信度管理相结合有利于社会组织员工将工作与使命、满足社会期待结合起来,提高员工的容忍力,从而有利于社会组织形成彼此信任和负责的组织文化。

三、社会组织人力资源管理主要环节

根据实际情况,参照人力资源管理一般理论,社会组织人力资源管理的主要环节包括:员工素质模型建构、人力资源配置、职业生涯规划、岗位分析与人员规划、招聘与录用、培训与开发、绩效测评、薪酬与福利等主要内容。其中,社会组织员工素质模型建构,是一项重要的基础性工作。

1. 员工素质模型建构。所谓员工素质模型(Competency Model)兴起于20世纪60年代末70年代初,由哈佛大学的戴维·麦克兰德提出。员工素质模型对于人员担任某种工作所应具备的素质及其组合结构有明确的说明,不仅能够满足现代人力资源管理的要求,也能成为从外显到内隐特征进行人员素质测评的重要尺度和依据,从而为实现人力资源的合理配置提供科学前提。员工素质模型是人力资源管理的基础和起点;在实际应用中,为人力资源管理部门提供最具多功能的管理工具之一,成为组织发展工作的焦点之一。

国外员工素质模型相关研究主要集中在:(1)把员工素质视作一种人力资源工具加以研究。(2)不同行业不同种类员工素质要素探讨。(3)员工素质简要模型的构建方法及其相关测评技术。如BEI,即行为事件访谈方法是建立员工素质模型最常用的有效的方法。(4)员工素质模型在实际当中的运用。总体来看,国外在员工素质理论和实践上的探索都是从有效的人力资源管理角度来加以分析的,是对人力资源管理研究的深化。

国外常见的模型和做法有以下几种:(1)构建流程,其程式一般为:问题→标准→访谈→建立数据→初步模型→反馈→确定模型。(2)员工必备素质要素组合，常见的有灵活性、成就导向、服务精神、影响力、思维力、理解力、自信力、领导力、专业能力、沟通力、主动性等等，并根据不同行业不同岗位增删若干要素。(3)根据不同行业、企业、岗位和人力资源管理环节，素质模型呈现多样性。常见的有表格式、网络式、条状式等。

知识链接 6.1　社会组织员工素质模型构建

社会组织员工素质模型更注重品德、专业能力、组织宗旨认同、同情心等。因此，必须根据国内外社会组织蓬勃兴起发展及其有效的人力资源管理系统的特殊性要求，在综合分析国内外有关研究的基础上，来探索如何建立社会组织员工素质模型。一般认为，可从社会组织特殊的人员结构方面，通过调查法、规范研究和实证研究相结合、定性与定量相结合的方法，探索员工、管理者的胜任特征等理论基础和方法问题，深入研究提炼建立和测评社会组织的人力资源管理工作者的素质模型。从而提出具体的员工素质要求，在此基础上进一步提出社会组织员工招聘和选拔、培训、绩效考核和激励机制的管理对策，建构适合我国社会组织要求的员工素质模型。并以其作为社会组织实施人力资源开发与管理的依据，从而增强社会组织人力资源管理效率。员工素质模型的构建是社会组织人力资源管理系统的核心与关键。在此基础上构建社会组织员工素质模型，该模型涉及社会组织中的领导层、经营管理层、普通工作层，有酬员工与无酬员工，高酬员工与低酬员工。建立的步骤为：(1)通用员工素质模型的构建。主要考察道德品质、责任使命、奉献沟通和工作能力等因素，体现与营利组织的同一和差异。(2)有酬员工的素质模型构建。他们的薪酬水平一般较低，在激励不足情况下还要补充考察他们的通用素质。(3)无酬员工素质模型的构建。这是社会组织员工的主体，结合岗位素质要求，把握员工深层次需求，挖掘多方面激励因子，根据马斯洛人性观、需要层次理论以及自我实现理论，构建起独特的无酬员工素质模型。(4)经营管理人员的素质模型构建，着重把握与营利组织经营管理人员素质的同一性与差异性。同一性强调经营管理经验和能力等素质要素，差异性则强调更高的道德品质、感召力、沟通力和凝聚力等素质要素。

（资料来源：边慧敏，钟慧：《社会组织员工素质模型建构初探》，载《财经科学》，2004 年第 6 期）

2. 人力资源配置。按照社会组织人力资源的配置格局和角色特点，一个社会组织大体可以分为三个基本层次：一为领导层，负责决策和指导；二为管理层，负责配置和组织资源；三为执行层，负责落实和完成工作。其中，领导层和管理层是社会组织人力资源配置的核心。一个社会组织管理层通常包含了三种角色：秘书长、部门主管、项目主管。社会组织管理层的主要职能包括五个方面：计划、组织、人员配备、指挥、控制。

3. 员工职业生涯规划。职业生涯是一个人在其生活中所经历的一系列职位、职务或职业的集合或总称;从主观上看,是指人的生涯,即一个人一生中的价值观、为人处世的态度和动机的变化过程。职业生涯规划,指的是员工通过一定的方式和途径,对自己的职业生涯进行规划,以实现所选定的职业目标的过程。个人职业生涯规划关系到个人的自我概念和满意感。职业生涯本质就是人们的自我概念与外界环境现实合为一体并不断达到满意的过程。

为最大限度地调动员工的能力,社会组织应有帮助每位员工不断成长和获得职业发展机会的战略设计。通过社会组织整体及其活动帮助员工确立职业生涯规划,可以使员工更加坚定自己的信念,在组织的宗旨下努力工作。社会组织应该帮助员工进行职业生涯规划:提供员工制定自己职业生涯规划所需的职业生涯规划模型、信息、条件、指导;引导员工的规划与组织的宗旨密切结合,并与组织的总体战略相一致;为员工和管理者提供建立职业生涯所需要的培训和相应的工具等。

社会组织还需要对认同组织宗旨的职业生涯发展进行管理,包括三个纬度:(1)横向,跨越不同岗位的调动,即工作轮换。(2)纵向,沿着组织等级层系,跨越等级边界,获得职务晋升。(3)核心度方向,通过某种非正式联系,以接近组织决策核心从而增大影响力。

第二节　社会组织员工管理

有酬员工是社会组织的人力资源工作的主要对象。社会组织员工管理的主要环节包括:社会组织岗位分析与人员规划、招录与培训、薪酬与福利、绩效评估、劳动关系、员工管理制度等主要内容。

一、社会组织岗位分析与人员规划

(一) 社会组织岗位分析

社会组织人力资源的岗位分析是指,对社会组织中某个特定工作岗位的目的、任务或职责、权力、隶属关系、工作条件、任职资格等各种相关信息进行收集与分析,以便对该岗位的工作做出明确规定,并确定任职者资格的过程。社会组织人力资源岗位分析的必要性与时机在于:(1)需要招聘新员工时,发现很难确定用人的标准。(2)缺乏明确完善的书面职位说明,对岗位的职责和要求不清楚。(3)虽然有书面的岗位说明,但与实际工作情况不符,很难按照它去实施。(4)经常发生推诿扯皮、职责不清或决策困难等现象。(5)刚刚经过了组织机构和工作流程的调整。(6)当需要对员工进行绩效考核时,发现没有根据岗位确定考核的标准。(7)当需要建立薪酬体系时,发现无法将各个职位的价值进行评价。

社会组织人力资源岗位分析需要的信息包括:工作活动、工作中人的行为、辅助工作用具、工作的绩效标准、工作环境(软硬件)和工作对人的要求。社会组织人力资源岗位分析的方法包括:结构性方法、半结构性方法、非结构性方法三种。社会组织人力资源岗位分析的结果是进行岗位描述。岗位描述是社会组织内某一具体岗位的任务、义务、角色、职责的清单。通常岗位描述由管理人员在招聘员工之前写好,并随着工作职位的变化进行调整。岗位描述能明确社会组织对员工或理事的各种期望,帮助员工或理事了解自身的本职工作内容,也便于管理人员评价员工的工作完成情况。岗位描述的具体表现形式为岗位说明书和工作规范。岗位说明书界定工作职责和任务,其主要内容包括:工作名称和编号;工作综述;工作职责(百分比)与任务;工作的绩效标准;报告关系;工作的权限;工作条件。工作规范界定任职资格(如知识、经验、技能等)。在书写工作规范时,可以根据职位承担者的任职资格(如学历、经验、技能等),也可以以受过/未受过训练者为对象(如几年工作经历),还可以根据有经验的员工的主观判断。

(二)社会组织工作设计

社会组织工作设计是指对工作完成的方式进行界定的过程。为了有效地进行工作设计,一个人必须全面了解工作的当前状态(通过岗位分析)以及它在范围更广的社会组织内部的整个工作流程中的位置。目前在社会组织人力资源管理中比较强调激励型工作设计法。激励型工作设计法有五个核心维度:(1)技能多样性:要为员工安排不同类型的活动,发展员工不同的技能。(2)任务同一性:要为员工安排一整套条块分明的工作,使员工熟悉某个岗位工作的整个流程。(3)任务重要性:要让员工了解他们工作的重要性和工作所产生的影响。(4)工作自主性:在工作中给予员工一定程度的自由度、独立性、判断力。(5)工作反馈:让员工在完成工作时获得自己绩效的直接和明确的信息。

激励型工作法通过岗位设计刺激员工的追鲜心理,可期产生良好的效果:员工积极性高,对岗位新鲜感强,满意度高,投入积极性高,工作绩效好。具体做法包括:(1)工作轮换。当员工觉得一种活动不再具有挑战性时,轮换到同一水平、技术要求相近的另一个岗位上。(2)范围扩展。视业务发展需要适当增加员工的工作类别数量。(3)责任增加。指对工作内容的纵向扩展,增加责任、独立性和反馈,如任务组合、让一个员工负责一个独立而有意义的工作整体、给予责任和控制权、加强反馈。

(三) 社会组织人员规划

社会组织人员规划是指,根据社会组织的宗旨和近期的战略目标,科学地预测社会组织在未来环境变化中人力资源供给与需求的状况,制定必要的获取、利用、保持和开发人力资源的策略,确保社会组织对人力资源在数量和质量上的需求,使组织和个人的长远利益得到保证。社会组织人员规划的必要性在于:(1)社会组织中的职位空缺是经常现象,需要对人员补充作出规划。(2)员工流动率的存在,需要经常录用新人。(3)社会组织的活动往往以项目形式开展,临时性强,需要提前做规划。(4)人力资源规划可以减少不确定性。

社会组织人员规划的内容主要包括人力资源供求分析,人力资源总量规划,人力资源结构优化规划和人力资源素质提升规划,以及实现人力资源规划目标的具体措施,如:人员补充计划、人员使用计划、升/降职计划、教育培训计划等单项计划。社会组织人员规划程序包括:信息收集、人力资源需求/供给预测、制定单项业务规划、反馈与调整等。其中,科学而准确地预测社会组织在未来环境变化中人力资源供给与需求状况,是非常重要的环节。社会组织应在人员需求预测基础上确定人员招聘的职位和数量。社会组织人员需求预测应考虑因素有:组织内部状况,如预计的员工流动率、员工的素质和技能、组织变化、财政状况和组织文化;组织外部状况,如国家、地方、行业有关的就业情况和人力资源求业情况。

二、社会组织员工招录与培训

(一) 社会组织员工招聘与录用

社会组织员工招聘是实现组织目标的战略过程,通过招聘,将那些符合本组织宗旨和文化,并能在本组织中施展才华的人们吸引进来;招聘同时也是一个和同行竞争的过程,可以借机宣传组织,扩大组织影响力。社会组织员工招聘的一般原则有两个:一是要找最合适的人,而不是最好的人;二是要明确到底需要什么样的人?应该具备什么资格和技术?

影响社会组织员工招聘的因素主要有三个:社会组织的人力资源政策、招聘渠道和来源以及招聘者的特质。其中,社会组织人力资源政策的内容主要包括:(1)从内部招聘还是外部招聘。内部招聘的优点是能够加强承诺和士气、在培训和文化融合方面的低成本、低风险;其缺点是可能导致同级规则和内部繁殖。(2)个人发展机会。(3)工资、奖励、福利。(4)工作职位、职责、性质。(5)社会组织的声誉。(6)社会组织工作内容的公益性特点。而社会组织员工招聘渠道主要有:(1)内部招聘方法,包括内部工作布告、重新聘用以前的员工、员工接班计划。(2)外部招募方法,包括广告、就业机构、猎头公司、高校、利益相关者推荐和自荐、退休人员、数据库。社会组织员工招聘者应具备的特质主要有:热心、真诚、愿意提供较多的信息,并表现出实际的态度。

社会组织员工招聘包括七个步骤:报名、答复、审查、考试、面试、考察、录用。社会组织员工录用程序一般包括:签订合同、上岗培训、试用期、正式任用。

(二)社会组织员工培训

社会组织员工培训是知识、技能和态度的交流和提升,主要表现为对员工能力的管理。所谓能力是指获得、运用、开发、分享知识、技能和经验。社会组织员工培训四步骤:培训需求评估;培训目标建立和培训内容确定;采用适当的培训方法进行培训;对培训的评价。

其中,培训需求评估是社会组织员工培训的基础和前提。从培训需求分析的对象来看,培训需求分析包括组织分析、人员分析和任务分析三项内容。组织分析可以从三个方面来考虑培训是否符合需要,即组织使命和愿景、可用的培训资源以及员工的上级和同事对于受训者参加培训活动的支持。人员分析内容包括:判断工作表现不良是因为知识、技能或能力不足引起,还是工作动力不够,或是工作设计不够引起的;确认谁需要得到培训;确定员工是否已经做好了培训的准备。任务分析首先要明确员工需要完成哪些方面的重要任务,然后再确定为了帮助员工完成这些工作任务,应当在培训中强调哪些方面的知识、技能及行为。

社会组织员工培训目标主要有三种,即结果目标、阶段目标和专题目标。结果目标是培训需求分析的结论性目标,描述受训者的最终行为,是在培训结束的时候所应达到的标准。阶段目标是结果目标的分解,即实现结果目标的分目标。专题目标是阶段目标的分解,是实现阶段目标的前提,在某种情况下即指课程目标。对培训目标进行分解是制定培训内容的基础。社会组织员工培训的常见内容有:制订战略计划、理事会的作用和职责、社会组织领导人的领导力培训、人力资源管理、筹款、财务管理、掌握必要的法律知识。社会组织员工培训方法的选择要考虑四个因素,即学习目标、培训内容、学员和实施要求。其中,学习目标可以分为获得和理解知识、获得技能、改变态度或价值观三个主要方面。获得和理解知识,可考虑运用印刷材料、讲座、图解、录音带和录像带、案例分析等方法。获得某种新的技能,一般运用的培训方法是:示范、角色扮演、录像带、练习或作业。改变态度和价值观,一般运用角色扮演、案例分析、电影和录像、游戏和练习、小组讨论等方法。

由于社会组织员工培训不能局限于对员工技能和能力的培养,更重要的是使命感、道德感和责任感的培养以及组织文化的建设。所以,需要对社会组织的传统培训模式进行创新,引入体验式培训新模式。通过体验式培训新模式“量体裁衣”式的方案设计、严格的流程规定、独特而富有兴趣的课程设计以及广泛多样的培训方式,可以克服社会组织传统培训缺少战略规划、容易脱离实际的缺点,显示出社会组织培训目标的明确性和针对性,有效地保证培训对象充分参与,提高培训对象的自身潜能,启发想象力和创造力。引入体验式培训模式,还可以实现社会组织员工培训内容的创新:体验式培训最主要的内容是社会组织员工积极进取的心态和实现知识共享的团队合作精神,侧重社会组织员工潜力的开发。体验式培训使培训对象认识到群体的作用,增进对集体的参与意识和责任心,从而更为融洽地参与群体合作。而且引入体验式培训模式,可以实现社会组织员工培训方式的创新:体验式培训采用科学的多重感官学习法,将每个人置身于活动之中,是一个员工自我认知与探索的过程。

知识链接6.2 体验式培训

所谓体验式培训即指通过设定特殊困难场景和户外活动,让个体成员通过在活动中的充分参与,来获得个人经验,然后在培训师的指导下,团队成员共同交流,分享个人经验,提升认识的培训方式。体验式培训,大都把培训对象带到大自然中,通过专门设计的、富有挑战性的课程,利用种种典型场景和活动方式,让团队和个人经历一系列考验,磨练克服困难的毅力,培养健康的心理素质和积极进取的人生态度,增强团结合作的团队意识。完整的体验式培训首先会开展社会需求调查,分析被培训单位的战略发展目标与现状之间的偏差,评估出员工培训的需求平均;接着在需求分析的基础上,设定可衡量的培训目标;然后根据目标,设计培训计划,同时针对培训对象的性质,选择培训课程中所使用的方式活动;最后在培训结束后,还将使用调查问卷或面对面访谈的方式,评估培训效果,帮助培训对象最大限度地把所学到的知识、技能等运用到工作和生活中去,促进个人和组织共同进步。

一般而言,从培训活动的开始到培训效果的应用,体验式培训主要包括活动、发表、反思、理论、应用等五个环节。其中,最重要的就是体验后的经验分享,培训对象能挖掘到游戏与自身工作间的共同要素,并通过分享交流吸收别人发现的共同要素,大大拓宽经验有效迁移的范围。体验式培训有其独特的课程设计,培训课程可分为个人项目和集体项目。体验式培训形式广泛,比较流行的主要有行为学习法、户外培训、沙盘模拟、教练等方式。其中,行为学习法主要包括任务描述、目标设置、计划、行动、成果展示和回顾等六方面;户外培训应考虑特定目标、挑战和任务、发现式学习、工作行为的隐喻思考等内容,具体形式如丛林跋涉、球类比赛、乘筏漂流、方向训练、攀岩洞穴、探险以及潜水等。

(作者改写自郑茂雄:《体验式培训:公共部门人力资源开发的新视角》,载《广西社会科学》,2005年第2期)

（三）社会组织员工开发

培训和开发都是为了改善被培训和开发对象的态度、知识和技能。但是，培训侧重于培养员工胜任目前工作的能力，开发侧重于培养员工胜任未来工作的能力。开发从本质上讲是双向活动的复合体，即个人不断获取技能和经验，同时组织对个人开发提供条件、创造环境，并由于个人发展而实现组织开发。社会组织员工开发就是挖掘员工潜力，获得生产性“存量”并使这一生产性“存量”得以释放的活动。社会组织员工开发是生产性“存量”增加与利用的过程，这一生产性“存量”以知识、技能的形式储存起来，成为组织发展的源泉。

社会组织员工开发包括三种类型：个人开发、职业开发和组织开发。其中，个人开发通过教育和培训活动以及自我教育和超越实现个人的成长和发展，个人开发强调的是个人的学习过程。在一定意义上，可以将个人开发看作是“自我超越”修炼。“自我超越”是个人成长的学习、修炼，它通过学习不断理清与加深个人的真正愿景。“自我超越”修炼对社会组织提出的要求是：社会组织要为此投入时间、精力和智慧，甚至在必要时还需为此设计新的组织架构。职业开发旨在根据组织发展的需求开发一系列的教育和培训活动，调动和充分发挥每个员工的兴趣、知识、技能。一般说来，职业开发有四个阶段：入门阶段、专家阶段、多面手阶段、管理阶段。社会组织在成员发展的不同阶段要提供不同的培训服务或锻炼机会，从而使他们能掌握职业发展所需，这样也能确保个人成长与组织发展的协调一致。组织开发则根据组织近期目标和远期目标的需要规划设计，促成个人目标与组织目标一致，确保组织目标的真正实现。组织开发是社会组织获得凝聚力和发展机会的重要手段，组织凝聚力的获得就是“共同愿景”的建立。每个成员都是共同愿景的分享者和承担者，他们从各自的角度为社会组织整体发展而开发自己的创造力。

社会组织员工能力开发方法包括教育培训、个体评价、工作实践及以老带新。教育培训包括专门为员工设计的组织外教育计划和组织内教育计划，主要有外请专家提供的短期课程和送员工去大学或学院听课。个体评价涉及解员工的行为、沟通方式以及技能等方面的信息，然后提供反馈。评价可以确认员工的工作潜能以及衡量发现优点和弱点；评价也可以团队方式进行，以考察每一位成员的特性。评价的类型包括人格类型测试、无领导小组讨论、公文处理、角色扮演和自我评价。这有助于员工确定自己的兴趣、价值观、资质以及行动取向。大多数社会组织员工开发活动都是通过工作实践来实现的，比如:工作轮换、工作扩展、调动、晋升、降级。社会组织员工还可以通过与组织中更富有经验的其他员工之间的互动来开发自身的技能,以增加与组织和服务对象有关的知识。导师指导就是员工开发的一种人际关系类型。导师是组织中富有经验的资深员工,他们负有开发员工(被指导者)能力和引导走向成熟的责任。导师要给被指导者提供职业支持和心理上的支持。职业支持包括培养、保护、推动、安排有挑战性的任务以及提供接触工作以及增长见识的机会;心理支持则包括充当一位朋友或者一个角色模型,提供积极的关心和认可,并且创造一种能够让被指导者说出心中焦虑与担心的渠道。指导计划要能够帮助社会组织的新加入者尽快按照组织公益价值的要求走向社会化。

三、员工物质与非物质待遇

社会组织员工待遇主要由物质的和非物质的两类构成。物质待遇一般是指领薪员工的薪酬和福利,特别情况是指非领薪岗位的人员补贴;非物质待遇是指与精神满足相关的激励方式。

薪酬是员工因从事社会组织工作而得到的货币形式的收入。薪酬由基本薪酬如基础工资、工龄工资和辅助薪酬组成。基本薪酬也称基础薪酬,是以社会组织员工的岗位技术含量、工作复杂程度、责任大小工作强度高低以及入职年限为基准,按照员工实际完成的劳动定额或工作时间的劳动消耗而计付的劳动报酬。这是员工劳动收入的主体部分,也是确定其他劳动报酬和福利待遇的基础,具有相对稳定性。辅助薪酬是一种能够及时反映绩效变动的补充形式,而且数额不固定,形式多样,主要有奖金和津贴等。津贴是社会组织对员工在特殊劳动条件下所付出的额外劳动消耗和生活费开支的一种物质补偿形式。恶劣的工作环境需要劳动者付出更多的劳动力支出,或对劳动者的身体造成一定的伤害,如到条件艰苦的野外调查等,社会组织可以考虑以津贴的形式予以补偿。

福利是指社会组织为吸引员工或维持员工稳定,在薪酬之外提供的补充待遇条件,如失业金、养老金、医疗费、工伤费、退休金等社会保障费用,有的还提供带薪休假等。法定的社会保障费用包括养老保险、基本医疗保险和大病统筹保险、工伤保险、失业保险、住房公积金。补贴主要是针对社会组织非领薪人员的弹性工作协助所提供的劳务补偿,一般具有非固定、补充性和灵活机动的特点。

所谓非物质待遇,是指与精神满足和激励相关的一系列做法,如优越的工作条件、表扬、嘉奖、记功、授予荣誉称号、授予奖章勋章,以及如学习深造、境内外考察、委授责任、职务晋升等各种机会。社会组织既要研究物质形式的激励机制,也要注意研究使用好非物质形态的激励政策,将两者有机结合起来发挥作用,以突破社会组织在人力资源激励上面的局限性。

四、社会组织员工绩效评估

所谓绩效评估(或绩效测定、绩效测评、业绩测评),是指发展示标、收集资料以便描述、报告和分析绩效。社会组织员工绩效评估是指,收集、分析、评价和传递有关社会组织员工在其工作岗位上的工作行为表现和工作结果方面的信息情况的过程,是对员工在一个既定时期内对社会组织的贡献做出评价的过程。社会组织员工绩效评估是一门有着多维度和多目标的关键管理技术,是奖励、薪酬调整、职务升迁等激励措施的基础。社会组织员工绩效评估的信息还应用于员工的行为校正、员工开发和职业规划。

社会组织员工绩效评估包括三个层面:员工绩效评估、项目主管和部门主管绩效评估、秘书长和组织运作的绩效评估。社会组织员工绩效评估的基本原则有:以部门为单位分层分类考核原则;公开、公正、公平原则;民主原则;日常性评估与年度评估相结合原则。社会组织员工绩效评估内容包括:(1)传统内容:工作态度(德)、工作能力(能)、工作成效(绩)三个方面。(2)任务绩效和周边绩效。所谓任务绩效,就是从工作的数量、质量和时效等方面加以评价,结合工作产出确定衡量标准。所谓周边绩效,涉及工作态度、工作风格、组织协作、团队管理等方面,用典型行为描述来评价。(3)操作性评估内容:包括五个方面:明确工作的责任、检查工作的结果、衡量工作的绩效、提出工作的目标、制定工作的策略。

社会组织员工绩效评估的主要步骤为:回顾战略规划和部门工作计划;确认各岗位工作说明书和工作规范;确定绩效评估指标;确定绩效评估方法;确定绩效评估机制;进行评估;评估结果的反馈。下面简要介绍社会组织员工绩效评估指标、评估方法和评估机制。

(一)员工绩效评估指标

社会组织员工的每一项工作都有投入、活动、产出、效果、影响,可以分别从这五个方面设计员工绩效评估指标。(1)投入指标:衡量组织投入的资源(资金、员工时间、志愿者人数和投入时间、物资)。(2)过程/活动指标:衡量组织进行的活动(回复时间、等待时间、结案时间),以及员工在活动中所表现出来的态度和行为,如沟通能力,团队精神。(3)产出指标:衡量组织的工作成果(回答问询次数、结案数量、提交立法修改建议书数量)。(4)效果指标:衡量组织工作产生的短期影响(如有社会影响的案件数量)。(5)影响指标:衡量组织工作产生的长期影响(如对有关立法的影响)。需要说明的是,不需要对社会组织员工的每项工作都设计所有五个方面的绩效指标,要根据每项工作的具体情况和目的来定。在现实工作中,也不一定要对所有的工作都确定绩效指标,可以选择关键性的工作来确定关键的绩效指标。一定要注意效果和影响指标的确定,因为这些指标与绩效的关系更为密切。

社会组织员工绩效评估指标设计的标准为:(1)界定清楚且有一致性。(2)必须和组织的需求与目标有关。(3)被评估的单位或个人不可影响绩效指标的设计。(4)应包括评估对象工作范畴的所有面向。(5)建立绩效指标所使用的信息须全面客观。(6)须经组织内相关者充分参与讨论和为组织的各级人员所接受。

(二)员工绩效评估方法

社会组织员工绩效评估基本方法包括:评级量表法、个体排序法、配对比较法、基准人物比较法、关键事件记录评价法、强制分布法、行为锚定等级评级法、特性评估法、目标管理法、360 度评估法等。目前实践中运用的绩效评估方法主要为目标管理法和 360 度评估法。

目标管理法。所谓目标管理是一种程序或过程,它使社会组织中的上级和下级一起协商,根据社会组织的使命确定一定时期内组织的总目标,由此决定上、下级的责任和分目标,并把这些目标作为社会组织绩效来考核每个部门和个人绩效产出对组织贡献的标准。"目标管理"是由管理大师德鲁克 1954 年在其名著《管理实践》中最先提出。德鲁克认为,管理者应通过目标对下级进行管理,当组织最高管理者确定了组织目标后,必须对其进行有效分解,转变成各个部门以及各个人的分目标,管理者根据分目标的完成情况对下级进行考核和奖励。目标管理法的操作方法包含四个步骤:

(1) 设定绩效目标即上下级共同确定各个层级所要达到的绩效目标,包括所期望达到的结果,以及为达到这一结果所应采取的方式、方法。高层管理人员要明确——社会组织愿景使命、任务与战略目标;中层管理人员——任务与战略目标、具体的社会组织绩效目标和部门绩效目标;基层管理人员——部门绩效目标和社会组织员工个人绩效目标。绩效目标要符合 SMART 原则。Special,具体的,绩效目标必须尽可能具体,缩小范围;Measurable,可衡量的,绩效目标达到与否尽可能有可衡量标准和尺度;Attainable,可达到的,绩效目标设定必须是通过努力可达到;Relevant,相关的,尽可能体现其客观要求与其他任务的关联性;Time-bound,以时间为基础,计划目标的完成程度必须与时间相关联。

(2) 制定被考核者达到目标的时间框架。当员工为这一绩效目标努力时,可以合理安排时间,了解自己目前在做什么,已经作了什么和下一步还将要做什么。

(3) 将实际达到的绩效水平与预先设定的绩效目标相比较。这不仅有助于决定培训需求,还能有助于确定下一绩效考核周期的各级绩效指标。同时也能提醒上级考核者注意到组织环境对下属工作表现可能产生的影响,而这些客观环境是被考核者本人无法控制的。

(4) 制定新的绩效目标,以及为达到新的绩效目标而可能采取的新战略。凡是已成功实现绩效目标的被考核者都可以参与下一考核周期新的绩效目标的设置过程。而对那些没有达到既定绩效目标的被考核者,在与其直接上级进行沟通、判明困难的出现是否属偶然现象、找出妨碍目标达成的原因并制定相应解决办法和行动矫正方案后,才可以参与新一轮考核周期绩效目标的设置。

360 度评估法。360 度评估法,即全方位(360 度)绩效评估体系,指在社会组织员工绩效评估过程中,将各种考核方法所得到的绩效信息综合使用,并产生全方位(360 度)考核和反馈体系。它可以尽可能地结合所有方面的信息,包括上司、同事、下属、客户等等。由于 360 度评估法从多方面全维度收集全员绩效信息,而且员工绩效信息的反馈来自多人而不是单个人;来自同事和其他方面的员工绩效反馈信息不但减少了存在偏见的可能,而且有助于员工自我发展。

360 度评估法的优势在于:比较公平公正,弥补单纯由上司对下属进行考核而可能产生的个人主观臆断的弊端;加强了部门之间的沟通,增进了员工的相互了解及工作配合;使人事部门依据它实行的奖惩措施较易推行。其缺陷在于:综合各方面绩效信息增加了员工绩效评估系统的复杂性;参与 360 度考核者可能感觉受到威胁,故有可能产生相互冲突的考核,需要经过培训才能使此评估有效工作;员工们可能会给出不客观的评价意见。

(三) 员工绩效评估机制

社会组织员工绩效评估机制要回答以下几个问题:如何使用评估结果;评估程序/参加人;评估的频率;谁处理正式的评估结果。(1)如何使用评估结果。评估结果主要用于:人事任免和职务升迁;检验工作说明书和绩效评估系统的合理性;改进和提高工作水平;有针对性地开展能力建设工作。(2)评估程序/参加人。考核者包括:上级领导、同级(同事)、下级、自我评估、受益者(服务对象)、专设的绩效评估小组等。(3)评估频率。要明确两点:任何一个社会组织都可以建立自己的评估周期标准,比如每一年进行一次,或选择“自然的时机”如每完成一项工作任务的时候;组织可以要求由上级来做评估工作,或建立员工有权提出评估要求的制度。(4)谁处理最后的评估结果。由社会组织秘书长或理事会处理正式的评估结果,评估结果在部长、秘书长或理事会之间分享。

此外,为保证社会组织员工绩效评估的公平,要注意以下问题:(1)程序公平(评估系统开发和设计):社会组织员工要参与评估系统的设计,对做相同或相似工作的不同员工要采用同一标准。在设计有效评估系统的时候,要注意界定绩效时力求精确,要界定有价值的工作结果和带来增值的工作结果,以及超出要求的行为(比如员工为受益群体提供了额外的帮助),还要衡量和纠正外界环境约束带来的影响。(2)人际公平(评估结果使用):要允许员工对评价结果进行质疑,在尊重友好的气氛中提供反馈结果,传达社会组织对员工的期望并及时全面的反馈和减少评价者误差。在处理评估结果的反馈时,一定要慎重选择反馈的方式。比如,评估结果只对本人反馈,或者只公布得分最高的前几位员工。又如,对绩效评估的结果及时用书面形式通报给员工,最好不用口头形式。

五、社会组织劳动关系和管理制度

(一) 社会组织劳动关系

社会组织劳动关系是指社会组织和所招聘签约人员形成的权利义务关系。社会组织劳动关系的本质要求是劳动合同。劳动合同指的是劳动者与社会组织确立劳动关系、明确双方权利和义务的协议。劳动合同应当以书面形式订立。社会组织劳动合同期限分为有固定期限、无固定期限和以完成一定工作为期限 3 种。有固定期限劳动合同,是指社会组织与劳动者以书面形式约定合同终止时间的劳动合同;无固定期限劳动合同,是指社会组织与劳动者未以书面形式约定合同终止时间的劳动合同;以完成一定工作为期限的劳动合同,是指社会组织与劳动者以书面形式约定以某项工作的完成为合同终止条件的劳动合同。已存在劳动关系,但是社会组织与劳动者未以书面形式订立劳动合同的,除劳动者有其他意思表示外,视为用人单位与劳动者已订立无固定期限劳动合同,并应当及时补办订立书面劳动合同的手续。

与员工签订劳动合同和缴纳社会保障费用是社会组织的社会责任之一。国际捐赠机构非常重视接受捐赠的社会组织是否履行其应负的社会责任,与员工签订劳动合同和缴纳社会保障费用是国际捐赠机构审计内容之一。

社会组织与劳动者建立劳动关系、订立劳动合同,应当如实告知劳动者工作内容、工作条件、工作地点、职业危害、安全生产状况、劳动报酬,以及劳动者希望了解的其他与订立和履行劳动合同直接相关的情况。社会组织有权了解劳动者与订立和履行劳动合同直接相关的年龄、身体状况、工作经历、知识技能以及就业现状等情况。劳动合同文本应当载明下列事项:社会组织的名称、住所和法定代表人;劳动者的姓名、居民身份证号码;劳动合同期限或者终止条件;工作内容和工作地点;工作时间和休息休假;劳动报酬;法律、行政法规规定应当纳入劳动合同的其他事项。除以上内容之外,经当事人协商一致,还可以根据法律在劳动合同中约定下列内容:试用期;培训;保守商业秘密;补充保险和福利待遇;其他事项。劳动合同在包括了必需的内容和工作职责后,应该简洁明了。更详细的内容可以放在员工手册中。在没有劳动合同的情况下,员工拥有的有关权利和用人单位应遵循的有关义务不受影响,如工资和福利、劳动安全等。

社会组织应当依法建立和完善劳动安全卫生、劳动纪律、职工培训、休息休假以及劳动定额管理等方面的规章制度,保障劳动者享有劳动权利、履行劳动义务。社会组织规章制度,是劳动合同不可分割的一部分,也是确定员工违反合同,社会组织有权辞退员工的重要证据之一。社会组织应准备员工手册来规定这些规章制度。职业道德准则和组织文化也是社会组织规章制度的一部分。社会组织在员工手册中规定职业道德准则和组织文化,不仅可以为员工行为提供指导,还可以根据劳动合同的规定明确员工违反这些行为准则时的后果。

(二) 社会组织员工管理制度

社会组织员工管理制度,指的是用于指导社会组织员工管理具体事项或行为的成文规定,主要包括社会组织章程、员工管理制度手册、员工管理行为规范以及社会组织管理质量保证标准等。

把社会组织员工管理的有关制度、政策和程序编辑成册,就成为社会组织员工管理制度手册。手册内容主要包括:(1)招聘新员工:面试、背景调查、聘用、试用期。(2)新员工定向:工序定向、新员工定向活动清单。(3)工作时间:工作小时、午饭时间、节假日、休假制、病假、请假。(4)员工培训:内部培训和外部培训、培训的类型、培训申请程序、培训结果评估、培训费用报销。(5)绩效评估的程序:绩效评估的周期、绩效评估的过程、绩效问题的处理、纪律、主管对员工个人问题的沟通、离职制度。(6)工资:发工资日期、加班工资、工资级别、工资定级、重新定级、工资调整政策、晋升、工资抵押(如根据出勤情况)。(7)福利:适用性和一般信息、福利的种类、医疗保险、伤残保险、人身保险、退休计划、社会保障。(8)工作中的意外伤害补偿:当在工作中发生意外伤害时补偿的内容、可补偿的伤害的类型、工伤的医疗费用、相关信息资源。(9)财务管理:预算管理、资金成本、主管在控制预算方面的责任、运作成本、财务报告制度。(10)信息制度:政策、程序、定义、文件安全、对外披露、对内披露、信息的使用、合法程序、员工对信息的获取。

第三节　社会组织志愿者管理

一、社会组织志愿者管理概述

(一) 志愿者和志愿者组织

志愿者是一个没有国界的名称,一般指的是在不图任何物质报酬的情况下,以自己的时间、知识、技能、体力为社会或他人自愿提供服务的自然人。志愿者行动不受物质利益驱使,也不受法律和外在任何主体的强制,纯粹基于道义、信念、良知、同情心、责任感而参与益慈事业。

志愿者与普通员工相比,具有以下几个特性:(1)非职业性。志愿者并不以志愿服务为职业,他们有其他的谋生手段。(2)自愿性。志愿者参加志愿服务是出于自愿的,而不是被强迫的。(3)不计报酬。志愿者参加志愿服务并不以获得报酬为最终目的,有的志愿者能得到少量的津贴,但大多数是无偿服务。(4)公民责任。志愿者参加志愿服务,行使了公民的权利和履行了公民的义务。(5)利他与公益。志愿者参加志愿服务以推动社会进步、促进公益福祉为目的,志愿者通过社会组织的志愿服务为他人和社会带来更多的利益而不仅仅是为组织本身。(6)满足自我需要:志愿者参加志愿服务可以满足多元自我需要,志愿者在志愿服务过程中能获得个人成长、工作经历和经验,丰富自己的社会资源,增益自己的社会声誉,实现自我的价值。

志愿者组织是志愿者个人的集合体。志愿服务组织可以采取社会团体、社会服务机构、基金会等组织形式。志愿者组织的自愿性、奉献性决定了它的民间社会性。从组织的成熟程度来看,志愿者组织可分为正式组织和非正式组织。正式组织是指经过注册登记的法人组织;非正式组织则指未经注册登记的非法人组织,但这并不影响其在一定领域范围内从事有益于社会的活动,如农村互助互益性组织,城市社区志愿者组织,大型公共活动中的志愿者服务队等。

知识链接6.3　中国的志愿者组织

在20世纪80年代后期,中国最早在社区服务层面上,开始出现志愿活动和志愿者并逐步形成社区志愿者组织。1994年12月5日中国青年志愿者协会正式成立,标志着志愿活动进入了有组织阶段。这两个组织都与政府机构联系在一起,前者属于民政系统,它的各级组织都与民政部门对应联系,接受相应政府职能部门的领导;后者从属于团中央,它主要借助共青团庞大网络组织青年无偿参与各类活动项目,其中最有影响的是该系统的北京青年志愿者协会与北京奥组委于2005年6月联合启动了北京奥运会志愿者项目。2020年经过新冠肺炎疫情,中国志愿服务发展到一个新的阶段。根据《慈善蓝皮书:中国慈善发展报告(2021)》数据,2022年1月全国实名注册志愿者总数达到1.92亿人,志愿团体79万个,累计志愿服务时间总数37.19亿小时,贡献人工成本价值1620亿元。注册志愿者总数较2019年增长23.87%,累计志愿服务时间总数较2019年增长63.98%。在中国志愿服务发展中,既有动员和组织化特色,又面临志愿者组织与全国共青团组织、青年联合会组织重合设立与活动的非规范化问题。

(资料来源:《慈善蓝皮书:中国慈善发展报告(2021)》,北京,社会科学文献出版社,2022)

(二)志愿精神和志愿服务

志愿精神,是指一种自愿的、不为报酬和收入而参与推动人类进步、促进社会发展和完善社区工作的价值追求,是公众参与社会生活的一种非常重要的方式,是公民参与社会和公民社会组织的精髓。志愿精神鼓励人与人之间的援助,因为它强调的是社会上个人对周围有需要的人的扶助责任,是人与人之间相互自愿助益行善的自觉义务。

志愿服务是指志愿者、志愿服务组织和其他组织自愿、无偿向社会或者他人提供的公益服务。志愿服务是一种"社会资本",具有特别的社会经济价值和文明建设意义。志愿服务主要有两种表现形式:一种是无组织的个人提供的志愿服务,一种是个人经由组织化机制提供的志愿服务。

社会组织吸引了相当数量的志愿力量,志愿服务已成为社会组织开展公益活动的重要资源,基于志愿精神的志愿者成为社会组织不可缺少的组成部分。其主要原因在于:社会组织作为一种组织类型,能够满足成员的两种需要。一是工具性需要,即社会组织可以帮助成员去完成那些个人力量不容易完成的工作,比如保护环境。很多社会组织已经在资金、人员、公众影响等方面积累了一定力量,而且具有处理某些问题的专门技巧和途径。所以,个人无法实现的公益行为更有可能通过组织来实现,社会组织正好为公民提供了一个为了公共物品而采取私人行动的渠道。二是满足情感性需要,即社会组织为其成员提供情感支持和自我表达的机会。事实上,志愿者加入社会组织本身就是基于一种共同的价值观,基于个人价值观和组织价值观在进行公益活动方面的契合。所以,他(她)应该很容易和社会组织中的其他成员产生共鸣,从而对组织产生强烈的归属感。这样,在社会组织中,志愿者有机会和具有同样价值观的人进行交流,进而在这种交流中获得一种情感上的满足。所以,志愿者加入社会组织事实上可以看成是这样一种交换关系的形成:志愿者向社会组织提供志愿服务,社会组织为志愿者提供表达个人意愿并提供志愿服务的渠道。

知识链接6.4　什么不是志愿服务

《志愿服务条例》由国务院于2017年8月22日发布,自2017年12月1日起施行。《志愿服务条例》指出,志愿服务是指志愿者、志愿服务组织和其他组织自愿、无偿向社会或者他人提供的公益服务。开展志愿服务,应当遵循自愿、无偿、平等、诚信、合法的原则,不得违背社会公德、损害社会公共利益和他人合法权益,不得危害国家安全。据此原则标准,以下行为不是《志愿服务条例》意义上的志愿服务行为:

(1)有任何交易性质的志愿行为,比如因事先知道某个志愿活动的参加者会得到超过象征性回报的好处并以此为目的参加的志愿活动。(2)因受到难以拒绝的带有强迫或暗示性的所谓志愿参与行动。(3)存在亲属亲戚关系的义务扶助行为。(4)公共部门应责应分范围内工作的任何义务替代行为,因为组织这种义务活动,存在以权谋公共机构之私的嫌疑。(5)具有公权性质主体出面组织的志愿行为,包括党政和国家机构部门以及人民团体、事业单位甚至任何具有管理权的主体,出面发动志愿活动都可能扭曲志愿服务的自愿内涵。(6)任何非公益非善意的志愿行为,凡是存在任何邪恶企图的自愿参加则都不是人类共识前提下那种增进社会进步和人类福祉的志愿行为。(7)未成年人的志愿行为,因为在法律角度,未成年人不是具有理性自主意志和完全民事行为能力者。(8)有偿在岗或工作过程中的自愿兼职行为,志愿服务的前提是贡献属于自己的时间资源,有偿工作中的时间不属于自己。(9)参加法律规定的义务行为,如依法当兵服役和参加民兵组织是对公民的规定要求。(10)每年不足20个小时的自愿服务,根据《中国注册志愿者管理办法》,一个志愿者每年参加累计不少于20个小时的服务活动才被认可。

(《应当厘清志愿服务行为的范畴边界》,马庆钰在北京万众社会创新研究院举办的公益服务研讨会的发言,2020.8.15)

（三）志愿者管理

志愿者管理是影响志愿者在志愿服务中的价值观、责任感、态度、技能和行为的理念和文化、政策和制度。对于社会组织来说，志愿者是非常重要的人力资源。志愿者管理作为社会组织人力资源管理的一部分，既具有社会组织人力资源管理的一般特征，又具有自身鲜明的管理特点。志愿者管理更强调价值观和责任感，强调对社会和他人的关怀。志愿者组织须按组织推行志愿服务的目标、服务需求和资源配置情况，订立长远的志愿者人力资源管理政策、组织构架和协调系统，力求用好志愿者资源，改善及发展志愿服务。

但是，由于志愿者提供服务的特殊性，社会组织进行志愿者管理就具有不同于一般组织管理的特点。志愿者抱着表达个人意愿并提供志愿服务的愿望加入社会组织，贡献了志愿劳动；社会组织为志愿者个人提供了相关渠道，获得了志愿者这种特殊的人力资源，双方形成一种平等的置换关系。这就决定了二者之间不同于一般组织管理中控制与服从的关系，社会组织进行志愿者管理的基础只能是组织和志愿者共有的价值观。由于社会组织和志愿者之间是完全平等的关系，在组织对志愿者的管理过程中，不可能强迫志愿者服从某些规定，也不可能利用金钱或者物质刺激。所以，社会组织只能通过让志愿者把组织目标当成其个人目标来使志愿者服从管理，履行组织对他们的期待。在这个过程中，社会组织进行志愿者管理的主要任务就是充分考虑志愿者意愿，提供良好的环境，使其能在组织中以一种积极的心态实现提供志愿服务的愿望。所以，社会组织的志愿者管理体系应该是开放的，并保持一定比例的志愿者流动性；它的运作应该是公开、透明和规范的，同时还是高效和具有创新性的。

二、社会组织志愿者管理系统

1. 志愿者管理人员。志愿者管理人员，主要负责组织和指导志愿者工作，以保证志愿者项目实现预期的目标。在实际运作中，志愿者管理人员一般是全职工作者，通过组织指导志愿者来确保志愿工作得以顺利完成。

2. 志愿工作规划。首先，明确对志愿者的基本假设：志愿者是提供和运用各种社会资源的一种类型；志愿者具有理性自主意识和独立生活工作能力，能够在合适条件下运用自己的能力；因为每个人都具有独特的人格，志愿者管理的对象只能是志愿工作事务和方式，而非志愿者本人。其次，明确志愿工作规划的流程：志愿工作目标群体；志愿工作目的；工作设计及描述；招募；确定角色；选拔/定职；工作导向；培训督导；工作评估。最后，详细列出志愿者工作规划评估清单。

知识链接6.5　志愿者工作规划评估清单的主要内容

主要内容:(1)知道为志愿者提供什么工作。(2)有一位(多位)人员专门负责协调志愿者的全部工作。(3)编制一份志愿者工作规划的预算。(4)有灵活的、有条理的志愿者招募程序。(5)对志愿者进行面试,并记入登记表。(6)寻求具有专业技术及某些爱好的志愿者以满足工作需要。(7)拥有不同年龄段和社会各部门的志愿者。(8)机构备有一份清晰的书面文件列明志愿者可以选择的工作。(9)为志愿者列出确切的工作内容及职责范围。(10)机构有一份工作导向说明列出机构的情况,供新志愿者参考。(11)为志愿者提供培训机会,帮助他们完成任务,使志愿者感到满意。(12)提供多种机会有利于个人成长、发展以及学习新技术。(13)为志愿者提供机会,担任领导工作肩负更大的责任。(14)每位志愿者都明确知道,在服务单位中对谁负责。(15)在志愿者工作规划中,工作考核和个人鉴定均有明确规定。(16)工作考核按规定的标准进行设计、执行。(17)对志愿者的贡献给予表扬及奖励。(18)鼓励志愿者发表他们的意见,并参与制订本人的工作计划。(19)志愿者及工作人员都明确了解各自的职务和责任。(20)工作人员应了解与志愿者共事中的责任。

3. 志愿者管理模式。在中国社会组织中,依据社会组织与志愿者的关系,可分为三种志愿者管理模式。(1)重合型志愿者管理模式(员工式管理):将志愿者纳入到组织的人力资源管理体制之中,由社会组织进行专门的志愿者管理工作。志愿者与社会组织联系非常紧密,有时甚至是志愿者作为组织员工承担组织管理工作。这种管理模式常见于由志愿者提供人力资源的社会组织。(2)独立型志愿者管理模式(项目式管理):在社会组织的管理体制中,基本没有志愿者管理结构和内容,只是偶尔组织活动或举办志愿者年会。志愿者作为社会组织的后备力量,通常只是在组织有项目或需要的时候,临时招募志愿者,一旦任务完成,志愿者即退到二线。这种管理模式常见于以项目管理为导向的社会组织,或者在社会组织发展初期。(3)交叉型志愿者管理模式(会员式管理):志愿者有独立的团队,机构将志愿者部分地纳入社会组织管理之中,即机构作为志愿者团队的治理结构。志愿者团队(如协会、社团或小组)有自己的领导人和组织结构,在承担机构志愿工作的同时,也自行开展其他社会活动和联谊。

4. 志愿者管理机制。当志愿管理者把工作委与志愿者之后,便存在不能按预定目标运作或者失控的可能。社会组织志愿管理者的困难在于,既要赋予志愿者一定自主权,充分调动他们的积极性;又要保证他们按照预定的目标开展工作,还要在特定的情况下,把赋予他们的职责收回来。因此,必须建立分层管理的社会组织志愿者管理机制。

分层管理的社会组织志愿者管理机制，区分宏观管理层次与微观管理层次。在宏观管理层次上，要依法厘清志愿组织和志愿者的法律地位和权利义务，为他们提供法律规定的保障，提供志愿工作需要的条件甚至提供必要的培训，使志愿者能够开展组织委派他们的项目工作和志愿活动。

5. 志愿者管理策略。社会组织志愿者管理除要遵循人力资源管理一般原理与规律外，还要特别注意遵循志愿者管理自身所具有的特性与特殊规律。

第一，创造激发志愿者工作的环境。应让志愿者清楚地知道工作目标及责任，提供与工作相匹配的工作条件、安全保险、工作餐、交通费等工作所需，增强他们在工作中和工作完成后的满足感。

第二，给志愿者安排合适的工作。志愿者加入社会组织，本来就是提供志愿服务的。社会组织给志愿者安排合适的工作，让他们担当具有挑战性的工作，担负与其愿望相匹配的责任，则他们就会以积极的态度去完成任务，这样志愿者个人和社会组织目标都得以实现。

第三，明确志愿者的职责权限。在赋予的职责权限范围内，志愿者具有完成任务实现目标的自主性。这样对志愿者来说，社会组织管理层便由管理者变为协助者。志愿者感觉在工作上增加了自由度，激发其积极性和创造性，更容易取得满意的工作成果。

第四，给予必要的培训指导。许多志愿者满怀热情地加入社会组织，准备贡献时间和精力来从事志愿服务；可事实上，很多志愿者虽然有提供志愿服务的热情，但却不一定能够胜任组织安排的工作，尤其是对于一些需要一定知识和技巧的工作。比如提供心理咨询服务的志愿者在上岗之前可能对心理咨询的一些技巧和规则并不熟悉，这就需要组织专门对志愿者进行相关的培训和指导，使之能够圆满完成安排的工作。

第五，给予及时肯定和回馈。在社会组织中，虽然并不一定要用物质奖励志愿者，但利用其他手段对其工作进行适时肯定和回馈则是必要的。比如颁发证书、纪念品、举行表彰宴会等，或者是在日常工作中关注志愿者的工作进展。这些都能使志愿者产生强烈的认同感，觉得自己的努力受到组织肯定从而以更大热情投入到工作中去。

三、社会组织志愿者管理流程

1. 志愿工作计划。在社会组织中，固定员工一般都很少，大量工作是靠志愿者来完成的。独立式管理的社会组织没有自己的注册志愿者，一旦有活动，则临时招募。交叉式管理的社会组织有自己基本的志愿者队伍，平时他们分散在各自的职业岗位上，定期或不定期参加组织的志愿工作。对于志愿者的管理虽然有别于固定员工,但招募、培训、服务、评估与激励等重要步骤都缺一不可,而且需要管理者根据志愿者的特点和工作目标制定详细、明确的整体工作计划,说明工作意义,确立志愿者在服务中的角色及参与目的,从而确定志愿者的招募计划。社会组织志愿工作计划的主要内包括:初步界定服务对象和范围及志愿者的角色,草拟服务计划书;设计志愿工作,编写工作手册及服务方法;志愿者招募方法及甄选;志愿者培训;志愿工作安排;检讨及评估未来的发展。

2. 志愿者招募与面试。社会组织招募志愿者需要:(1)制定招募标准:清晰界定志愿者负责的工作,明确需要什么样的志愿者。(2)确定恰当的招募方式:例如宣传宣传页、张贴海报、壁报设计、机构职员鼓励、讲座、招募会或招募说明会、个人介绍等。(3)确定招募人员。(4)制定甄选程序:面试、双向选择、情景模拟、筛选(回执)、推荐其他组织。(5)准备好所需要的相关文件和表格:志愿者服务的目的;列明对志愿者及服务的期望,有关所需的工作责任;志愿者享有的福利和培训机会;订立合约形式(口头/书面),确定聘用志愿者的工作要求及对服务的承诺;澄清机构与志愿申请者彼此对工作的期望和要求。(6)实施招募。

一般来说,招募从事相对比较长期固定的服务工作的志愿者都需要进行面试和甄选。判断甄选志愿者有下列因素:志愿者具备所需的工作技能、经验和原动力;志愿者符合社会组织的工作文化及工作的要求;志愿者服务的原动力得以满足;志愿者被安排于适当的工作岗位以使其发挥能力和贡献;志愿者有足够的时间保证完成既定工作。

3. 志愿者的培训。通过适当的培训课程,让志愿者接受社会组织的理念,向志愿者教授知识、技术;协助志愿者选择工作、改善工作态度、增强志愿者的自信心、有机会发挥潜能;让志愿者清楚自己的权利和义务。通过阶梯式能力建设培训与实践,志愿者获得成长,实现自我、社会组织和社会的共同发展,促进和谐公民社会的建设与人类幸福。

社会组织志愿者培训形式主要有:(1)老志愿者带新志愿者,需安排迎新辅导会或工作介绍会给新志愿者,介绍服务内容,讲解志愿工作概念、志愿工作态度和守则等。(2)团队建设培训,包括理念、社会服务发展、服务技术培训、解决问题方法、程序设计、领导力提升、团队工作、行政事务管理等。(3)参与式培训,通过活动、研讨、互动交流学习志愿工作理念与技能。(4)活动式培训,组织志愿者参加活动,然后根据需求开展培训。

社会组织志愿者培训课程的主要内容有:志愿者认知;组织机构介绍;志愿工作说明;志愿工作相关理论技能;团队与沟通;社会工作理论方法;志愿者

自我管理和生涯规划；志愿组织的战略规划；志愿者交流与专题研讨。

社会组织志愿者培训还需要编制志愿者手册。志愿者手册内容包括：组织理念及使命；组织架构图、员工名单和职责表；志愿者服务政策；提供志愿者工作的目的及工作内容简介；志愿者的角色职责（工作要求，参与培训和出席会议、工作汇报及负责等）；提供服务的程序和范围；汇报和反映意见的制度（储存记录、监管、处理紧急事项的程序、出席/缺席活动的申报制度、申领活动经费的程序）；志愿者须遵守的规则；为志愿者提供必要的工作条件；退出服务的申请程序。

知识链接6.6　苗圃行动志愿者的加入及退出

"苗圃行动"于1992年在香港注册成立（税局档号：91/3859），是一个非宗教、非政治、非牟利的慈善机构。"苗"代表学生、"圃"代表学校，而"行动"表示以实际行动来帮助中国贫困山区的儿童，使他们能重返校园，并资助重建危校，好让他们能有一个安全的学习环境，为此，本会常年接受志愿者的加入申请。

加入。凡认同苗圃行动理念、资助模式及工作方式，并满足以下基本条件者都可申请做本会志愿者：(1)年满18周岁，身体健康。(2)具有良好的思想道德品质和社会奉献精神。(3)遵守国家的各项法律、法规和规章制度。(4)具备为我们开展的活动提供志愿服务所必需的技能和时间。

流程。报名→初审→后备志愿者→面试→初级培训→申请注册→注册志愿者 (1)初审。原则上，本会在每个月最后一周对报名表信息进行统一审核，通过审核者，本会将在两周内以电话或电子邮件的方式通知报名者。初审通过者自动成为本会后备志愿者。(2)面试。原则上，本会在项目开展需要时，通过电话或电子邮件的方式通知初审合格者进行面试。(3)初级培训。本会在面试结束后对通过者提供初级培训，培训结束后可申请成为注册志愿者。(4)注册。本会将对申请注册志愿者进行必要的审核，通过者成为本会正式志愿者，本会将为其提供注册登记，颁发"苗圃行动志愿者证"。为保障双方的权利和义务，志愿者须与本会签订一份《苗圃行动志愿者承诺书》。

培训。本会杜绝未接受本会任何培训而直接参与本会志愿服务活动。本会有义务为志愿者提供一个稳定的服务平台及以下培训：(1)初级培训：培训内容主要是苗圃行动的机构介绍、苗圃行动价值观，另本会将提供一些书面的资料，供志愿者自主学习和交流用。(2)岗位培训：本会将以志愿者本人的特长及意愿根据项目或工作的不同需求将志愿者分成若干小组，以小组为单位进行针对性的岗前培训和在岗培训。培训针对小组负责事务的工作内容及必备的素质进行详细、全面地讲解，必要时亦加入实践活动。(3)拓展培训：本会将通过与其他志愿服务组织或者相关培训机构合作，为志愿者提供拓展培训和组织间的交流机会，提升相关技能及水平。

派出。志愿者经初审、面试、培训后正式加入具体项目组活动。视项目需要参加工作组到实地服务,工作派出前需填写苗圃行动志愿者工作组声明。

退出。(1)志愿者因故退出志愿服务须提前一个月向苗圃行动提出书面申请;(2)志愿者退出前应协助接替者,做好志愿服务的交接工作;(3)志愿者退出时,需与苗圃行动志愿者平台管理中心核对其服务时数,以便管理;(4)即使退出苗圃行动志愿者队伍,志愿者也不能将服务对象的隐私资料泄露给其他人。如出现因志愿者本人行为造成苗圃行动、服务对象或者其他志愿者不良影响或损害的,苗圃行动有权对其进行提醒、教育或取消其志愿者资格的措施,并保留追求其法律责任的权利。

(作者整理。资料来源:苗圃行动志愿者[DB/OL],(2022-08-11)https://www.xiexiebang.com/a5/201905136/51b745e35452fbe2.html)

四、对志愿者的评估、激励和约束

1. 对志愿者的评估。社会组织需要定期对志愿者进行个别或小组的督导,评估其工作表现,了解志愿工作的进展情况,提供适合的辅导及方法,加强志愿者的参与及改善服务的质量。社会组织要提供晋升机会让有经验及专门才能的志愿者参与督导评估。志愿评估工作目的是评价社会组织的志愿者参与计划是否得到了落实,评价一个志愿者的服务是否需要得到帮助,评价组织招募的志愿者在工作中是否体现了权利和义务对等原则,评估组织的志愿服务管理工作是否需要改进等。具体到对志愿者的评估,这项工作包括日常评估、项目评估、年度考核。在日常活动中,评估小组要求志愿者向负责人提交工作日志,需要通过与志愿者保持交流以观察其服务。在项目执行中,评估小组要观察记录志愿者在项目服务期间的状况并反映给志愿者管理中心负责人。在年度考核中,根据志愿者自己填写的服务记录表、日常活动观察记录和项目执行中的表现,评估小组对志愿者做年度综合考核和填写年度评估表,此结果与表彰对接。

2. 对志愿者的激励。激励包括奖惩和约束两个方面。奖和罚是基本激励手段,但社会组织志愿者参加志愿服务并不以获得报酬为目的,所以要更注重对志愿者的精神满足和人文关怀。对志愿者的激励包括物质保障和精神鼓舞:对志愿者要给予工作所需要的基本条件,如工作餐和交通费用补贴、保险和安全保障,依法依规依约定保护志愿者权益等。精神鼓励包括星级评定、评选优秀、表彰晋级等。星级评定是志愿者完成每次服务任务后,项目负责人根据其表现和服务质量,评定一至五星的相应星级。评选优秀,使根据志愿者的年度综合表现,评选出年度优秀志愿者,在每年有特殊意义的日子给予表彰并颁发组织的优秀志愿者证书。表彰晋级，是对贡献突出者和表现优异者，在组织年度大会或国际志愿者日（12 月 5 日）给予表彰，或在刊物和网站予以形象包装，或根据组织设定的志愿者级别（如“见习志愿者、初级志愿者、中级志愿者、高级志愿者、资深志愿者、荣誉志愿者”等），给予相应的晋级。

3. 对志愿者的约束。志愿者一旦被一个社会组织正式录用，两者之间便形成具有权利与义务的约定关系，社会组织既要维护和保障志愿者的基本权益，包括给予工作所需要的基本条件、相关工作的培训、职责权限知情、非本人责任的损失索偿等，也要对志愿者进行必要的规范约束，包括服从志愿工作管理，执行工作任务安排，遵守相关纪律规定，坚守志愿伦理、保护组织安全和维护组织形象等。这些规范约束往往以志愿者守则和志愿者须知的方式让志愿者提前阅知，并在接下来的培训中和必要时机场所得到不断强调，以便使社会组织既能获得良好的志愿服务资源，又成为帮助志愿者成长发展的培育平台。

知识链接 6.7　志愿者准则和注意事项

志愿者守则。（1）了解并认同所在组织的理念、宗旨、基本原则、工作方式，了解其项目的概况，并有义务在实际服务的过程中持续了解。（2）对于志愿服务的时间、地点及内容上，须在协商的基础上服从所在组织的安排。（3）应积极配合工作，当出现志愿者组织的项目与所在组织安排有冲突的状况时，志愿者应顾全大局，服从安排。（4）志愿者应积极地对志愿活动提出自己的意见和看法。（5）志愿者如遇意外情况须退出实践活动的，应提前向领队或总负责人提出书面申请，批准后方可离队。（6）志愿者服务中的各项事务应由项目负责人组织集体讨论决定，志愿者应服从负责人对活动的管理。（7）志愿者不能接受服务对象的贵重礼品和接受服务对象的请餐。（8）在志愿服务过程中，志愿者应当尊重服务所在地的风俗和生活习惯。（9）若发现志愿者个人的行为对所在组织的工作造成了不利影响，志愿者管理者有权提出解决建议、批评以至终止双方的合作。（10）如果活动过程中发生人身伤害或财物损失的情况，组织将根据实际情况来决定责任承担者，同时视情况决定是否采取和如何采取补偿措施及补偿的力度。（11）志愿者应保护所在组织的信息文件安全，保护所在组织的工作人员、志愿者、服务对象及其他个人的隐私。（12）志愿者代表所在组织参加活动时，须积极维护苗圃行动的声誉和形象。（13）志愿者不得以所在组织的名义或利用工作之便进行任何违规违法活动。包括服从志愿工作管理和安排、遵守纪律规定、坚守志愿伦理、保护组织安全和维护组织形象。

志愿者须知。（1）志愿者应衣着得体，举止文明，谦虚有礼，遵纪守法，维护所在组织的声誉和形象。（2）志愿者避免对服务对象采取敌视、鄙视、包庇等任何不恰当的态度。（3）注册为正式志愿者后，请保证至少 50 小时的义务工作时间。（4）如果需要服务证明，请在参与服务前明确提出，服务时间需累计到 200

小时以上,并有完整的参与服务记录表方可出具。(5)作为注册志愿者,请尽量按照约定的时间参与服务。(6)若不能按时参与服务请提前说明情况,若无故缺席三次以上视为自动退出志愿者队伍,如要终止参与服务,请提前一周与志愿者平台协调员联系。(7)请志愿者在每次服务结束前,认真填写参与服务记录表。(8)欢迎志愿者将自己的感受和想法以口头或书面形式与机构坦诚交流、提出意见和建议,组织将及时给予反馈。(9)志愿者撰写有关所在组织的论文文章和调查报告或向媒体投稿,须先经过所在组织阅览并备份。(10)在参与活动时,志愿者要有安全、隐私、自我财物的保护意识,建议不把个人联系方式随意泄露,以免带来不必要的困扰。

(作者改写。资料来源:苗圃行动志愿者[DB/OL],(2022-08-11)https://www.xiexiebang.com/a5/201905136/51b745e35452fbe2.html)

结语。社会组织的人力资源管理是指社会组织根据自身属性,对自身团队成员和外部志愿者人员进行规划、录用、维护、发展的过程。社会组织人力资源管理具有自身特征。社会组织人力资源管理的优势与难点在于:既要借助于员工的益慈热情,又要正确使用物质与非物质的激励方法。对内部团队人力资源工作的主要环节包括:员工素质模型建构、人力资源配置、职业生涯规划、岗位分析与人员规划、招录与培训、薪酬与福利、绩效评估、劳动关系、员工管理制度等主要内容。志愿者是社会组织人力资源不可缺少的组成部分。志愿者人力资源工作有自身鲜明特点,在依法为他们提供最低限度保障条件的前提下,更需要通过精神满足和人文关怀的激励方法来充分发掘志愿者群体的资源潜能。

第七章　社会组织公益营销与公关能力

将商业营销用于非营利部门是一个创新,需要注意与社会组织特点相契合。社会组织应正确运用营销理念,实施包括营销环境与需求分析、准确定位目标,制定营销规划,实施正确的营销方式等在内的营销战略。良好公共关系是有效公益营销的基础。社会组织公共关系是基于公信力和公益慈善使命与社会相关方建立良性互动关系的过程。坚守益慈价值是万通之本,倡导推介公益事业是主要手段,树立组织良好形象是基本任务,获得社会的信赖与支持是最终目的。

第一节　社会组织公益营销的特殊性

社会组织公益营销是社会组织运用商业营销理念方法,了解公益产品的社会需求,畅通与社会各方的交流互动,扩大公益产品的社会影响,拓展组织的社会资源空间的过程。

一、社会组织营销的内涵与价值

组织理论认为,组织依赖环境而存活;与环境互动才能发展,孤立自己只会死亡。因此,社会组织营销不仅要考虑本身的因素,而且要考虑组织与环境的关系互动,这些营销活动涉及了解组织的目标与宗旨,以及它们与组织的拥护群包括普通社会公众的需求愿望之间的对接程度。

1. 社会组织营销的内涵。作为组织职能,营销是识别服务对象的需求,确定组织所能提供最佳服务的目标领域,并且设计适当的产品服务和项目以满足目标群体的管理活动。营销是整个组织的一种理念和行动。营销部门自身无法达到这个目的,它必须与组织内部其他部门密切配合,并且与其整个价值传递系统内的组织合作,以便向服务对象传达出有用的价值。因此,无论公益还是私益营销都要求组织内部每个人都“想顾客之所想”,并且尽其所能地帮助生产并交付的服务对象满意的优质服务产品。

营销内涵要求从组织的理事会成员,到管理团队成员再到每个员工,都必须参与营销过程。大家要自觉倾听社会各方对组织及其产品的意见和建议,主动探求消费者的愿望与需求,识别组织活动的价值大小,确认必须提供的服务;创造一个由社会公益需求驱动的营销决策氛围,刺激营销创新。营销内涵要求组织内应有专门的营销部门与营销人员,应由组织的最高管理者负责监督实施。但是,不能形成一个错误的印象,认为组织已经有专门的营销部门,其他人就不需要考虑营销的事情。而应该是所有的工作人员都必须熟悉营销概念与术语,必须高度关注组织服务产品的供需对接程度问题。

2. 社会组织营销的内容。与企业相似,社会组织公益营销包括的内容有:第一,推介价值观念。以满足服务对象需求为中心的观念是公益社会组织营销的核心思想和理论基础,它贯穿于公益社会组织营销行动的始终。第二,调查与预测。这是公益社会组织认识社会需求、了解服务对象愿望发展变化趋势的重要手段,为公益社会组织制订战略、确定服务目标、制定营销策略提供重要依据。第三,环境分析。主要分析外部环境各基本因素对公益社会组织营销的影响,从中发掘出公益社会组织的机会和压力,便于公益社会组织采取相应措施和策略,以适应环境的变化,实现社会组织的公益营销目标。第四,选择目标领域。主要包括基于调查研究,确定组织的产品投放空间和服务产品的对象选择。第五,产品(product)、价格(price)、渠道或地点(place)、促销(promotion)策略,这是社会组织可以控制的四个基本营销手段。公益社会组织组织一般将以上手段组合起来综合运用,制订营销组合策略,以实现组织营销的管理目标。第六,公益营销战略。从战略管理的角度出发,分析公益社会组织内、外环境,制订组织的营销战略。

3. 社会组织营销的价值。社会组织公益营销对于了解社会的需求,提供具有针对性的公益产品,对于把自身的组织宗旨和传达给公众从而提升组织影响力,对于拓宽组织资源的获取来源,对于引导社会对组织所从事的公益事业进行支持等,都有很好的作用。

第一,推广观念。包括影响服务对象的态度和更新社会组织员工的公益传播理念两方面。就前者来说,我国社会组织作为社会治理的参与者,与官方组织、企业组织相比还比较弱小,力量小、发育慢,能力发挥不被重视,社会对非营利组织活动表现淡漠,有必要运用营销工具来推销公益行业价值,烘托公益性社会服务价值,营造全社会公益舆论和助推公益文化。就后者来说,由于社会组织的非营利性、自愿性和奉献性,提供的服务都是外部性很强的"公共物品",几乎与社会的整体利益都紧密相关,所以不少社会组织的人认为自己的善行没有营销必要。这种消极和无所谓的心理,导致默默无声和被动无为。这需要在更新社会组织员工的旧认识基础上,引入公益营销方法并采取行动。

第二,筹措资金。资金短缺是社会组织的共同难题。自开财源、多渠道寻求资金、开发项目弥补公益支出,已成为社会组织的普遍努力。现实中,国内外非营利组织都普遍采取倡导捐赠、彩票筹资、合理收费、民办公助、邮寄和

"销售"等方式增加资金来源，减少对政府的依赖。同时，寻求营利企业的合作，共同进行公益营销活动，以筹集更多资金。吸引社会资金都与营销有关，有效的公益营销是获得社会各类资源支持的必要环节。

第三，对标需求。在任何环境中，都存在人们对公益慈善服务的需求；在任何时代，都存在非营利组织提供益慈产品的必要。社会组织一方面应增强自身的实力和能力，另一方面要运用好营销工具识别服务对象的愿望和需求，确定组织所能提供最佳服务的目标领域，并且设计适当的产品、服务和项目，以满足特定领域的需要。公益营销理念的树立，要求社会组织"先感应后回应"，以服务对象为中心，开展营销与产品与服务的公益活动。

第四，寻求认同。社会组织通过一些推介形式，引导社会公众关注那些容易被忽略和容易被边缘化的公共议题。通过公益营销策划，向社会推销组织使命、目标价值、服务项目，唤醒人们的认同意识，寻求政府、企业、公众的多方面支持与合作。北京成功取得2008年奥运会举办权，就是基于成功地营销了"新北京、新奥运"的结果。希望工程"让同一蓝天下所有儿童都享有幸福的童年和美好的明天"的宗旨营销，也得到社会公众普遍认同和主动响应。这是社会组织实现使命目标的基础。

二、社会组织营销特点

社会组织营销与营利组织营销相比，存在着很多的相同之处，所以社会组织可以借鉴商业营销方法。两者的相同点在于，营销的环境因应性相同，社会组织同样是由于所处环境的变化而引入营销管理的；营销的作用相同，与营利组织相似，社会组织也是根据对象需求及时做出反应，确保组织目标的实现；第三，营销管理的过程相同。

但是毕竟存在两种组织性质的本质差异：第一，两者的产权及目标不同。营利组织资产归属于某个或某些所有者；而社会组织并不是财产的所有者，只是财产的受托人。产权的不同造成了目标的不同，利润最大化是营利组织追求的目标，而社会组织不以获取利润为目的，追求的是社会公益服务效益。第二，两者的资金来源及其处置不同。社会组织的资金来源主要靠捐赠、政府补贴、免税优惠，也收取一些服务费用，并不享有财产的处置权。而营利组织的资金来源主要靠私人投资和经营，其享有财产利润的完全处置权。第三，社会组织和营利组织的绩效测量标准也不同。由于两者间这些差异，导致了它们营销管理的客体不同、目标和使命不同，从而使社会组织公益营销管理呈现出与营利组织营销管理明显不同的特征。与营利组织相比，社会公益组织营销管理具有如下特点：

(1) 营销对象的多元。在营销活动中,社会组织公益营销的对象包括服务对象、志愿者、捐赠者、政府机构、社会公众;社会组织不仅要对服务对象进行营销,还要考虑对捐助者进行营销。由于存在多元化的营销服务对象,社会组织营销的难度和广度也相应增加。这便要求社会组织管理者必须采用多种形式的营销手段,及时开发提供产品和服务,满足服务对象的需要;通过公共关系活动,与政府和捐助者保持良好的关系;以及利用组织沟通职能,在义务工作者和社会公众中树立良好的形象等。在社会组织管理者采用的多种形式的营销手段中,公共关系营销手段显得尤其重要。

(2) 营销动力的特殊。社会组织实施公益营销不以营利为目的,因而就没有明确的利润考核指标,这样组织内部便无法做到个人的收入与贡献挂钩。同时,社会组织提供的产品和服务多为供不应求,不存在生存竞争压力。这些都使社会组织缺乏直接的营销动力。

(3) 具有抽象营销特点。商业营销往往是有形有物的产品,而社会组织在有些情况下是营销有形产品,但在多数情况下营销的是无形的服务“产品”。比如倡导一种生态与环境保护理念,引导社会成员处理好人与自然的关系。这种抽象性和倡导性的营销活动,虽然对全社会都有价值,却不像有形产品那样对具体个人有直接吸引力。

(4) 与对象意愿不一定一致。营利组织营销奉行“以顾客为中心,顾客是上帝”理念,但对于社会组织却不一定。比如,社会组织开展“使用安全带运动”,这可能与多数司乘人员的习惯和意愿不那么一致。但社会组织营销却不能因服务对象的抵制而放弃工作,“不吸烟运动”也有同类问题。社会组织在这种情况下需要坚守正确的公益理念,要通过有效地公益营销使公众在眼前快乐与长期健康之间,在个人习惯与公众利益之间做出正确的选择。

(5) 公益营销的伦理性。非营利社会组织要受到社会公众的严格监督,因为其提供的公共服务是享受资助和政府免税的。从这个意义上讲,社会组织所承受的政治压力远大于市场压力,而且公众监督有自然的严厉倾向特点。因此,社会组织在进行营销活动时,要求员工不仅应具有专业知识和沟通技巧,而且更要求他们以高度社会责任感,向服务对象和全社会传递客观真实、准确无误的产品内容信息。良好的声望与信用是公益营销的根本价值。

(6) 公益营销的外部性特征。社会组织所提供的一般属于非竞争性非排他性服务产品,相应的营销也就具有突出的外部性特点。那些呼应营销并为之付出时间、精力、劳动的人得到的直接利益很少或根本没有,如环境保护组织所做的努力多数如此,由此导致一些非营利组织认为营销可做可不做。此类特点使公益营销同商业营销相比,显得更为复杂和困难。但无论如何,从社会组织的社会认可度、吸引力、资源可持续性考虑，从社会组织倡导公益慈善精神和推动益慈文化的社会责任考虑，公益营销对社会组织而言不可或缺。

三、社会组织营销发展趋势

1. 社会组织营销的出现。社会组织的管理者很早就开始了会计制度、内务管理、人事管理、战略计划等在营利组织中广泛使用的管理和控制方法，营销则是最后一个被社会组织所采纳的管理方法。1970 年代后期，在发达国家的社会组织发展进程中，随着各国家和地区社会经济的进步及社会组织的发展，一些社会组织认为，为实现其宗旨和目标需要应用营销理论。而且，社会组织当时已经开展了一些尝试性的“营销”活动。社会组织通过直接的邮寄和推广来筹集资金。通过发布公共服务的公告和采用传统广告等形式刺激更多的群体“消费”社会组织的服务。在其宗旨的指导下，社会组织采用此方法以唤醒人们的认同意识，以增加政治与社会对社会组织发展的支持。

起初，社会组织极少将此类活动称为营销。有些组织甚至不知道其各类活动之间的关系，或者不认为营销能为社会组织带来收益。另一些组织虽然认识到营销的特性，却非常不愿意将其活动冠以营销之名，因为那时“营销”还有太多的负面内涵。

世界不断发展和变化，非营利组织亦不例外。1970 年代的社会组织营销的启动很缓慢，然而进入 20 世纪 80 年代和 90 年代，其变化却是里程碑式的。如美国著名的联合募捐协会（the United Way）和癌症协会等都设立了专事营销工作的副理事长。全球许多社会组织和国际间组织，例如世界银行、联合国开发计划署等机构，都通过营销策略来应对因麻疹、营养不良对儿童造成的生命威胁，应对气候变暖、生态保护，扶困济贫，维护世界和平和致力于全球可持续发展中遇到的挑战。营销进入了非营利组织所代表的平民社会这一有别于政府、市场的第三领域并且正在起到预期作用。

非营利组织营销的时代已经到来。营销理念已经成为它们发挥作用的重要因素。最起码，这类组织认为他们所做的每一件事，特别是他们重要的宗旨，会使目标群体行为受到影响。不论是倡导环境保护，还是开展扶贫济困，不论是维护和平、人权保护，还是保护多元文化、弱势群体，不论政府扶助，还是志愿者奉献，这些领域统统都涉及营销。

非营利组织管理者意识到他们必须具备高效的市场人素质，他们的组织必须有高效的营销。经验表明最好的非营利营销者在许多方面常常比市场部门的同行高明。1989 年夏季，管理大师彼得·杜拉克曾在《哈佛商业评论》上撰文指出,非营利管理者实践着大多数美国商人所鼓吹的事情。20 年前,非营利组织营销是一个不好的字眼。而现在,他们大都认识到非营利需要营销管理,甚至超过了商业的需要。当然,非营利致力于“做善事”,但是他们意识到好的意图不能代替正确的营销,不能代替科学管理和领导,不能代替责任、绩效和成果。

2. 社会组织营销的变化趋势。营销在社会组织与其外部环境之间起到桥梁作用。随着非营利部门的发展,社会组织设立相应部门与人员从事营销成为重要的管理要求。营销必须有执行的主体,成立一个营销部门有助于找到组织发展的焦点。其方式包括:聘用具有营销背景的工作人员,提供社会组织营销管理的课程培训,培养具有营销潜力的工作人员,聘请其他组织或机构的营销专家。从 20 世纪 90 年代开始,非营利组织营销领域出现了几个新趋势。

第一个是产生了“社会营销”(social marketing)概念。它强调一般营销观念忽视消费者短期需求和消费者长期社会福利之间可能存在的冲突,但非营利营销的所有出发点都是为了增加社会福利,因此社会营销发生了戏剧性的增长。许多国家的变革计划都具有社会营销的成分。现在社会营销的著述还有实用操作手册并不少见。

第二个是非营利营销的国际标准得到重视。虽然有些非营利营销手册和著作有关于其他国家或地区的,但是许多仍是反映着北美的做法。近年来在不同文化背景下对非营利组织作用的共识不断得到强化。首先,以前政府一般是公共服务的主要承担者,现在社会组织承担越来越多的社会责任。其次,许多国际性的社会机构,比如世界银行、联合国开发计划署等依赖各国非营利组织实施和执行部分重要职能。还有,许多转型国家对社会组织产生日益增加的兴趣并委以社会公益职能。这样,全球各国非营利部门就有越来越多的机会参与到非营利标准的建立和实践过程。

第三个是事业关联营销(cause-related marketing)的重要性增加。随着社会组织认识到他们越来越需要外部的支持,他们开始转向私营部门寻求帮助。而企业也已经意识到加入这类社会公益活动不仅提高了他们的公众形象,而且能够满足企业的营利需要。

第四个是非营利营销伦理凸显。慈善领域可能会发生的欺诈行为,导致各方面对其监督的重视。首先,随着商业机构越来越多地涉足社会和慈善活动,社会各方开始特别关注有关企业和社会组织参与活动的正当性。其次,随着营销技术被广泛地用于对社会问题的干预,营销者开始审视营销技术的伦理要求。最后,非营利组织营销者意识到他们用于非营利世界的许多方法在其他环境下可能并不公正。他们在顾虑政治性广告是否应该与公司广告采用同一标准，市场研究技术是否可以用来探究在某些种族和宗教文化背景下被认为是禁忌的主题等。

第二节　社会组织营销管理过程

与营利组织相似，社会组织“创造实现组织目标交换”的过程也是由一系列营销活动组成的，即：分析自己的营销环境→选择目标领域→制定 4P 策略→实施营销活动这四个环节。

一、分析组织的公益营销环境

社会组织的公益营销环境包括内部环境与外部环境两个方面。内部环境指的是社会组织的内部条件，而外部环境指的是社会组织面临的外部领域空间。相应地，分析社会组织的营销环境，其主要内容包括三个方面：坚守组织宗旨、外部环境分析、内部条件分析。

1. 坚守组织宗旨。当社会组织要开展营销活动时，首先要考虑到组织宗旨。宗旨是社会组织的灵魂，是社会组织存在和发展的根本理由，代表了社会组织的价值追求，反映了社会组织的最终目标和理想。它明确地界定了社会组织的受益群体及其利益和需要，规定了社会组织如何去满足这些利益和需要。宗旨是否明确是影响社会组织存亡的关键。

社会组织公益营销活动要从宗旨出发，始终把握组织的公益目的和方向。要避免使公益组织的营销庸俗化、逐利化甚至是为达目的不择手段。公益社会组织的营销应有超越企业行为的崇高境界，以宗旨来激发和调动员工的工作热情和积极性，形成社会组织的凝聚力和向心力，使所有成员团结一致，形成团队公益精神。

2. 分析外部环境。通过分析组织所处的外部环境，把握组织所面临的机遇和挑战，是制定公益营销策略的一个前提。外部环境分析的主要因素是：(1)一般环境。包括组织发展的社会环境，诸如政治、法律、经济、社会、文化、科技、教育等现状；也包括组织发展的外部条件，诸如资助者、政府、媒体、受益者、合作伙伴、竞争对手、社会公众等因素及其关系。(2)领域情况。指社会组织开展活动及其服务的优势领域。主要包括服务领域的划分、构成、结构、层次、规则、惯例等内容。(3)受益群体分析。(4)同行竞争对象分析。(5)其他人群分析，如志愿者、资助者、专业团体、政府部门、普通民众、评价者、旁观者等。

3. 内部条件分析。所谓内部条件分析,就是要通过分析组织当前和今后的各种自身因素,把握组织存在和发展的优势和劣势。主要包括三个方面的内容:(1)明确组织的目标。也就是明确组织开展营销活动的具体目标。(2)明确组织的资源。也就是要明确组织的资源优势和资源约束、管理优势和凝聚力、竞争策略、潜在性和预期收益等。(3)明确组织的政策。这里的政策指的是除公益营销战略以外的组织发展政策,包括针对主要的受益人群、资助者、社会公众以及其他相关人群所采取的政策,在分类资源分配方面采取的政策等。

分析社会组织的公益营销环境是整个营销过程中最基本的环节,社会组织进行营销时应仔细分析各环境因素,以便选择正确的公益服务战略。在分析社会组织的营销环境前,进行一定的市场调查和预测,了解社会需求的变化趋势十分必要。在此基础上,社会组织需要分析市场环境的各基本因素,研究其对营销的影响,从中发掘出机会和压力,以便于采取相应的措施和策略来实现目标。

二、需求分析与目标定位

企业行话叫市场细分,而社会组织叫"服务需求分析"更恰当。就是根据调查分析确认人们对服务产品的需求差异。进行需求分析的意义在于,有利于了解一定范围内的社会主要问题和痛点,有利于了解这些问题的解决迫切性,有利于了解相应服务的供给状况和水平,有利于找到本组织的机会所在,从而调整和实施有针对性的营销策略。

(一)服务需求分析

社会组织应从营销的目的出发来确定自己的营销目标定位。目的一般是向公众传播公益慈善理念,加提高自己服务产品的质量和针对性,再加提高自己对社会各类支持性资源的吸引力。为此,一个社会组织需要对一个特定空间范围内的区域综合因素、社会痛点因素、益慈供给因素、相关主体因素等进行调研分析,从而更有针对性地制定营销 4P 策略。

其中(1)区域综合因素,是对经济发展表现、社会矛盾关系、社会治理状况、人口总体结构等变量加以分析。(2)社会痛点因素,是对当地所存在的各类矛盾尤其是和本组织服务专业相关的问题进行了解和分析。(3)益慈供给因素,是对当地与问题、矛盾等各类社会痛点人群和点位相对接的公益慈善组织状况和服务产品供给状况进行分析,从中确认缺口和机会的大小多少。(4)相关主体因素,是对当地包括产品使用对象、社会家庭个人、潜在资源捐赠者、志愿者群体、党委政府机构、其他公共部门,对待公益慈善组织及其服务的观念、心理、态度、偏好、主张等加以了解和分析。这几种因素与社会组织营销活动直接相关。

社会组织进行需求分析要满足五个要求。首先是服务的需求空间大小与人群规模应该是可测定的,即可衡量性;其次是提供的服务产品及其所需人财物资源能够得到目标群体和其他相关群体的接受,即可接受性;再次是服务产品的质量和提供规模能够使组织有声誉和资源支持的回报并对组织发展有帮助,即实效性;复次是服务产品的不同对象范畴能被精确区别并采用对应的公益营销组合方案,即差异性;最后是即构成细分对象的各种标准应保持相对不变,即稳定性。

需求分析一般要经历四个步骤:步骤1:调研。调研方法应以问卷调查和各种类型的座谈、访谈为主,重点放在以下几个方面:对服务产品的需求强度和对象目标,对组织提供服务的接纳度和支持程度,对服务产品和服务形式的偏好,对品牌知名度和服务口碑的评价,对产品或服务类别的态度,与产品和服务设计相关的其他变量。步骤2:分析。对所有相关变量做因子分析。步骤3:细分。根据变量分析对组织的服务和产品做机会空间的精细判断。步骤4:确定。决定组织服务产品供给的空间大小和目标人群的规模。

知识链接7.1　徐永光谈希望工程项目设计六原则

把公益市场化真正做好的是希望工程,虽然项目有政府背景,但是整个项目的运行遵循了公益市场化的模式。市场化对应的是行政化。行政化主张“权力”,自上而下。而市场化主张“权利”,尊重交换人的权利。市场化的基本原理:一个是需求导向;另一个是尊重市场各个主体的权利。希望工程在30年前项目推出之前,做了精心设计,遵循了以下六条原则。

第一条,政府支持。例如,义务教育、基础教育是国家的责任。但是,因为当时国家很穷,甚至连教师工资都发不出来,再要政府拿钱资助孩子免费买书,是做不到的。所以,在这种情况下,政府肯定会支持民间力量的参与来弥补财政投入的不足。

第二条,社会关注。希望工程关注儿童、教育和贫困三类社会问题,把严重的现实问题告诉社会,并引起了全社会的强烈共鸣,所以才会获得公众的积极参与。

第三条,群体需求。希望工程回应了贫困地区儿童教育群体的实际需求。

第四条,符合宗旨。机构需要按照自身的宗旨来设计项目,中国青少年发展基金会当时的宗旨就是要服务于青少年的发展。

第五条,国际接轨。希望工程捐款10周年的项目评估显示,36%的资金来自于海外。

第六条,树立品牌。包含项目品牌和机构品牌两个维度。我当时提出,品牌树立的三部曲,它们是逐层递进的关系。第一步,要做好项目品牌,起个好名字,设计好 logo,让外界知道机构在做什么;第二步,树立起机构品牌,把项目和机构相联系,让外界知道做项目的机构是谁;第三步,大家会觉得这个机构做什么都是好的,就会支持这个机构做的任何事情。这样就会使机构的公信力外溢到自己的其他项目中来。

这六条原则包含了项目所有的利益相关者,也包含了机构的整体发展,这就是一个好的公益产品的设计思路。

(资料来源:徐永光:《公益的有效性要通过市场化衡量》,见恩派公益创始人吕朝主办对话栏目《益言堂》"对话徐永光"第三集)

(二) 服务目标选择

需求分析的目的在于选择服务对象。一般要做出两项决策:一是覆盖多大空间;二是如何进行目标定位。也就是说,针对服务领域,组织投入资源与群体对象的需求要匹配。目标空间定位标准有三条:有尚未满足的公共服务需求;有与资源相适应的服务提供和服务消费额度;有相对区分开来的工作边界和服务空间。

社会组织在选择和定位中,有潜在目标定位和显在目标定位两个情况。潜在目标定位,是指社会组织预先对尚未进入的空间,确定有利的工作位置,同时从产品、服务、价格、渠道和促销等方面做全面考虑;显在目标市场定位,是指社会组织为适应已经出现的拥挤状况,给自己确定一个适当的位置。这是最常见的目标定位形式。

社会组织应"扬长避短",努力确定比较优势;把握机会,争取速度;随机应变,灵活主动;注重发挥整体效益,运用好公益营销策略;正确处理好正位竞争与错位竞争的关系。

三、制定公益营销组合策略

企业营销的 4P 策略对社会组织公益营销同样是适用的。4P 策略即产品(Product) 策略、价格(Price) 策略、渠道(Place)策略、促销(Promotion)策略,通常将其组合使用,以实现公益营销目标。

1. 产品策略。正确确定社会组织的产品结构和服务范围,是社会组织公益营销战略的核心。产品是一个向顾客提供某些有价值的物品或服务的总体概念。营销管理学中的产品,是指那些对服务对象具有价值的、用于满足某种需要的实物、服务、信息、理念、创意及观点等等。也就是说,从营销管理学角度讲,产品是一个整体概念,通常叫作整体产品。社会组织提供的产品既包括有形服务产品,也包括无形理念价值产品。

所谓整体产品,包括一切能满足社会目标人群某种需求和利益的产品,更重要的是指产品能够给服务对象带来的个别好处和整体性利益。一个整体产品,包括三个层次:(1)核心产品,指消费者获得某种产品时能够实现的基本效用。(2)形式产品,指人们需要的不同满足形式,包括质量、外观、式样、品牌和包装。(3)延伸产品,指人们在获得核心产品和形式产品的同时所得到的增值部分,也是组织提供的超出预期和习惯的特色服务。

所谓产品组合是指一个社会组织提供的全部服务产品的构成和量的比例关系。由产品线和产品项目组成。产品线是指密切相关的满足同类需求的一组产品。产品项目,凡社会组织在其产品目录上列出的每一个产品,就是一个服务产品项目。所谓优化产品组合,就是不断地调整和改组产品结构,做出最佳产品组合决策,力争产品组合能够使社会组织最大限度地满足服务对象需求,提高社会组织的知名度,获得最广泛的社会捐助。优化产品组合的最常用方法是波士顿矩阵法。

品牌是产品整体概念中的重要成分,也是产品策略中的重要抓手,是增加产品差异性的一个重要方法。品牌的作用有利于广告宣传和推销;便于社会成员辨识和接受服务;有利于社会组织获得资助。社会组织应当以品牌意识来加强服务产品的质量建设。

2. 价格策略。社会组织所提供的产品主要是公益服务产品,所以,社会组织产品的价格实际上成本性收费,有时候会根据产品所具有的某些市场属性,在成本基础上适当合理加收费用。既体现公益性又保证组织的可持续发展,就成为社会组织服务产品的价格策略基础。如果服务被出售而不是赠送,其优点是显而易见的:衡量产出;约束消费;激励员工。尽管有这些优点,但社会组织性质决定了其提供的产品在价格上要加以节制。尤其是下列产品在收费上要谨慎行事:(1)公共产品。一般是为了公众的利益而不是为了个别对象而提供的服务。(2)半公共产品。收费是极其有限的。(3)慈善性服务产品。社会组织服务产品的定价方法主要有:全成本定价,全成本附加定价,分配型定价等。

3. 渠道策略。企业的营销渠道是指产品的所有权从生产领域转移到消费领域的过程中所经过的通道或途径。在这个过程中,既不包括铁路、银行和其他服务性组织和个人,也不包括产品的实体分配路线,还不包括资源供应者、辅助商等,而主要包括生产者、中间商和服务对象。其特点为,销售渠道是由参与产品流通过程的各种类型的机构组成的;每一条销售渠道的起点是生产者,终点是服务对象;在产品从生产者流向最终服务对象的流通过程中,至少要转移一次所有权。

相比而言,社会组织的营销渠道决策至少应该考虑以下三个问题:第一,是否应将服务产品直接传递给顾客。也就是说,社会组织应不应该使用销售渠道,应不应该利用中间人。要做出正确的选择,必须考虑到服务消费环节、生产环节、产品转移关节、组织机构和财务等因素的相互作用。由于社会组织提供的产品主要是公益服务,不能储存。所以,大部分服务产品必须由社会组织直接提供。这里需要考虑两个基本问题:地点和时间。第二,社会组织在需要中间传递环节时,要根据情况选择合适的渠道策略。可考虑的三种方式是:广泛性分销、排他的分销(独家分销)及选择性分销。第三,公益营销场所的布置。

知识链接 7.2　销售渠道的主要功能

(1) 信息:收集和传播公益营销环境中有关潜在与现有服务消费群体、同行组织和其他参与者及力量的信息。

(2) 促销:传播有关公益服务产品的信息以吸引社会公众的注意力。

(3) 谈判:尽力在社会组织和资源支持者之间、在社会组织和服务消费者之间达成条件和价格的一致,以实现公益营销的目的。

(4) 订货:公益营销渠道成员向产品生产者明确购买意图。

(5) 融资:社会组织收集和分散资金,以负担公益营销工作所需费用。

(6) 承担风险:在执行渠道任务的过程中承担有关的风险。

(7) 有形产品储运:服务产品实体从原料到最终服务消费者的连续储运。

(8) 付款:如果允许收费,则要在相关环节形成款项往来。

(9) 服务产品转移:公益服务产品由生产提供者转移给享用者。

4. 促销策略。促销意指公益服务产品销售人员通过各种方式将有关社会组织及其产品的信息传递给服务对象,促使潜在消费群体对该产品产生信任和好感的活动。促销的实质是社会组织与现实和潜在消费群体之间进行信息沟通的过程。而一个完整的信息沟通过程应能回答 5 个问题:谁说;说什么;通过什么渠道或媒介;对谁说;有何效果。这一过程由 9 个要素构成:信息发送者(信息源);编码;信息;媒体;译码;接受者;反应;反馈;噪音。社会组织一个完整的促销决策过程应该包括六个阶段:确定目标受众、确定沟通目标、信息设计、选择信息传播媒体、制定促销预算、制定促销组合。

知识链接7.3　社会组织的促销方式

(1) 广告。广告可多次重复,特别适合于向分散于各地的众多目标群体传递信息。

(2) 人员推销。是最直接有效的公益促销方式,特别是在取得服务对象信任、建立产品偏好和促成消费方面,效果突出。

(3) 经营推广。包括多种能在短期内迅速刺激服务需求,促成服务对象使用某一特定服务产品的促销活动。

(4) 公共关系。公共关系是一种间接的公益促销方式,并不要求达到直接的销售目标。社会组织应更多地选择公共关系的公益促销方式。

第三节　社会组织公益营销战略分析

社会组织公益营销战略是指在符合和保证实现组织使命的前提下,在充满变化的环境里,谋求组织长期生存、发展所进行的综合性谋划。社会组织在制订公益营销战略时,最根本的一点是要利用自己特有的优势,根据行业特长来制订战略。

社会组织确立公益营销战略需要注意以下问题:(1)每个社会组织在组织结构、筹资运营、服务形式等各方面会有不尽相同之处。每个社会组织要根据自身特点,结合公众需求,实施最适合的公益营销战略。(2)精确营销调研,准确服务定位。其中调研为定位提供信息基础。调研的过程要注意避免信息过多、范围过宽,定位摇摆、难以确定等问题。(3)关注社会发展,提升公益营销素质。社会组织公益营销战略离不开社会发展和社会支持,其公益营销战略也必须能够随着社会各方面的进步而不断地提升和发展,即所谓“与时俱进”。

一、文化优势与公益营销战略

文化与公益营销具有共生性,营销是伴随文化的发展而发展起来的,它本身也是文化发展中表现出来的一种存在物。所谓文化,是人类在社会中为了生存和发展,通过体力和智力的劳动,以适应和改变自然界而创造的物质财富和精神财富的总和,包括生产工具、生产方式、科学技术、政治制度、社会组织、哲学、文学艺术、宗教信仰、风俗习惯等。文化包括价值观、知识以及对人们来说是适当的并乐于接受的物质技术,文化是价值、知识和物质客体的贮存器。由此可说社会组织是文化集散地,化构成了社会组织的相对优势。社会组织制订相对文化优势营销战略,能增强团队的内聚力,有利于树立组织形象,扩大社会组织的影响。利用社会组织的相对文化优势制定营销战略应注意:

(1)传统文化与现代文化相结合,国内文化和国际文化相结合,商业文化和公益文化相结合,创新有利于公益营销的符号载体。(2)在广告设计上要用丰富的真善美公益文化内涵吸引社会和吸引自己的服务对象,制造慈善无边的社会环境,创造令人动心的气氛。(3)在产品定位推介上要给人以安全、舒适、可靠、有个性的印象。(4)在公共关系方面,要与政府、企业、居民积极沟通,通过以人为本来确立公益天使优势。

二、核心能力与公益营销战略

核心能力是社会组织制定营销战略的主线。核心能力有三个特征:一是创造性,它能够为消费者创造出特定价值。二是差异性,组织的产品为避免产品同质化或被别人模仿,而发展有个性优势的产品。三是延伸性,它体现了组织持续发展的素质能力。核心能力必须把握社会潜在的需求动向,不断地以一些准公共产品,开拓新的服务空间。

核心能力的本质在于追求独特价值。这里的价值有三层意思:一是服务对象评价。当他们认为你所提供的服务产品满足了他的需求,才可以说有价值;二是组织员工价值,只有当社会组织员工的追求得以实现,焕发他们为实现组织目标而服务的自觉意识,组织才具有可持续发展的基础;三是组织品牌价值,即社会公众和服务对象对社会组织及其服务产品经久不变的接纳度。

社会组织在构筑核心能力营销战略时要把握好几个方面的能力:组织内部的学习能力;把握社会对公益服务的潜在需求能力;快速应变能力;信息处理能力;决策能力。上述方面的能力主线是把握社会对公益服务的需求趋向。员工不断地学习创新是提高这一能力把握度的前提条件,而快速应变能力、信息处理能力、决策能力都是为拓展服务空间服务的。

对潜在需求的把握能力要从两个层次上进行:第一层次是真正发现社会公众有需要而社会组织自身却忽视了的公益服务领域。第二层次是从量的方面分析社会公众的需求比例,即该种潜在的需求发展趋势在数量上能否构成新的产品空间,其需求量与发展前景怎么样,对该领域的开发成本能否收回等。

三、组织差异化与公益营销战略

差异化公益营销战略是社会组织区别于同行或竞争对手的一种设计。差异化营销战略在2008年奥运会“奥运行动规划”中得到了成功的运用,“绿色奥运、科技奥运、人文奥运”的理念就是例证。

社会组织差异化营销战略包括的工作要求是:第一,建立客户档案。运用信息技术,建立服务对象数据库,对其消费需求进行统计、分析,从而发现服务对象区别之所在。第二,提供个性化的服务。社会组织为了创造品牌形象,应努力向不同类型的服务对象提供个性化的产品和特殊服务,尽可能地满足不同层次服务对象的需要。第三,在社会组织内部确立"一对一"公益营销方法,让全体员工明白服务对象的重要性,使员工与服务对象进行链接与沟通。创造条件让服务对象向组织和营销员工进行无障碍交流,让双方都能及时了解服务的文明性、及时性、适用性、舒适性、安全性等方面的信息,以便快速及时地建立公益营销管道。第四,服务产品的差异化。一种服务产品对消费者利益的影响越多,形成差异化的可能性就越大。社会组织与服务对象在利益价值之间如果形成与众不同的联系,就实现了差异化。第五,形象的差异化。用形象标准加强使用标准的差异化,树立组织形象,提高社会组织知名度。在组织标志、机构名称、团体理念、组织行为规范等方面,设计内部统一、外部个性化、与众不同的独特形象,给社会公众和服务对象留下深刻印象,本身就是营销战略。

知识链接 7.4 用 OIS 识别系统塑造社会组织形象

OIS 即组织识别系统,是英文 Organization Identification System 的缩写。借鉴了 60 年代在美国提出的企业识别系统的做法,是促进组织走向整体化、形象化和系统管理的一种新概念。它将组织理念运用整体传达系统,传达给组织内部与外部社会,使其对组织产生一致的认同感或价值观,从而形成良好的组织形象和达到扩大组织影响的目的。

OIS 系统主要由理念识别(Mind Identity, MI)、行为识别(Behavior Identity, BI)、视觉识别(Visual Identity, VI)三个部分构成。这些要素相互联系,相互作用,有机配合。

理念识别(MI)是组织的根本理念识别系统。主要包括:组织的定位和宗旨使命,组织信条,组织治理结构形态,组织的社会责任承诺,组织的目标和发展规划,组织的公共关系模式,组织的社会服务追求等。属于组织文化的最高价值范畴。

行为识别(BI)是组织对行为方式进行统一规划而形成的动态识别形态。它以组织最高价值为依据,对内建立完善的组织制度、管理规范、教育方式、行为引导;对外通过社会活动、公共关系、营销活动等方式来突出组织特点,以达到吸引社会公众对组织的注意力和促使组织自觉约束去努力树立良好组织形象。

视觉识别(VI)是以组织标志、标准字体、标准色彩为核心形成视觉传达体系,将组织理念、文化特质、服务内容、组织规范等抽象语意,通过组织的各类载体传递为可见的具体符号。视觉识别系统分为基本要素系统和应用要素系统两方面。基本要素系统主要包括:组织名称、组织标志、标准字、标准色、象征图案、宣传口语、组织手册等;应用系统主要包括:办公用品、组织设施、组织环境、产品包装、广告媒体、交通工具、衣着制服、旗帜标识、陈列展示等。视觉识别最具有传播力和感染力,最容易被人们识别。

四、环保生态与公益营销战略

环保营销或生态营销战略,亦称绿色公益营销战略,一般指不损害人类自身生存环境及后代利益为条件,以满足服务对象和社会安全、健康需要而展开的一系列营销活动。绿色营销战略要求遵循生态规律,按照人与自然和谐相处的理念,在营销过程中将自身利益、环境利益和社会利益有机结合起来,在满足人们当前的物质、文化需求的同时保持与环境的和谐,提高当代人与子孙后代的生活质量。社会组织应当适应社会可持续发展的要求,以绿色营销战略导向作为其经营哲学,协调好社会组织与生态、环境的关系。

社会组织绿色营销战略内容包括:绿色营销策略的制定、绿色服务策略、绿色营销的分销渠道策略和传播策略。

社会组织制定绿色营销策略的过程,是其根据公益营销目标,对来自营销调研、审核的信息加以整理和分析,从而确定社会组织绿色化营销的范围、程度和重点的过程。绿色公益营销目标是将营销目标与生态环境目标相结合,以达到可持续发展的目的。绿色营销策略是社会组织以绿色营销哲学为出发点,通过服务产品的空间定位和目标群体的选择,正确运用服务质量、服务推介和提供渠道等技术组合,获取充分的服务空间的重要手段。

社会组织的绿色服务策略,是指比一般同类服务更加符合保护人类生态环境和社会环境要求的服务产品策略。从服务技术创新、服务产品设计、生产到消费等各环节全过程防止环境污染,是社会组织实施绿色服务策略的主要方面。

知识链接7.5　社会组织的绿色服务策略

首先,实现服务技术创新的绿色化。绿色技术创新就是降低服务产品生命周期成本的技术创新,主要包括服务产品生产的原材料、设备、工具的创新和生态化改造,以及服务产品开发和生产过程中的处理和制造技术的创新。

其次,实现服务产品设计的绿色化。绿色设计主要有质量功能开发、材料选择设计、面向循环的设计、生命周期评估和绿色设计工具软件的开发等几个方面。

再次,实现服务生产的绿色化。清洁生产是指既可满足人们的需要又可合理使用自然资源和能源,并保护环境的实用生产方式和措施,其实质是一种物料和能耗最少的人类生产活动的规划和管理,将废物减量化、资源化和无害化,或消灭于生产过程之中。

最后,实现服务消费的绿色化。绿色消费实质上是指以可持续的和承担社会责任的方式进行消费。绿色消费需要是指人们为了满足生理和社会的需要,而对符合环境保护标准的服务产品的消费意愿。

社会组织绿色营销的渠道,是指社会组织将服务产品从生产者向最终服务对象转移过程中所经过的通道。社会组织为了适应服务对象绿色服务需求,扩大绿色服务产品推广,应不断建立和完善绿色服务产品网点,形成绿色通道,延长网点服务时间,增加网点服务品种,改善服务方式,提高服务质量,为服务对象消费绿色服务产品提供最大便利。

社会组织绿色公益营销的传播,关键在于正确策划绿色营销传播活动。活动程序包括六个阶段:确定绿色营销传播目标、确定绿色营销传播预算、识别和确认目标受众、搜集和整理营销信息、选择公益营销信息传播方法、评估和调整公益营销传播方法。社会组织绿色营销的传播,还要净化社会组织绿色营销宣传,实施绿色营销广告策略。

第四节　公益营销中的公共关系活动

公共关系问题与社会组织的营销有着密切关系。社会组织的公共关系管理,其目的是和决定该组织成败的所有公众之间建立和维持相互受益的良好关系。以公众利益为重或公众利益至上,是现代公共关系的根本观念,是实现组织与公众之间关系协调的基础。

一、对社会组织公共关系的理解

1. 社会组织公共关系的特点。一般来说,社会组织公共关系是指社会组织与相关方的交往和联系,其本质是一个社会组织与各有关方面的传播管理,其目的是与这些对象建立一种相互信任的关系。公共关系的主体是社会组织,而社会组织的类型也很多,如依据国外组织目标划分,有社区服务型、助他保健型、助他教育型、自我改善型、沟通传播型、科研学术型、助他社会福利型、社会居民自助型、环境保护型、消费者福利型、国际事务型、职业协会型、休闲娱乐型和资金筹集型等。

不同的社会组织有不同的公众,其公共关系也有相应的特点。一般来说,公共关系与营利活动和竞争行为的联系密切。竞争性的营利组织要生存、发展,必须通过市场争取顾客,一般会有自觉的公共关系意识和行动,其公共关系的营利动机也更为明显。社会组织没有营利动机,相对而言公共关系意识可能会被忽略。相比于营利机构,非营利组织的公共关系有所不同。

第一,社会组织开展公共关系是为增加公益效益。社会组织由于其性质,决定其公共关系最终成果主要应体现于社会效益。比如,不仅要努力塑造自身形象,还要致力于为从事的事业提高知名度和美誉度。对许多社会组织来说,后者常常比前者更为重要。假如一所学校不能让公众知晓、理解教育事业在经济发展、社会进步中的重要作用,它自身的形象也难以树立。但是,由于社会组织的生存、发展与社会支持有关,其公共关系最终必然或多或少、直接或间接地要同经济效益挂钩。一个非营利组织的公共关系不能推动拓展社会资源获取渠道,就难有持久的生命力。在这一点上,营利组织正好相反,一般而言,营利组织的公共关系首先是追求经济效益,其他则排在后面。

第二,社会组织进行公共关系工作的实力有限。大多数社会组织依靠政府拨款、社会和个人赞助,经费首先要保证基本开支,公共关系方面常常只能量力而行。依据少花钱、多办事、办好事的原则,积少成多,积小成大,逐步累积形成某种声势。同时,社会组织公共关系人员较少、甚至没有专门配备,经常是临时组阁,专业能力也因人而异,所以大多数情况下只能选择经济、节约的做法,如张贴标语、散发宣传单等。营利组织则不然,一般人员配备较为齐整,多为专职,职业水准高。由于创造物质财富,其运营结果产生收入,公共关系工作也有相对稳定、充裕的经费,多有实力开展耗资较多、规模较大的公共关系活动,因此有条件使用能迅速产生轰动的方法、媒介。从这个意义上说,无论国内国外,社会组织开展公共关系工作难度都相对要大。

第三,社会组织与公众之间关系较为松散。他们之间缺乏相对固定的利益关系或利益色彩比较淡薄。例如大多数的人都会承认环保的重要,但一个义务的环境保护团体却未必能一下子招募到足够的志愿者,很快得到社会广泛支持和响应。由于社会组织公众太宽过泛,经常是同一类公众对同一事物难以形成一致看法,因此面对的情境更复杂。营利组织则与其公众之间维持联系的利益点较明显、密切,又容易认识,如企业与顾客、供应商和社区之间,反映到特定公共关系工作中则是营利组织的公众针对性较强。

2. 社会组织公共关系与营销的联系。社会组织的营销实践与营利组织的原理相似,目的不同。它们是为了更科学、有效和合理组织自己的非营利活动,使其公益服务产品更加切合特定社会需要。在非营利组织益慈活动中,虽同时存在营销和公共关系需要,但两者既有差别也有联系。

第一,一般意义上的比较。公共关系作为一门学科,学术界及有关人士曾为其下过许多定义。分别从“是什么”“为什么”“做什么”以及“怎么做”等方面，阐述了“公共关系”的内涵和外延。虽然角度不同、表述不尽一致，基本精神却大体相近：公共关系是社会组织与其相关方之间的一种以传播为基础、以沟通为结果的交往；是社会组织必需的管理职能之一；目的是争取各关系方面的理解、合作和支持。为生存和发展营建良好社会环境；是社会组织的一种负责任的、有计划、有目的和持续的活动。

自营销学创建以来，国内外众多的学者同样也进行了许多的努力，试图更准确地说明什么是“营销”。归纳各种营销定义，可以概括营销为将合适的产品，以合适价格，在合适的地点，用合适的方式促销，提供给合适的需求对象。

詹姆斯·格鲁尼格认为，经济环境和生活环境之间的差别，有助于区分营销和公共关系的职能。营销基本上被作用于社会组织的经济环境，公共关系则作用于其社会环境。营销是为了发展交换关系，公共关系是要维系与公众的共同利益关系。英国的丹尼·莫斯(Danny Moss)分析，营销和公共关系的相同之处在于都涉及对社会组织和它的目标公众之间关系的管理；都涉及交换，其中营销主要关注产品和服务的推介，公共关系则关注信息和意见的交流；都有赖于对目标公众的看法和行为的了解；都要通过一系列有内在联系的活动达到目标。但是营销和公共关系目标有所不同，目标公众也有所不同，信息战略、对信息控制和信息可信度方面有所不同，所用媒介和与媒介的关系方面也有不同。这对于理解两者异同有重要的启迪。

第二，传播活动层面的比较。在营销管理中，营销传播或促销是不可或缺的一个方面，公共关系基本上是一种与有关群体之间的信息交流活动。两者之间的区别是，(1)营销传播和公共关系的对象范围不一。营销传播关注的重点是消费空间，促销主要面向消费对象及影响潜在的利益相关者：公共关系侧重于与公众沟通，对象更宽泛，包括员工、投资者、社会公众、传媒和政府成员等等。(2)公共关系常常作为“整合营销传播”(Integrated Marketing Communications, IMC)的工具之一。广告、公共关系、大型活动或“事件”、组织形象识别系统和直接营销等方式的综合运用，形成整合营销传播。它最大优势在于使公众和服务对象“听见的是一种声音”，从而更有效地接受信息。在这个过程中，公共关系活动必须从属于营销管理。

3. 社会组织公共关系的应用领域。社会组织的价值或是推动某种社会事业发展，或是普及某种知识、观念或信仰，或是唤起公众对某种社会现象、事物的普遍关心，或是解决某个人类面临的共同问题。不同的社会组织有其具体的使命目标，都与从事或完成某种公益任务有关。因此，作为一种不可或缺的管理职能，社会组织公共关系有自己的应用范围：

第一,扩大影响。在现代社会,公众越来越关心有关社会组织的声誉、责任、工作成效以及所从事的具体事业,社会组织之间的竞争也越来越激烈。一些社会组织常常由于公众缺乏了解,被认为不尽职责,可有可为。这种情况使越来越多的社会组织开始重视扩大自身影响,帮助公众了解自己的宗旨、活动,引导其接受、使用自己的服务等。成就荣誉是社会或有关部门对一个组织或其成员的评价,更是社会组织树立良好形象的根据。从本质上说,扩大影响的工作是一种"营销"。营利组织通过扩大影响,"营销"自己或产品的形象;社会组织通过扩大影响,"营销"自己的宗旨和服务,使公众了解自己的存在价值。在作用上公关和营销紧密相关。

第二,发展组织。社会组织获取人力资源中,难度较大的是招募志愿者。公益性社会组织面对这种情境,主要从提高公众公益精神和社会责任感入手;互益性的社会组织则把重点放在弥补公众预期与公益绩效的差距上,通过扎实的努力满足公众要求,以达到吸引人们加入组织的目的,这自然也是公共关系的应有之义。

第三,争取支持。首先是争取媒介支持。新闻媒体对社会舆论有很大影响。社会组织多数没有充裕的资金,无力大规模开展公共关系活动。它们更要注重与新闻媒介密切联系,以提高在社会上"亮相"的频率。社会组织从事的多是非营利事业,多与社会或公共利益有关,更易引起新闻媒介关注,成为"新闻源";其次是争取企业和公众。社会组织一般不创造物质财富,社会的影响力多数不如营利组织,有时甚至被公众视为"无所谓存在"。端正企业和公众认识,建立友好关系,留下良好印象,夯实支持基础,是社会组织公共关系的重要任务。再次是争取组织成员支持。一各社会组织推出新的服务项目,离不开员工支持。互益性社会组织更是如此,没有内部公众支持就会失去生命力。最后是争取政府支持。社会组织的建立要由政府有关部门审批,还有一些社会组织的服务希望得到政府购买以获得政府经费,甚至社会组织还希望将自己对公益慈善的倡导立场,契入相关立法和公共政策,这些都需要通过公共关系让政府官员了解自己,重视自己,接受自己,创造提供帮助的条件。

第四,推广理念。社会组织需要通过公共关系向社会或特定公众推介自己。推广观念与扩大影响,两者的目的有所不同。对社会组织来说,扩大影响是它在"营销"自我,推广观念则重在"营销"其事业。商业机构在营销方面有丰富经验和成熟的方法,因此许多社会组织也引入了营销管理模式,创造性地用于"营销"其事业和自我。

第五,筹措资金。筹措资金是社会组织维持生存和发展的首要问题,并被列入社会组织公共关系的过程。因为没有良好的公共关系支持,任何筹措资金的工作都难以成功,更不能持久。社会组织筹措资金广义上说只有两种路径,一种是通过各种赞助筹措,另一种通过商业活动筹措。我国也有不少社会组织为公益事业、社会活动筹措资金的事例,如各种社会福利奖券、彩票的发行等。通常,用商业活动方式筹措可以依据企业化的原则方式,但其公共关系仍与一般营利组织不同。社会组织更需要严格的自律,并通过公共关系向公众说明其初衷和事实真相,避免误解和敌意。

知识链接7.6 社会组织公共关系的意义

(1) 基金募集:通过展示业绩和对募集到的资金的可靠使用情况,说明组织的事业和服务是足够有价值的,以此获得支持。

(2) 社区意识:社会组织可以通过改良社区关系,使其成为值得支持的组织,并提高自身的价值。社会组织可以通过彰显为社区提供的服务来获得支持,可以通过培训服务对象,来建立良好的组织形象。

(3) 吸引和留住成员:与潜在的和现有的成员沟通,用感情留人。

(4) 游说和倡议活动:如果社会组织的市场和广泛的公共利益相一致,就可以通过公共关系来追求立法目标。方式包括鼓励新闻媒体报道社会组织的立场和发表支持性的文章,并提供生动的陈述,影响法规和公共政策。

(5) 危机管理:在危机期间,协调沟通,帮助那些受伤害的人,在困难环境中把社会组织塑造成负责的、反应迅速的形象。

二、社会组织的媒体公关活动

(一) 媒体在社会组织公共关系中的作用

新闻媒体具有鲜明的社会公共色彩,它承担着提供信息、舆论导向和稳定社会的职责,成为社会心理状态的指示器。而在当代信息社会中,媒体是向公众提供各种信息的最主要渠道,也是民众获得信息的重要来源。大众传媒在塑造公众价值观念、强化公众意识、反映和引导社会舆论等诸多方面发挥着重要的作用。在社会组织公共关系活动中,社会组织必须重视媒体的作用。而日益成熟的当代媒体,完全能够凭借自身的优势,充分运用媒体的公关职能,在社会组织公关管理中发挥积极的作用。实际上,媒体在社会组织公共关系中发挥着不可替代的重要作用。

知识链接7.7 媒体在社会组织公共关系中的作用

媒体在社会组织公共关系中的重要作用主要表现在以下几个方面:

第一,发现社会组织公关危机征兆和警示信息的公关“预警”作用。在社会组织公关危机的潜伏期,媒体利用发达的信息网络,及时发现公关危机征兆,并向社会组织传递潜在的危机警示信息,从而引起社会组织的重视,及时采取行动,把潜在公关危机消灭在萌芽状态之中,就会防范危机的爆发。媒体是社会组织公关危机预警机制的一个重要方面。

第二,满足公众的信息需求,帮助社会组织传递信息。在社会组织公共关系中,媒体可以进行及时、准确、全面的信息披露和解读,使公众信息需求得到满足。通过媒体传递信息,可以将信息直接传递给公众,减少信息传递环节,避免信息失真,在一定程度上避免谣言、小道消息的产生或传播,从而把社会公众对社会组织的舆论引导到有利方向上来。与此同时,社会组织应有目的地选择信息源和信息传播渠道,有效地控制新闻传播的导向性,防止媒体传导不正确、不全面的消息,误导社会民众,使其错误地理解社会组织的行为意图。

第三,引导公众情绪,帮助社会组织赢得社会支持。公众的情绪受媒体的影响很大。媒体的正确引导,可以稳定公众情绪,凝聚社会力量。媒体能够通过新闻报道激发人们的同情心,并最终使他们伸出援助之手,支持社会组织。因此,社会组织要有针对性地通过和媒体的对话、宣传、诱导,大力发挥新闻媒体的传播、聚合功能,迅速通过多渠道获得信息并对其加以分析综合,向社会公众阐明社会组织宗旨、目标和计划,从而获取公众支持。

第四,塑造与提升社会组织在公众心目中的形象。社会组织的有关活动和事项,比如宗旨理念、重大项目策划、基金募集等,经过新闻媒体加以报道之后,会在公众的意识当中留下深刻印象。媒体及时报道社会组织的各项措施及其效果,对塑造社会组织形象起着至关重要的作用。因此,社会组织应时刻注意保持与公共媒体的沟通交流,完善良性的媒体沟通系统,主动寻求与媒体的合作,建立与媒体之间畅通的交流渠道。

(资料来源:宫秀川:《国际上现代传媒在社会危机管理中的作用》,《哈尔滨市委党校学报》,2004年第1期;王国华、武国江:《新闻媒体在政府危机管理中的作用》,《云南行政学院学报》,2004年第3期)

(二)社会组织的媒体公关策略

在社会组织公共关系中,如何发挥媒体积极作用,正确引导舆论,把公众对社会组织的舆论引导到有利方向上来,需要社会组织与媒体完美结合,更需要高超的媒体公关策略。

第一,通过媒体快速传递权威信息,在激发公众情绪中实现社会组织公关传播的基调统一。媒体是公众情绪的“风向标”,更是公众情绪的“催化剂”“导航员”。在社会组织公共关系中,公众情绪是一道不可逾越的波涛,引导得好,会向有利方面发展;引导得不好,则向不利方向发展。媒体通过快速传递权威信息,能够在潜移默化中把公众的感性体验上升到统一的理性认识,从而在激发公众情绪中统一社会组织公关传播的基调。

第二，在设置舆论焦点中塑造社会组织的良好形象，以获取民众支持。大众传媒具有一种为公众设置“议事日程”的功能，大众传媒作为“大事”加以报道的问题，同样也作为“大事”反映在公众意识中；传媒新闻报道以赋予各种“议题”不同程度显著性的方式，影响着人们对周围世界“大事”及其重要性的判断。任何社会组织公关传播，总会形成一定的舆论焦点，影响人们观念。在此过程中，社会组织要主动作为，通过影响媒体相关报道的叙事框架和议程设置来影响公共舆论，从而争取公众对社会组织的理解、支持和主动配合。因此，社会组织要努力建立与媒体之间的信任关系，通过媒体辐射社会组织益慈意向和理念，在设置舆论焦点中塑造良好形象，以获取民众支持。

第三，在满足公众信息需求中保持社会组织正常运转。在现代社会，提供准公共产品与服务的社会组织，必须对公众充满信任和保持敬畏，尊重包括知情权在内的所有公众权利，有责任向媒体通报情况，对外发布信息。而媒体的价值取向应当也必须与公众利益相一致，主动承担应尽的社会责任，以自己的社会良知和职业道德，满足广大公众的信息需求。新闻媒体要不断提高公关传播的引导水平，通过及时客观的报道和正确的舆论引导，增加社会向心力。正是在满足不同公众对不同信息需求的基础上，媒体保持了社会组织的正常运转。

总之，为了提升与完善社会组织媒体公关策略，必须在媒体、社会组织和公众三者之间建立一种良性的三角互动关系：使得媒体既影响社会组织，又在一定程度上受到社会组织的监督与制约；既引导公众，又满足公众需求。同时它一方面代表公众时刻关注、监视社会组织的项目进展和资金募集使用等情况，另一方面又传达社会组织的声音和信息。媒体是一种公共资源，在社会组织公共关系中，应充分运用媒体的舆论优势，在社会组织的公关策略中得到媒体的协同。

（三）社会组织新闻发言人制度

社会组织新闻发言人制度是社会组织管理人员通过新闻发布会的方式经由媒体告知公众有关信息，以澄清事实，避免恐慌，同时争取公众对社会组织管理工作的理解、支持和配合的一种制度。社会组织新闻发言人制度是社会组织公共关系框架的重要组成部分，是社会组织调节社会公共关系的重要手段之一。社会组织新闻发言人是架在社会组织与公众之间的桥梁，它使公众的知情权获得最大限度地满足，同时将公众的想法反馈给社会组织。通过社会组织新闻发言人这种直观的、人性化的方式，向媒体和社会公众传达即时信息，满足公众的信息需求，取得公众的理解和支持，可以有效地调节公共关系，树立社会组织的良好形象。

完善社会组织新闻发言人制度,需要注意以下几点:

第一,担任社会组织新闻发言人相对固定,新闻发言人一般应为本组织的决策团队成员或者高级管理人员,要有比较好的综合素质。这样,既可以显现社会组织的重视程度,又可以保证信息传递的权威性。应对社会组织领域法规政策和业务动态有全面了解和准确理解,很好的文字和语言表达能力,应当具有公共关系的亲和力。

知识链接 7.8　对社会组织新闻发言人的要求

任务	知识	技能
在镜头面前表现自然	理解准确传递信息的重要性	强的信息传递技能
有效回答问题	理解长时间停顿的危险性 掌握有效倾听的步骤 理解"无可奉告"的危险性 理解和记者争论的危险性	快速思考 有效倾听 别的语言替代"无可奉告" 压力下保持冷静
清晰表述危机信息	理解和专业术语有关的问题 理解回答的必要性	能避免使用专业术语 组织回应
能处理复杂问题	理解复杂问题的特性	能确认复杂问题 能要求对方重复问题 有技巧地处理复杂问题 质疑不准确信息 妥善应对无法回答的问题

(资料来源:W. Timothy Coombs. *Ongoing Crisis Communication*: *Planning*, *Managing*, *and Responding* [M]. New York: Sage Publications Inc., 1999, p65)

第二,应提前制定社会组织媒体公关预案,并有明确的媒体应对运作流程。媒体应对运作流程应包括以下要素:通知新闻媒体发布信息的时间;明确什么情况下进行发布,媒体沟通的目标是什么;由谁发布(通常是社会组织新闻发言人);发布口径由谁提供,由谁审批;发布形式(根据实际情况,可以召开新闻发布会、书面发布、提供新闻稿等多种形式);首先要保证的主流媒体是哪些等。

第三,确立有效的媒体应对模式。社会组织与媒体实际上是相互依存的。社会组织需要媒体宣传其政策主张,取得公众的理解和支持;媒体也需要社会组织的信息。社会组织新闻发言人制度正是寓组织意向于媒体公关之中,通过主动提供发言信息,达到既满足媒体需求又传播组织价值,既影响舆论走向又提现组织透明度的目的。

第四，与媒体互动的基本原则。主要包括：(1)第一时间原则。社会组织应该在第一时间引导舆论，先入为主，先声夺人。(2)滚动发布原则。不断发布最新情况，对过去发布的不准确信息要立即纠正，保持社会组织是信息最权威发布者的地位。(3)真实性原则。要求社会组织新闻发言人言辞审慎，表情严肃，态度坚定认真，确保信息的真实性。(4)口径一致原则。对外公布信息的口径只能是一个，必须高度一致，不能提供互相矛盾的信息。(5)满足基本需要原则。不必一次披露所有的信息，只要简明扼要地把基本情况讲清楚即可。

三、社会组织公关的沟通策略

公关沟通是社会组织公共关系的基础性手段。而公关沟通策略是影响社会组织公关成败的最直接因素，应当注重科学地运用公共关系学的原理、方法进行有效沟通。

社会组织公关的沟通渠道主要包括：(1)大众传播类的报纸杂志、宣传单、小册子、海报、广播、电视、幻灯、录音、录像、网络等。这类媒介传播迅速及时，信息覆盖面广，能产生轰动效应，引起公众的高度关注。(2)人际沟通中的个别访谈、人际交流、电话交流等。这类形式传播直接，手段丰富，反馈迅速，富于人情味，能引起受众感情共鸣。(3)群体沟通中的社团集会、社区联谊、联欢会、新闻发布会等。这种方式的传播注重观点互动，能推动深入沟通，能及时纠正可能产生的偏差。(4)公众沟通中的政策报告会、演讲会、政策宣传队、政策表演会、接待与交流、政策解释、政策展览活动等。这类形式的传播组织性强，感染力、渗透力强，容易从感情深处打动受众。(5)公共事务的处理活动：如参与社区事务、进行公众教育、政治游说、与压力团体协调等。

总体而言，社会组织须采用“雄鹰”式的公关沟通策略①，主动迅速出击，果断承担责任；避免“鸵鸟”式退守避让的消极态度。采取“雄鹰”式策略，要把握五个要素：Sources（信息源）、Media（媒介）、Attitude（态度）、Response（回应）、Timing（及时），即所谓“SMART”格式。

“雄鹰”式沟通应遵循的主要原则是：未雨绸缪原则，事先制订好公关沟通计划，确定和培训公关沟通的专职人员；快速反应原则，高效率和日夜工作是不可缺少的条件；真诚坦率原则，强调实言相告，越是隐瞒真相越会引起更大的怀疑；人道主义原则，公关沟通中首先要考虑人道主义的原则；维护形象原则，社会组织形象是公关沟通的出发点和归宿。

---

① 王磊、韩爱红：《危机中怎样做雄鹰》，载《中外管理》，2001年第2期。

社会组织"雄鹰"式沟通的主要内容和程序有:第一,进行事前公关调查和公关预测。公关调查要回答两个问题:要弄清楚社会组织的类别和特征;要列出可能发生的各种公关事件。需要对公关调查所取得的结果进行分析,并预测可能对组织造成多大损害,从而为制定公关沟通方案做好前期准备。第二,确定重点沟通对象,建立有效的公关沟通和传播的信息通道。公关沟通的首要任务是要明确沟通对象。必须重视沟通渠道的建设,有效的信息沟通渠道包括确定沟通媒介和沟通主体以及保证沟通渠道的连续性和畅通性。第三,做好公关沟通方案,这是公关沟通策略的基本依据。

知识链接7.9 "雄鹰"式公关沟通方案的主要内容

(1) 在公关沟通中时刻将公众利益置于首位。要站在公众利益立场上,发现和评估公众利益需求,并给予及时弥补和满足,这是争取公众支持和合作的有效沟通手段。

(2) 牢牢把握公关信息传播源,掌握公关信息发布的主动权,以社会组织为第一信息源,控制信息传播途径。"无可奉告"只会引起人们的好奇和反感。根据公众反应的变化,社会组织应在第一时间,以最快的速度做出反应,及时进行信息沟通。

(3) 与媒体保持友好关系,确定公关沟通传播所需的媒介,如名称、地址及联系电话。

(4) 确定媒体传播的相关对象,如项目受益者、政府、捐赠者、资助者、合作伙伴等。

(5) 备好有关背景材料,并不断根据最新材料予以充实。

(6) 建立新闻中心,作为新闻发布会和媒介索取新资料的场所。

(7) 建立与完善社会组织新闻发言人制度。应挑选具备公关素养和技能的人选担任新闻发言人,并训练他们如何与媒体沟通。

(8) 保证重要信息通讯基础设施的安全和信息沟通渠道的畅通,以接收新闻媒体和公众电话,若有必要,一天24小时开通。

(9) 确保社会组织内具有足够的受过专业训练的公关沟通人员,以服务媒体和其他外部公众的查询。

(资料来源:W. Timothy Coombs. *Ongoing Crisis Communication: Planning, Managing, and Responding* [M]. New York: Sage Publications Inc., 1999, p65)

最后,进行公关沟通训练。成立公关沟通小组,挑选合适的人员,并接受如何接受记者采访、电话问询的公关沟通训练。此外,社会组织"雄鹰"式公关沟通策略在实施过程中,还需要注意一些问题:第一,面对公关事件,应考虑到最坏的可能,并及时有条不紊地采取行动。第二,在公关沟通中,以最快的速度启动公关沟通中心,调配经受过训练的专业公关沟通人员,以实施公关沟通计划。第三,及时了解公众的情绪,倾听公众的意见,满足公众的需求。第四,掌握舆论的主导权,尽力以社会组织发布的消息为唯一的权威性来源。第五,统一信息传播的口径,对技术性、专业性较强的问题,避免使用行话或专业术语,要用清晰的大众语言向公众表达。在公关沟通传播中应使用清晰、不产生歧义的语言,以避免出现猜忌和流言。第六,如果新闻报道与事实不符,应及时予以指出并要求批评更正;对于经查有严重失实和恶意中伤的报道,应有理有节地坚决反击。如果新闻报道已经构成侵权,可以通过法律途径解决。第七,不要发布不准确的消息,绝对不要用猜测或不真实的信息来填补消息的空白。第八,采取开诚布公的态度,坦诚地对待公众和媒介。第九,公关沟通人员要有足够的心理承受能力。第十,公关沟通活动完毕后,应及时总结经验、吸取教训,作为以后类似公关沟通事务的处理依据。

结语。社会组织营销是一个社会管理过程,在这个过程中,社会组织通过创造、提供及与他人交换有价值的准公共产品来满足自身的需要与欲望。与营利组织营销管理相比较而言,社会组织营销管理具有明显不同的特征和难点。社会组织营销管理的过程主要由四个环节:分析社会组织的营销环境→需求分析与选择目标→制定营销策略→实施和控制营销活动。社会组织营销战略是指在符合和保证实现组织使命的前提下,在充满变化与竞争的环境里,谋求组织长期生存、发展所进行的综合性、总体性的谋划。而每个社会组织都需要有效的公共关系活动,社会组织公共关系意义重大。从本质上而言,社会组织公共关系是建立在社会组织与其公众双方地位平等基础上的,以双向信息沟通为主要手段,以互惠互利为基本宗旨,以处理关系和树立形象为基本任务,以增进社会组织利益为最终目的的管理职能活动。作为社会组织的一项管理职能和活动,社会组织公共关系具有公众导向、信息咨询、沟通协调和传播管理等功能。公共关系与营销的结合运用,是社会组织益慈事业发展中一个必不可少的重要工具。

第八章　社会组织的项目管理能力

在参与社会治理和服务中,社会组织离不开项目运作。申请项目、设立项目、管理项目、评价项目成为一个社会组织必须具备的能力。社会组织项目既具有一般项目管理的共性,亦具有自己的个性。认识和了解其富有特点的理念、流程、技术方法,对社会组织有效参与社会治理和提供社会服务很有必要。

第一节　对社会组织项目管理的认识

社会组织项目管理不仅具有项目管理的一般特性,还具有自身的特性。本部分从概念入手厘清项目、项目管理、社会组织项目、社会组织项目管理等基本概念,回顾项目管理的发展历史。在此基础上,对社会组织项目管理的特点、原则、意义和保障做概要阐述。

一、有关项目管理的概念

社会组织项目管理是一般项目管理的重要内容,本部分在阐述一般项目管理的基础上,给出社会组织项目管理的定义,分析社会组织项目管理的多元主体。

1. 一般项目管理。美国项目管理协会(Project Management Institute,PMI)在《项目管理知识体系指南》中界定,项目就是用来创造唯一产品或服务的一项临时性任务。项目是外延非常广泛的概念,一项工程、一项研究、一个计划、一场活动都可能是一个项目。任务可以分为日常任务和项目两类。是否具有临时性的,是否创造了唯一性的产品或服务是区分两者的标准。项目管理研究的有关研究围绕这两条标准对项目的属性进行过描述,虽有多种说法,但对项目属性基本上形成共识,包括以下几点:①

一次性。一次性是项目与其他重复性运行或操作工作最大的区别,项目有明确的起点和终点,没有可以完全照搬的先例,也不会有完全相同的复制。项目的其他属性也是从这一主要的特征衍生出来的。

独特性。每个项目都是独特的,或者其提供的产品或服务有自身的特

① 项目属性的论述转引自吴之明、卢有杰:《项目管理引论》,北京,清华大学出版社,2001 年。

点；或者其提供的产品或服务与其他项目类似，然而其时间和地点，内部和外部的环境，自然和社会条件有别于其他项目，因此项目的过程总是独一无二的。

目标确定性。项目必须有确定的目标，这些目标包括时间性目标，如在规定的时段内或规定的时点之前完成；成果性目标，如提供某种规定的产品或服务；约束性目标，如不超过规定的资源限制；其他需满足的要求，包括必须满足的要求和尽量满足的要求；目标的确定性允许有一个变动的幅度，也就是可以修改。不过一旦项目目标发生实质性变化，它就不再是原来的项目了，而将产生一个新的项目。

活动整体性。项目中的一切活动都是相关联的，构成一个整体。多余的活动是不必要的，缺少某些活动必将损害项目目标的实现。

临时性和开放性。项目班子在项目的全过程中，其人数，成员，职责是在不断变化的。某些项目班子的成员是借调来的，项目终结时班子要解散，人员要转移。参与项目的组织往往有多个，多数为矩阵组织。甚至几十个或更多。他们通过协议或合同以及其他的社会关系组织到一起，在项目的不同时段不同程度的介入项目活动。可以说，项目组织没有严格边界，是临时性的开放性的。这一点与一般企事业单位和政府机构很不一样。

项目管理的专化于 20 世纪 40 年代在美国“曼哈顿计划”中被创立并实施。随后项目管理的思想、方法和技术得到不断的丰富和发展。比如 1957 年杜邦公司创立了关键路径法（CPM）。1958 年美国军方在“北极星导弹计划”中，应用了计划评审技术（PERT）。20 世纪 60 年代，美国在“阿波罗登月计划”中采用了矩阵管理技术、规划计划预算系统等项目管理技术。上述项目管理的实施显著地降低了成本、提高了效率、节省了时间。

20 世纪 70 年代以来，发达国家的项目管理在项目领域、项目规模、项目性质等方面出现了多样化的局面。就项目领域而言，项目管理迅速地从军事和航空领域扩展到民用各行各业，工业、农业和第三产业普遍开始大规模地使用项目管理的思想、方法和技术，并取得了辉煌的成就。就项目层次而言，项目管理从主要运用于宏大项目扩展到运用于大项目、中型项目和微小项目。就项目性质而言，项目管理从主要运用于建筑和物质生产的“硬项目”扩展到文化、社会和知识生产等“软项目”。20 世纪 90 年代，随着人类进入信息时代和知识经济时代，项目管理出现了国际化、信息化、多样化、职业化的发展趋势，项目管理已成为一项蓬勃发展的事业。

项目管理在“二战”以后发展为管理科学的一个分支，并形成了国际项目管理协会和美国项目管理协会两大知识体系。1965 年第一个专业性国际项目管理协会在瑞士洛桑成立,随后美国项目管理协会也于 1969 年成立。1976 年,美国项目管理协会在蒙特利尔会议上制定了项目管理的标准,形成了项目管理职业的雏形。1984 年美国项目管理协会推出项目管理知识体系和项目管理专业证书。其《项目管理知识体系指南》经 1991 年和 1996 年两次修订后,成为项目管理知识体系走向成熟、完整、特色的标志。1998 年 7 月国际项目管理协会在卢布尔雅那(Ljubljana)会议上也就该协会项目管理人员专业资质认证全球通用标准进行了确认。

20 世纪 80 年代,中国开始将项目管理纳入国家标准建设和人才培养的轨道。1986 年国家经贸委在全国推广包括统筹法在内的 18 中现代管理方法;1992 年国家技术监督局颁布了网络计划技术标准 GB 13400,这是我国第一个项目管理的国家标准;2000 年 1 月 1 日开始,我国正式实施《中华人民共和国招标投标法》,该法成为项目招投标管理的法律依据。此后,为适应社会力量参与社会治理和服务的新形势,国家财政部、民政部、工商总局于 2014 年发布《政府购买服务管理办法(暂行)》。后财政部以此为基础做进一步修订完善后,于 2020 年 3 月 1 日正式实施。此一法一规成为我国社会组织项目管理的法规保障。

项目管理在中国取得了重大的成就 1982 年启动招标到 1988 年竣工的鲁布革水电站引水系统工程是我国第一个利用世界银行贷款,项目管理的实践也受到政府、企业和社会组织的高度重视,并按世界银行规定进行国际竞争性招标的项目管理工程。目前项目管理开始频繁地用于政府、企业、第三部门等组织的管理中。经济、文化、科教、国防等所有重要领域,诸如银行贷款项目,能源、交通、水利等基础设施项目,房地产项目,农业发展项目,工业企业技改项目,环保项目,扶贫项目,科研、教育项目,体制改革项目以及体育、文化活动项目等都大量地采用项目管理的方法。三峡水利枢纽工程、神五研发、奥运工程等等重大项目都是项目管理的典范。

2. 项目管理的知识体系。根据美国项目管理学会《项目管理知识体系指南》,所谓项目管理就是将知识、技能、工具、技术应用于项目活动,以期满足或者超越项目利益相关者的需求和期望。① 由此可见,项目管理是针对项目的一种特殊管理活动,具有综合性、临时性、一次性、创造性的特点。项目管理的实质是通过合理而充分地利用人、财、物、时间和信息等资源,通过计划、组织、领导和控制等管理过程,以实现项目相关人的目标和需求。

---

① Project Management Institute. *A Guide to the Project Management Body of Knowledge*, Third Edition (PMBOK Guides). Project Management Institute. 2004.

知识链接8.1 关于项目管理的知识体系

一般而言,项目管理包括动态管理和静态管理两部分。动态管理包括初始、计划、执行、控制和收尾过程;静态管理则包括项目管理的九大知识领域:

(1) 项目集成管理。项目集成管理包括那些确保项目各要素相互协调所需要的过程,它牵涉到在竞争目标和方案选择中做出平衡,以满足或超出项目相关人的需求和期望。项目集成管理体现为三个主要过程:项目集成计划的建立、计划执行、项目总体变更控制。

(2) 项目范围管理。项目范围管理包括保证项目完成并仅仅完成全部要求的工作以便成功完成项目所需要的过程,包括立项、范围计划编制、范围定义、范围核实、范围变更控制。

(3) 项目质量管理。项目质量管理即确定质量方针、目标和职责并在质量体系中通过诸如质量计划、质量控制、质量保证和质量改进使其实施的全面管理职能的所有活动。包括质量计划编制、质量保证和质量控制。

(4) 项目时间管理。项目时间管理包括为确保项目按时完成所必要的过程。包括工序定义、工序排序、工序工期估计、制定进度计划、进度控制。

(5) 项目成本管理。项目成本管理包括确保在批准的预算内完成项目所需要的诸过程。主要过程包括资源规划、费用估算、费用预算和费用控制。

(6) 项目采购管理。项目采购管理包括需要从执行组织以外获得货物和服务的过程。主要过程包括采购计划编制、招标计划编制、招标、选择来源和合同管理。

(7) 项目人力资源管理。项目人力资源管理包括需要最有效地利用涉及项目人员的过程。它包括组织的计划编制、人员招聘、队伍开发。

(8) 项目沟通管理。项目沟通管理包括保证及时、适当地产生、收集、发布、储存和最终处理项目信息所需的过程。包括信息计划编制、信息发布、执行情况汇报和行政收尾。

(9) 项目风险管理。项目风险管理包括对项目风险的识别、分析和应对过程。它包括对正面事件效果的最大化及对负面事件影响的最小化。项目风险管理包括对项目风险的识别、分析和应对过程。

(资料来源:Project Management Institute. *A Guide to the Project Management Body of Knowledge*, Third Edition (PMBOK Guides). Project Management Institute. 2004)

国际项目管理协会则在国际项目管理专业资质认证中提出了国际项目管理组织能力基准,该基准论述了项目管理的28个核心要素和14个附加要素组成。

知识链接8.2 国际项目管理协会的项目要素①

(一) 28个核心要素:	
1. 项目和项目管理	2. 项目管理的实施
3. 按项目进行管理	4. 系统方法与综合
5. 项目背景	6. 项目阶段与生命周期
7. 项目开发与评估	8. 项目目标与策略
9. 项目成功与失败的标准	10. 项目启动
11. 项目收尾	12. 项目结构
13. 范围与内容	14. 时间进度
15. 资源	16. 项目费用与融资
17. 技术状态与变化	18. 项目风险
19. 效果量度	20. 项目控制
21. 信息、文档与报告	22. 项目组织
23. 团队工作	24. 领导
25. 沟通	26. 冲突与危机
27. 采购与合同	28. 项目质量管理
(二) 14个附加要素:	
1. 项目信息管理	2. 标准和规则
3. 问题解决	4. 谈判、会议
5. 长期组织	6. 业务流程
7. 人力资源开发	8. 组织的学习
9. 变化管理	10. 行销、产品管理
11. 系统管理	12. 安全、健康与环境
13. 法律方面	14. 财务与会计

3. 社会组织项目管理。社会组织项目管理,就是社会组织为了实现社会组织的功能,在实施特定的项目过程中,通过合理而充分地利用人、财、物、时间和信息等资源,通过计划、组织、领导和控制等管理过程,以实现项目相关人的目标和需求的活动。社会组织项目管理区别于社会组织常规事务的管理,具有综合性、临时性、一次性、创造性的特点。

按照结构功能主义的观点,只有政府、市场和社会形成合理的功能结构和

① 资料来源:*International Project Management Association. IPMA Competence Baseline*(3rd). See: http://www.ipma.ch/publication/Pages/ICB-IPMACompetenceBaseline.aspx.

组织结构,才能实现经济社会的稳定、健康和可持续发展。随着改革开放的推进,政府和市场、国家和社会间的关系发生了明显变化,政府通过向“掌舵者”、促进者和监管者的角色,将职能转变到“经济调节、市场监管、社会管理和公共服务”上来,将自己不能做、做不了、做不好的服务事务移交给市场和社会组织来做,这已经成为全社会和决策层的共识。

知识链接 8.3　国务院首次选择 11 家社会组织参与农村扶贫

国务院扶贫开发领导小组办公室于 2007 年 1 月 19 日宣布宁夏扶贫与环境改造中心等 5 家非政府组织在竞标中胜出,获得了参与政府扶贫项目的机会。此前,已有 6 家非政府组织于去年 2 月通过招标参与目前正在江西省试点的村级扶贫规划工作。这是中国政府首次将财政扶持资金委托非政府组织管理,并以招标方式选择非政府组织具体实施政府扶贫项目,实现了扶贫模式的历史性突破。

在江西省试点的项目中,国务院扶贫办和江西省扶贫办将提供 1100 万元人民币财政扶贫资金,委托中国扶贫基金会组织招标选择一些非政府组织在江西省的 22 个重点贫困村实施村级扶贫规划项目,此举标志着非政府组织第一次系统并且直接参与村级扶贫开发规划的制定。经过竞标,国际小母牛项目组织、江西省山江湖可持续发展促进会、江西省青少年发展基金会、宁夏扶贫与环境改造中心、中国国际民间组织合作促进会和陕西省妇女理论婚姻家庭研究会 6 家机构在村级扶贫规划项目招标中最终胜出。这 6 家机构也因此成为政府扶贫资源首次公开向非政府组织(NGO)开放试点工作的第一批中标机构。

(资料来源:井敏:《国务院首次选择 11 家非政府组织参与农村扶贫》,新华网北京 2007 年 1 月 19 日)

4. 社会组织项目管理主体。社会组织项目管理主体有广义和狭义之分。广义的社会组织项目管理主体包括主要包括社会组织项目资助者、委托者、招标者、投标者或承接者。狭义的社会组织项目管理主体单指社会组织本身。社会组织本身既可以作为招标方投资公益项目也可以作为投标方竞争特定的社会项目,并实施该项目。

狭义的社会组织项目管理的主体有多种类型。不同国家和地区,对于国际和国内层次的社会组织有不同的分类方法。2007 年国家民政部参考联合国关于非营利组织的细分方法,在社团、基金会、社会服务机构三大类型基础上,进一步细化了社会组织的分类标准。见表 8.1:

表 8.1　民间组织分类标准及指标解释①

大类	门类	代码	类别名称	指标解释
经济	S	1.	工商服务业	从事工业、商业、服务业等经济类组织,包括商会
	S	2.	农业及农村发展	直接为农业及农村发展服务的组织
科研	M	3.	科学研究	从事自然科学、社会科学研究的组织,包括思想政治工作研究会
社会事业	P	4.	教育	从事各种教育活动的组织
	Q	5.	卫生	从事各种医疗、卫生、保健服务的组织
	R	6.	文化	从事文学、艺术、娱乐、收藏、新闻、媒体、出版等方面的组织
	R	7.	体育	从事各种体育运动、健身活动的组织
	N	8.	生态环境	从事动物、植物保护,环境保护以及环境治理的组织
慈善	Q	9.	社会服务	从事社会福利、救灾救助、社会保障及社会事务的组织
综合	S	10.	法律	从事各种法律研究、咨询、援助、代理的组织
	S	11.	宗教	各类宗教及宗教交流组织
	S	12.	职业及从业者组织	职业协会、专门行业从事者组织
	T	13.	国际及涉外组织	国际性社会组织、外国商会、境外社会组织驻华机构等
	K	14.	其他	校友会、友好协会,及其他未列明的组织

二、对社会组织项目管理的理解

社会组织项目管理与一般项目管理尽管有相同之处,但由于社会组织的特性,也就决定了与之相关的项目管理会有某些差别。

1. 社会组织项目管理的特点。社会组织项目管理既有一般项目管理的共性,还有社会组织具有的个性,这使社会组织项目管理与其他主体承担的项目有所区别。

(1) 公共性。社会组织所要实施和管理的项目具有社会公共性。项目管理的过程以实现公益为目标,项目管理的产出、项目管理的过程、项目管理的评估等环节都需要遵循公共利益最大化和公共利益优化的原则。社会组织项目管理的公共性具有多个维度,无论是从制度、规范、组织、机构、参与还是利

① 民政部办公厅:《关于修改民政事业统计台账民间组织分类的通知》(民办函〔2007〕210 号)。

益的视角进行界定都只能反映公共性的一个侧面。实际上,公共性是一个可以从主客观两个方面加以理解的概念。从客观方面来说那些具有非竞争性和非排他性的产品具有公共性。从主观方面来讲,公共性是表征主体间共识达成度的概念。当具有各自目标的个人聚合在一起形成公共意志的时候,主体间共识达成度高则公共性高,主体间共识达成度低则公共性低。国际层次、国内层次、地区层次和社区层次等多个多个层次的社会组织的公共性具有不同的受益范围和认同范围。据此可以将社会组织分为两种,一种是有关特定群体成员利益的互益组织,一种是为社会整体和人类整体利益服务的公益组织。互益组织提供俱乐部服务产品;公益组织则提供社会服务产品。

(2) 服务性。社会组织项目管理的服务性是由社会组织的功能决定的,社会组织的功能决定了社会组织为社会提供的绝大部分都是纯粹公共产品。社会组织从事的公益慈善项目、社会救助项目、科学研究项目、教育项目、环境项目等等,都是为全社会或针对特定弱群提供的社会服务。

(3) 非营利性。与私人部门的项目管理不同,社会组织的项目管理不以营利为目的,并不向它们的经营者或"所有者"提供利润。社会组织的"非营利性"主要体现在组织成员不分配剩余上面。社会组织"非营利性"并不意味着它不能从事任何经营性活动,关键是看它是否把收入用于组织事业发展。在社会组织项目管理中,需要通过加强自律机制、监督机制、问责机制、法律约束机制和税收机制确保社会组织项目管理非营利性的实现。

(4) 透明性。透明性是与社会组织项目管理公共性紧密相关的重要特性,它意味着社会公共组织财务收支、社会服务质量、组织治理、人力资源等环节的信息公开、透明和可监督性。社会组织使用的是社会资源,会得到国家的税收减免、会接受社会各界的捐助,目的是为社会提供公益和服务,其财务收支的公开才能确保项目目标的实现,因此社会组织项目管理透明性的核心是财务收支的公开性。社会组织项目管理透明性还表现在社会组织产出方面,即社会组织产品质量和组织绩效评估的公开性和公众参与。

2. 社会组织项目管理的原则。社会组织项目管理的原则由社会组织项目的本质属性决定,社会组织项目管理是公共性和管理性的统一,要求社会组织项目管理必须遵循一些基本原则:

(1) 公正原则。社会组织项目管理的公正原则意味着,其项目管理的目标、过程、组织必须以公正作为价值追求,确保社会组织项目的益慈服务产出要体现出促进机会公平、起点公平、对象公平、程序公平,避免因社会组织不当服务伤害经济社会竞争发展的效率机制。

(2) 诚信和责任原则。社会组织的公共性决定了社会组织项目管理必须坚守诚信和责任原则。这意味着社会组织必须为社会公益负责,为服务对象提供承诺的服务产品,在项目过程中对社会舆论保持高度敏感,对社会公众的诉求保持快速回应性,随时根据公众积极建议对项目产品予以改进。为此需要由确保诚信和责任的相关制度,比如建立严格的绩效评估机制、责任追究机制等。

(3) 3E 原则。3E 即经济(economy)、效率(efficiency)和效益(effectiveness)原则,该原则是项目管理的经济—技术目标。社会组织项目管理除了实现公共性目标以外,还要实现经济和技术优化的目标。社会组织项目管理要求项目的目标、组织、过程、内容、方法合乎工具理性,做到技术先进、经济节约,管理系统优化。在采用先进的科学技术手段基础上进行管理再造,对管理过程进行成本—收益分析和技术经济分析。

3. 社会组织项目管理的意义。社会组织项目管理具有重要的经济社会意义,具体而言包括以下几点:

(1) 是提高社会组织效率、经济社会效益的重要途径。项目管理是提高投入和产出效率的重要手段。成功的项目管理实践反复证明,项目管理可以在降低成本、节约物力人力、节约时间的同时实现利益相关者的预期目标。同样,社会组织通过采用项目管理的方法可以大大地提高投入产出的比例,节约社会资源,提高社会组织项目产品的质量,增加社会效益。

(2) 是增强社会组织的合法性的重要手段。社会组织的合法性是标志社会组织得到社会公众认同、同意和支持程度的概念,公众对社会组织的认同、同意和支持程度高则社会组织的合法性高,反之则合法性低下。社会组织项目管理通过贯彻公正原则、责任原则、法治原则,改变了传统管理官僚化严重、浪费严重、公众参与不足的弊端,帮助提升社会组织的积极正面影响。

(3) 是增强社会组织管理能力的重要方法。社会组织管理能力包括社会组织治理能力、社会组织筹款能力、社会组织营销能力、社会组织公共关系能力、社会组织战略和管理能力等诸多方面。社会组织项目管理作为一种完整的、成熟的、有效的管理方法,通过社会组织项目管理的引入,可以全面提升社会组织提供公共产品和公共服务的管理能力。

三、社会组织项目管理的保障

社会组织项目管理的实施需要众多的组织条件、社会条件和管理条件加以保障。社会组织项目管理的顺利开展和健康发展,需要考虑如下基本的保障条件。

1. 组织文化保障。组织文化,是一个组织由其价值观、信念、仪式、符号、处事方式等组成的特有的文化形象。组织文化对组织的决策、组织的管理、组织的发展会形成深远的影响。美国哈佛大学教育研究院的教授泰伦斯·迪尔(Terrence E. Deal)和麦肯锡咨询公司顾问艾伦·肯尼迪(Allan A. Kennedy)提炼出了企业组织文化的5个要素,即企业环境、价值观、英雄人物、文化仪式和文化网络。[①] 社会组织的文化也包括这5个关键要素,社会组织项目管理的采纳需要社会组织处于法治和民主的社会环境中;需要形成经济、效率、公正、透明和服务的社会组织价值观;需要社会组织的领导人不懈地推动;需要形成一套项目管理的制度和工作习惯。

2. 人力资源保障。社会组织项目管理的实施离不开懂得社会组织项目管理的领导层和执行层,需要社会组织的员工熟悉项目管理的理念、方法和技术。建立社会组织项目管理的专业队伍,加强社会组织项目相关人员的培训,建立完善的社会组织项目管理人才招聘、选拔、激励、奖惩、流动、辞退制度是确保项目管理实施的人力资源保障。

3. 管理流程保障。社会组织项目管理本身包括是一套规范、成熟的管理方法,这套方法即涉及动态的管理过程,又涉及静态的管理要素。社会组织要想使项目管理能够在组织中运转起来,必须为项目管理提供组织管理流程的保障,关键是要做到项目管理运作的规范化,做到项目管理流程的透明化,建立项目管理的监督机制、验收评估机制,并及时将项目管理的成败得失进行总结归档。成熟完整的流程操作是社会组织项目管理法人的有效保障。

第二节　社会组织项目运作过程管理

社会组织项目运作一般包括初始、计划、实施、控制和收尾五个环节。这整个过程中,每一步都与项目管理管理的九大知识领域紧密相关。社会组织项目一般采用招投标的方式竞争获得,招标投标双方需要遵循《中华人民共和国招投标法》和《政府购买服务管理办法》等相关法律法规进行项目管理。

一、社会组织项目运作的一般流程

社会组织项目管理包括初始、计划、实施、控制、收尾五个环节的全流程如图所示:[②]

项目管理过程和项目管理知识体系是统一的整体,在初始(准备)过程中

① [美]特伦斯·迪尔,艾伦·肯尼迪:《企业文化——企业生活中的礼仪与仪式》,李原,孙敏译,北京,中国人民大学出版社,2008年。

② 转引自张勇毅,朱俊文:《国外项目管理的两大研究体系介绍》,TCCCE系列论丛。

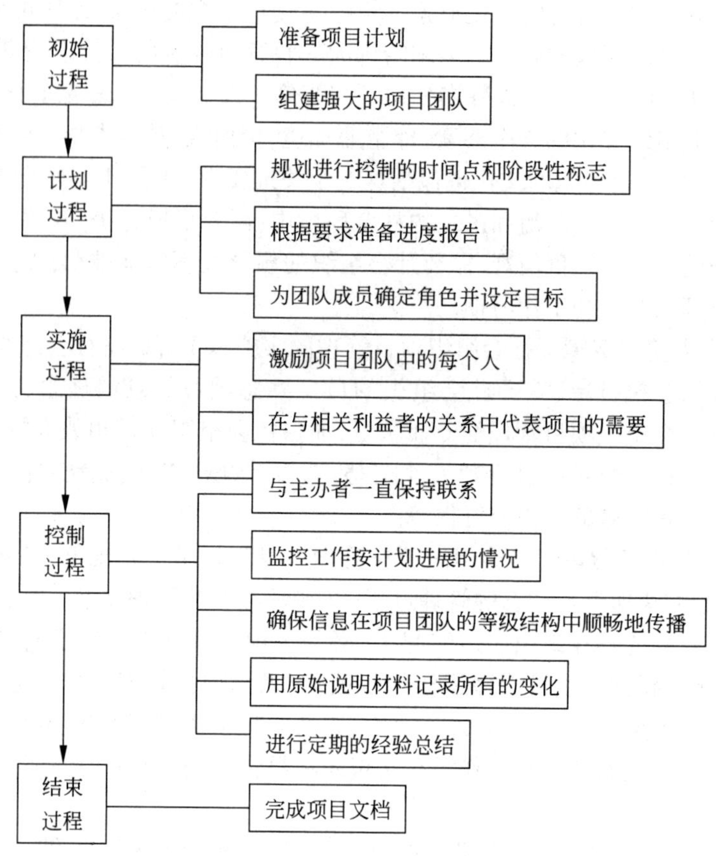

图 8.1 社会组织项目运作流程

各项管理开始酝酿;在计划过程中项目计划、范围计划、范围定义、活动定义、活动排序、活动历时估算、进度安排、资源计划、成本预算、质量计划、组织计划、人员计划、风险定义、风险评估、采购计划、沟通计划和冲突管理等事项开始全面规划;在执行过程中质量保证、人员开发、采购过程、信息发布等工作开始开始运转;在控制过程中整体变更控制、范围验证、范围控制、进度控制、成本控制、质量控制、风险控制、采购控制、执行状况报告等各项工作全面开展;在收尾过程中范围确认、质量验收、费用决算与审计、项目资料与验收、项目交接与清算、项目后评价等活动开始运转。表 8.2 归纳了过程与各项活动的关系。

在实践中,各个组织都有不同的项目管理方法和程序,但其目的是一致的,即优化项目资源的使用,加强项目活动的管理,以便利用有限的资源实现目标。在项目获得批准进入实施过程后,需要组织启动管理程序。项目管理程序主要有项目启动、实施计划与原则、项目的组织整合、项目的控制等。

表 8.2　社会组织项目管理过程与各项活动

	初始	计划	执行	控制	收尾
整体管理		项目计划制订	项目计划执行	整体变更控制	
范围管理	启动	范围计划 范围定义		范围验证 范围变更控制	范围确认
时间管理		活动定义 活动排序 活动历时估算 进度安排		进度控制	
成本管理		资源计划编制 成本估算 成本预算		成本控制	决算 审计
质量管理		质量计划编制	质量保证	质量控制	质量验收
人力资源管理		组织计划编制 人员获取	人员开发	人力资源控制	人员解散
风险管理		风险定义 风险评估		风险控制	
采购管理		采购计划	采购过程	采购控制	
沟通管理		沟通计划编制 冲突管理	信息发布	执行状况报告	管理收尾

资料来源:作者根据相关资料整理。

1. 项目的启动。有的社会组织启动项目时,往往会忽略可能遇到的问题和困难,容易盲目启动、仓促上马,导致项目实施中的混乱,无法按照计划进行,给后期的项目实施,带来极大的风险,甚至最终遭受损失。因此,越来越多的社会组织对于项目上马的决策已经趋于理性,严格要求做好项目启动前的论证工作。在满足当前紧迫的业务需求和长远的战略需求之间做好平衡。确保项目建设的成功。

项目启动的具体事宜取决于项目所在的管理环境的要求。在项目启动期,可以准备一个启动检查清单,以确保有序,避免疏漏。由于一般人员对于项目申请工作涉入不深,对于项目的具体细节并不很了解,所以需要有一个类似动员会性质的项目启动会。帮助大家了解情况,强化意识,增进和调动组织整体的积极性。

2. 实施计划和原则。项目计划是一种使具体目标和战略明确的过程,是一个关于如何启动、维持和保证项目顺利实施并完成项目的过程。社会组织项目计划是围绕着社会组织项目目标展开的,它系统地确定项目的任务、编制预算、安排项目进度等,从而保证项目能够在合理的期限内,尽可能以少的投入和尽可能高的质量完成。

制订项目计划的目的在于把项目的主要设想和战略落实为具体明确的行动,并确定各项活动所需的投入,以及有关部门、人员的职责。一般情况,项目计划可分为:收集和整理有关信息,确认项目目标,任务分解,确定相关人员责任、权力、进度、预算几个过程。

项目计划要遵循一些原则。项目计划的原则主要有:(1)目的性。任何项目都有一个或几个确定的目标,以实现特定的功能、作用和任务。而任何项目计划的制定正是围绕项目目标的实现而展开的。(2)系统性。项目计划本身是一个系统,由一系列子计划组成,各个子计划彼此相对独立,又紧密相关。(3)动态性。在项目的寿命期内,项目环境常处于变化之中,使计划的实施偏离项目的基准。因此项目计划要随着环境和条件的变化而不断调整和修改。(4)相关性。项目计划是一个系统的整体,构成项目计划的任何子计划的变化都会影响到其他子计划的制定和执行,进而最终影响到计划的正常实施。(5)职能性。项目计划的制定和实施不是以某个组织或部门内的机构设置为依据,也不是以自身的利益及要求为出发点,而是以项目和项目管理的总体及职能为出发点,涉及项目管理的各个部门和机构。

3. 项目实施中的组织整合。项目有了实施计划后,随之而来的就是组织实施。在这个环节,首先需要通过组织文化诱导和实施系统的组织建设,实现相关力量的整合。

(1) 项目文化建设。文化属于项目的社会环境之一,任何项目必然在一个文化背景下进行。项目组织在项目管理中会形成自己独特的文化,反映组织共同的价值观、信念、作风等。良好的组织文化对项目管理具有积极的作用, 可以起到凝聚、导向、激励、约束和协调等功能。塑造组织文化是一项复杂而艰巨的工作, 需要领导者有意识、有目的、有组织地进行诱导和强化, 一般应从项目意义解释开始,并通过会议的方式,使项目的文化氛围逐渐形成,将组织成员的注意力朝项目实施调动和集中。

(2) 项目组织设计。项目组织结构是项目系统内的各个组成部分及其相互关系的框架, 是项目组织根据系统的目标、任务和规模所采用的管理框架形式的统称。由于项目投资一次性与独特性的特点, 在决定一个项目后, 就需根据该项目的具体情况, 建立管理班子, 按项目的目标设计组织结构, 负责项目的实施。项目的组织结构一般可分为线性组织结构、职能组织结构、团队组织结构和矩阵组织结构等若干形式。不同的项目组织形式有不同的效果,社会组织在项目投资中应根据具体情况选择合适的组织结构。

(3) 项目团队建立。项目团队是保障社会组织项目投资过程正常运转的有生力量。一个成功的项目团队须具备四种能力，即决策制定能力、问题解决能力、冲突管理能力。建立有效的项目团队,需经历评估、形成、开发、部署阶段。

(4) 聘用项目经理。在项目团队建成后,需要有人来担当此项目团队的经理。负责管理该项目团队的主要负责人就是项目经理。在组织实施的过程中,项目经理是一个至关重要的角色,需要项目经理具有丰富的项目运作经验、很高的个人魅力和很强的组织能力。

(5) 项目执行授权。一个项目是一项独立的系统工程，要使项目经理承担起相关的责任，就必须授予他们充分和必要的权限。包括独立的决策权、足够的财务权、有效的用人权等。当然，为了避免因项目经理权限过大而滥用职权,建立相应的约束机制十分必要。

4. 项目实施中的控制。社会组织项目控制是指在项目实施过程中,项目管理者跟踪、检测项目的实际进展,对比项目计划目标,找出偏差,分析成因,研究纠偏对策,实施纠偏措施的过程。项目的控制与管理的内容主要有:项目进度控制,项目财务管理,项目内部评估,有效沟通,风险管理和控制等。

(1) 项目进度控制。项目进度控制是指对项目实施阶段的工作内容、工作顺序、持续时间及工作之间的相互衔接关系等做出计划并付诸实施,然后在计划实施过程中经常检查实际进度是否按计划进行,一旦出现偏差,应在分析偏差产生原因的基础上采取有效措施排除障碍或调整原进度计划,如此循环,直至项目交付使用。进度控制的目的是确保项目按计划节奏进行。项目单位在进度控制方面所做的工作有编制项目管理规划,研究项目的总进度,对项目实施过程中可能出现的问题做好预案,制订制度规范管理,提高工作效率。

(2) 加强项目财务管理。通常情况下,资助方并不是一次性地把所有的项目经费都拨给社会组织,而是根据项目的进展情况和财务情况,有条件地分次拨付。因此,做好财务管理是运作项目必需的工作。强化资金管理是项目管理工作的中心任务。为了发挥资金的最佳效能,应减少财务管理和核算层次,提高效率。项目要按照“便于管理,适度控制,从严审批”的原则,规范项目财务管理办法和制度。为保证项目专款专用,要加强银行账户管理,一切资金收支统一纳入项目财务管理,由项目管理机构报财务决算。对参与项目的内部单位实行合同管理,对各单位收入成本费用设明细账单独考核,自负盈亏。

(3) 进行项目内部评估。项目内部评估是指项目管理机构对项目内容和战略所做的评估,旨在发现预见到和未预见到的项目结果,找出问题所在,并提出修正意见。社会组织在进行项目管理时,科学地进行内部评估,可以合理地确定项目的目标成本,据此进行有效的成本控制,从而实现项目效益的最大化。在控制成本的过程中,及时进行经济分析,调整目标成本,达到更好的指导控制成本的目的。

(4) 保持有效沟通。在项目管理中,经常会出现一些问题和矛盾,需要通过管理人员的有效沟通加以化解。有效沟通是指沟通的效果,取决于沟通能力。沟通是信息交流的重要途径,使双方能彼此增进了解,项目管理活动中任何沟通的最终目的都是为了更好地提供服务、提升服务品质。沟通的方式也是多种多样的,根据不同情况,应灵活采用沟通方式,如会面沟通、电话沟通、往来函件、会议沟通等,适当的方式将有助于提升沟通的有效性。

(5) 风险管理。在项目的运作过程中,由于一些不可控因素和不确定性事件的发生,项目运作存在风险。在风险出现后,社会组织可采用的风险应对策略主要有:回避、转移、缓、接受。风险回避是指改变项目计划以消除风险;风险转移是指通过应对措施将风险的影响转移到对自己不构成威胁的地方;风险缓和是将风险概率或其影响降至可接受的水平;风险接受是指项目团队决定不改变项目计划而是勇敢面对项目的挑战。在项目的开发中,风险防范十分重要,要采取措施对风险进行有效的控制。项目风险管理始终贯穿项目的整个过程。

中国社会组织的项目管理的科学性和规范性程度在不断提高。以下是关于国际行动援助发展示范区项目管理的案例。这个案例基本呈现了社会组织项目管理的全过程。

知识链接8.4　国际行动援助发展示范区项目管理模式

发展示范区的运作周期。国际行动援助在发展示范区开展工作将持续为六年。这六年将分为两个阶段期,每三年为一阶段。第一阶段主要使命是进入社区,工作重点是在开发和实施社区项目;第二个阶段主要任务是通过行动研究能够体现行动援助特色的亮点工作。工作重点是建立社区能力的同时开展贫困社区综合发展的政策研究和行动倡导。应当在发展示范区区域建立贫困社区发展的典范,供政府相关部门借鉴。同时重视经验的拓展,首先推广到行动援助其他发展示范区,通过宣传、倡导和培训把我们的经验推广到县内外,国内外。在完成6年社区发展工作之后,即到了发展示范区项目的退出阶段。退出的标准是基于社区能够有很强的自我发展的能力继续开展相关的工作,同时也建立了相关的组织机构能够继续开展相关的工作。

发展示范区资金使用原则。发展示范区的资金是以儿童作为大使筹措的

资金。资金的额度取决于儿童数。但为了保证社区综合发展的进程,必须遵循资金使用原则:

——村级资金:首要考虑满足弱势群体的基本生存需求,此类预算占发展示范区全部预算的50%;

——研究主题资金:通过研究主题项目切入提升各合作伙伴开展关注弱势群体和贫困人口相关领域工作,此类预算占发展示范区全部预算的15%;

——能力培训资金:社区工作带头人的能力建设,青年实践者培养为中心工作,此类预算占发展示范区全部预算的15%;

——行政费用:此类预算占发展示范区全部预算的20%。

村级项目计划和实施的程序和步骤。村级项目开发是以村级三年规划为基础,以满足村民基本生活需求和建立信任为出发点,以提升村民自我发展自我管理的能力为目标,以社区可持续发展模式和组织机制为效果,以村民为主体的项目。当然,满足村民基本生活需求可能更多地显现在硬件的投入。因此,原则上这类项目中的硬件设施的资金投入应逐年减少。可遵循第一年不超过80%,第二年不超过60%,第三年不超过40%的比例进行。发展示范区协助员的准备工作并与各社区协助员沟通。基于三年规划,在每年的5月开始准备开发来年的村级项目、主题项目和能力建设项目的计划。计划制定和项目申请步骤如下:

(1) 村民通过社区协助员提交的项目计划书不必拘泥于格式。主要内容要说明:我们要做什么、为什么要做、如何做、什么时候开始,什么时候结束、谁来做、如何管理、需要多少钱。

(2) 发展示范区协调员需根据村民提交的项目建议书做如下工作:进一步完善项目建议书,明确受益人;确保投工投劳的公平性;协调相关政府部门提供人力和资金上的支持;提供相关的信息和知识,以提升村民的权利意识。

(3) 发展示范区协调员提交区域协调员审批。审批时间不应超过5个工作日。区域统筹的角色需要提供具体的建议以帮助发展示范区修改补充相关的内容。

(4) 项目获批之后,要根据村民的能力和要求,可采用现金拨款或者账户转账拨款,或者二者结合;一般分两次拨付,第一次75%,第二次25%。

(5) 项目实施当中村级项目管理小组要将项目申请书和拨款单都要在公告栏中贴出来公示。并强调村民可随时询问和监督项目办公室相关问题情况(如财务等)。定期按计划在项目实施的关键段到村中了解情况,如账目公开情况。

(6) 项目结束后的相关工作:例如直接采购类项目,需由项目直接接收方签字认可,即物品接收单,同样作为项目最终决算文件之一,留底并上报。所有开支的财务单据也在村公布栏中贴出。项目结束后一个月内也同样要下村多了解项目后续管理情况,不断地做项目监测和评估。同时召开村民代表大会,总结和反思该项目的经验和缺憾,从而为讨论下一年的项目计划做好充分的准备。

另外,行动援助发展示范区为了进一步提高项目管理质量,在任何一个项目启动之前,都要求村民自己选出项目管理小组成员,并制定相关的项目管理小组制度,主要有八个方面的内容:

第一步:组建管理小组。村级项目的管理小组至少要有6个人,包括组长,出纳,会计,采购员至少两个,保管员,技术员。项目管理小组成员中必须具有性别敏感性。

第二步:制定透明的财务制度。账目一定要公开,实报实销;必须在管理小组的研究同意后方能报销;在监督小组的监督协作下做好,做账时分类、收入开支分开、编号记录;作完账验收后,村里、管理小组、办公室都应该有账目的票据、清单的复印件。

第三步:协商安全的采购制度。管理小组一起讨论采购内容;采购物品要做到货比三家,物价合理,负责任的采购;采购材料以发票入账。要有凭证给会计,如三个人去买,要有三个人在票据上签名,凭证上留下卖家的联系方式,运费要留下电话和车牌号,余的支出要向大众公开;保质保量,按技术人员的要求买;保证物品的数量,先要检查再买回来,交给保管员。

第四步:确定公平的投工投劳制度。做好投工投劳的管理,按劳动分工作,按技术能力分工,定好出工时间及收工时间,如果无故不出者由管理小组做思想工作,以资代劳;要考虑残疾人的处境。

第五步:协商公平合理的集资制度。通过村民大会充分讨论集资方法;集资的资金要公开、透明;集资资金交由财务小组管理。

第六步:确定有效的监督制度。选好监督小组,监督整个财务与采购、投工投劳方面的情况,依据制定好的制度来看做得如何,发现没按制度来做,提出来,改正,如还不能改,取消其工作资格,再选新的人;项目资金要专款专用;资金采购要合理,节约;账目要及时公开。

第七步:制定强而有力的后续管理制度。选举有责任心的人来做后期管理负责人,定时定期管理检查(一个月或一周一次);做出后期管理计划;如发现有其他问题及时解决,要收一定的维修费。

第八步:建立有效的评估制度。评估小组,由技术员,群众,资助人,政府,行动援助工作人员组成。评估内容:项目质量是否达标,财务是否公正公开,管理成员对各项目制度实施情况,项目做得好不好。

(资料来源:李小云:民政部2008年社会组织理论研究课题项目“社会组织项目管理研究”,2008MZACR001-013)

二、项目的招标管理

社会组织项目的一般通过招、投标的方式,在公开、公平、公正的环境下,通过招投标竞争获得。就招标和投标双方,都必须依据《中华人民共和国招投标法》《中华人民共和国合同法》和《政府购买服务管理办法》等法律法规进行项目的准备和项目的计划、设计和论证。

知识链接8.5　项目招标的法律规定

第二章　招标

第八条　招标人是依照本法规定提出招标项目、进行招标的法人或者其他组织。

第九条　招标项目按照国家有关规定需要履行项目审批手续的,应当先履行审批手续,取得批准。

招标人应当有进行招标项目的相应资金或者资金来源已经落实,并应当在招标文件中如实载明。

第十条　招标分为公开招标和邀请招标。

公开招标,是指招标人以招标公告的方式邀请不特定的法人或者其他组织投标。

邀请招标,是指招标人以投标邀请书的方式邀请特定的法人或者其他组织投标。

第十一条　国务院发展计划部门确定的国家重点项目和省、自治区、直辖市人民政府确定的地方重点项目不适宜公开招标的,经国务院发展计划部门或者省、自治区、直辖市人民政府批准,可以进行邀请招标。

第十二条　招标人有权自行选择招标代理机构,委托其办理招标事宜。任何单位和个人不得以任何方式为招标人指定招标代理机构。

招标人具有编制招标文件和组织评标能力的,可以自行办理招标事宜。任何单位和个人不得强制其委托招标代理机构办理招标事宜。

依法必须进行招标的项目,招标人自行办理招标事宜的,应当向有关行政监督部门备案。

第十三条　招标代理机构是依法设立、从事招标代理业务并提供相关服务的社会中介组织。

招标代理机构应当具备下列条件:

(一)有从事招标代理业务的营业场所和相应资金;

(二)有能够编制招标文件和组织评标的相应专业力量;

(三)有符合本法第三十七条第三款规定条件、可以作为评标委员会成员人选的技术、经济等方面的专家库。

第十四条　从事工程建设项目招标代理业务的招标代理机构,其资格由国务院或者省、自治区、直辖市人民政府的建设行政主管部门认定。具体办法由国务院建设行政主管部门会同国务院有关部门制定。从事其他招标代理业务的招标代理机构,其资格认定的主管部门由国务院规定。

招标代理机构与行政机关和其他国家机关不得存在隶属关系或者其他利益关系。

第十五条　招标代理机构应当在招标人委托的范围内办理招标事宜,并遵守本法关于招标人的规定。

第十六条　招标人采用公开招标方式的,应当发布招标公告。依法必须进行招标的项目的招标公告,应当通过国家指定的报刊、信息网络或者其他媒介发布。

招标公告应当载明招标人的名称和地址、招标项目的性质、数量、实施地点和时间以及获取招标文件的办法等事项。

第十七条　招标人采用邀请招标方式的,应当向三个以上具备承担招标项目的能力、资信良好的特定的法人或者其他组织发出投标邀请书。

投标邀请书应当载明本法第十六条第二款规定的事项。

第十八条　招标人可以根据招标项目本身的要求,在招标公告或者投标邀请书中,要求潜在投标人提供有关资质证明文件和业绩情况,并对潜在投标人进行资格审查;国家对投标人的资格条件有规定的,依照其规定。

招标人不得以不合理的条件限制或者排斥潜在投标人,不得对潜在投标人实行歧视待遇。

第十九条　招标人应当根据招标项目的特点和需要编制招标文件。招标文件应当包括招标项目的技术要求、对投标人资格审查的标准、投标报价要求和评标标准等所有实质性要求和条件以及拟签订合同的主要条款。

国家对招标项目的技术、标准有规定的,招标人应当按照其规定在招标文件中提出相应要求。

招标项目需要划分标段、确定工期的,招标人应当合理划分标段、确定工期,并在招标文件中载明。

第二十条　招标文件不得要求或者标明特定的生产供应者以及含有倾向或者排斥潜在投标人的其他内容。

第二十一条　招标人根据招标项目的具体情况,可以组织潜在投标人踏勘项目现场。

第二十二条　招标人不得向他人透露已获取招标文件的潜在投标人的名称、数量以及可能影响公平竞争的有关招标投标的其他情况。

招标人设有标底的,标底必须保密。

第二十三条　招标人对已发出的招标文件进行必要的澄清或者修改的,应当在招标文件要求提交投标文件截止时间至少十五日前,以书面形式通知所有招标文件收受人。该澄清或者修改的内容为招标文件的组成部分。

第二十四条　招标人应当确定投标人编制投标文件所需要的合理时间;但是,依法必须进行招标的项目,自招标文件开始发出之日起至投标人提交投标文件截止之日止,最短不得少于二十日。

(资料来源:《中华人民共和国招投标法》)

三、项目的竞标管理

《中华人民共和国招投标法》对投标方投标与申请做出了具体的规定。竞标方中标后,需要按照中标的项目计划实施项目、并对项目进行监督和控制。

知识链接8.6　项目投标的法律规定

第三章　投标

第二十五条　投标人是响应招标、参加投标竞争的法人或者其他组织。

依法招标的科研项目允许个人参加投标的,投标的个人适用本法有关投标人的规定。

第二十六条　投标人应当具备承担招标项目的能力;国家有关规定对投标人资格条件或者招标文件对投标人资格条件有规定的,投标人应当具备规定的资格条件。

第二十七条　投标人应当按照招标文件的要求编制投标文件。投标文件应当对招标文件提出的实质性要求和条件作出响应。

招标项目属于建设施工的,投标文件的内容应当包括拟派出的项目负责人与主要技术人员的简历、业绩和拟用于完成招标项目的机械设备等。

第二十八条　投标人应当在招标文件要求提交投标文件的截止时间前,将投标文件送达投标地点。招标人收到投标文件后,应当签收保存,不得开启。投标人少于三个的,招标人应当依照本法重新招标。

在招标文件要求提交投标文件的截止时间后送达的投标文件,招标人应当拒收。

第二十九条　投标人在招标文件要求提交投标文件的截止时间前,可以补充、修改或者撤回已提交的投标文件,并书面通知招标人。补充、修改的内容为投标文件的组成部分。

第三十条　投标人根据招标文件载明的项目实际情况,拟在中标后将中标项目的部分非主体、非关键性工作进行分包的,应当在投标文件中载明。

第三十一条　两个以上法人或者其他组织可以组成一个联合体,以一个投标人的身份共同投标。联合体各方均应当具备承担招标项目的相应能力;国家有关规定或者招标文件对投标人资格条件有规定的,联合体各方均应当具备规定的相应资格条件。由同一专业的单位组成的联合体,按照资质等级较低的单位确定资质等级。联合体各方应当签订共同投标协议,明确约定各方拟承担的工作和责任,并将共同投标协议连同投标文件一并提交招标人。联合体中标的,联合体各方应当共同与招标人签订合同,就中标项目向招标人承担连带责任。招标人不得强制投标人组成联合体共同投标,不得限制投标人之间的竞争。

第三十二条　投标人不得相互串通投标报价,不得排挤其他投标人的公平竞争,损害招标人或者其他投标人的合法权益。投标人不得与招标人串通投标,损害国家利益、社会公共利益或者他人的合法权益。

禁止投标人以向招标人或者评标委员会成员行贿的手段谋取中标。

第三十三条　投标人不得以低于成本的报价竞标,也不得以他人名义投标或者以其他方式弄虚作假,骗取中标。

(资料来源:《中华人民共和国招投标法》)

第三节　社会组织项目的评估与验收

社会组织项目评估贯穿于社会组织项目管理过程的始终。项目评估与验收包括有关的类型、作用、原则、标准、方法和报告撰写等内容。

一、社会组织项目评估的作用

项目评估就是对项目的实际情况、实际价值与设定的标准和主观期望加以对比,找出两者之间差异的过程。按照项目管理过程不同,可将项目评估分为前置评估、形成评估、过程评估、效果评估和总结评价。前置评估是项目策划和酝酿阶段的评估。形成评估是项目计划和论证阶段的评估,是对可行性报告的评价和再审视。效果评估和总结评估则是项目完成后的评估。按照评估主体的不同,可以分为项目招标方的评估、项目中标方的评估和项目服务群体的评估。项目招标方的评估过程就是项目验收的过程。

1. 社会组织项目评估的意义。第一,前置评估和形成评估是项目可行性的重要保证。项目的前置评估和形成评估在项目实施之前进行。就项目的形成评估而言,评估主体根据国家颁布的法律、法规、政策,对项目可行性报告进行科学审查和论证,并提出评估意见和形成审查报告。项目的可行性评估是审查项目的科学性、真实性,可靠性、是决定项目能否实施的重要依据。第二,过程评估是项目总体目标计划实现的保证。过程评估对项目实施的进度、项目耗费的资源、项目的质量和项目的成本等因素进行测量,以便及时地与项目的阶段性目标和总体目标进行对照,发现问题,及时调整实施方案或阶段性目标计划,从而确保项目总体目标的顺利实现。第三,影响评估和总结性评估是衡量项目成功与否的根本标准。影响评估对项目实施成果的社会、经济、政治和文化影响进行评价,即对项目的效益进行评价。总结性评估比影响评估全面,是对项目项目投入——产出、项目过程、项目影响的全面总结和评价。影响评估和总结性评估衡量项目相关人的期望、利益和目标的最终实现程度,是衡量项目成果与否的根本标准,也是对项目管理进行奖惩、问责的依据,亦是吸取经验教训改进项目管理的依据。

就评估的主体而论,不同主体都会不断地关注评估的不同阶段。但是总体而论,招标方和项目的服务对象更多关注项目的前置评估、影响评估和总结性评估;投标方则更关注项目的形成评估和过程评估。

2. 社会组织项目评估的原则。鉴于项目评估是对项目经济技术、价值、效用、环境条件、可行性等因素的衡量,项目评估的原则必须符合经济技术理性、价值效用理性,必须与特定的环境和项目条件结合,必须具有现实的可行性。总体而论,项目评估遵循以下几个基本的原则:

(1) 技术分析和经济分析相结合的原则。项目评估的技术分析主要分析技术的先进性,经济分析主要分析项目是否经济节约。项目的技术分析和经济分析往往结合使用,称作项目的技术经济分析(tech-economic analysis)。技术经济分析是对技术活动的经济效果所做的定量的分析和评价,又称技术经济论证。技术经济分析对技术规划、技术方案、技术措施的预期经济效果进行分析、计算、比较和评价,从而选出技术上先进、经济上合理的最优方案;或是针对已投产的产品类型,根据市场需求和动向研究更新技术和生产组织形式等变革方案的预期经济效果,作为经营管理决策时的依据。技术经济分析很好地体现了技术分析与经济分析结合的原则。

(2) 项目效益综合分析的原则。项目的效益是一个多层次、多类型的整体,对社会和利益相关人的影响也是多重的、综合的、系统的、整体的,在分析社会组织项目效益的时候要坚持综合分析的原则。从效益的层次而言,需要将宏观效益和微观效益分析相结合;就效益类型而言包括经济效益和非经济效益(比如生态效益、社会效益等)。效益类型和效益层次往往结合起来使用。比如:宏观效益它包括经济的和非经济的两个方面,在经济方面主要包括社会再生产过程的经济效益、社会经济的增长速度、国民经济各部门比例关系的协调等。非经济的效益主要包括无法用货币计量的效益,包括提高身心健康、工作和生活质量、精神文明等。微观效益则是项目投资所带来的直接、具体的效果。进行项目评估的时候要坚持宏观效益与微观效益的统一,经济效益和非经济效益的统一。

(3) 动态分析和静态分析结合。社会组织项目的静态分析着重于分析社会组织在某一特定时点上的现实状况,主要包括经济技术特征、管理体征和外部关系特征。动态分析则是着重分析项目的发展变化和趋势。进行项目评估的时候必须将两者结合起来。

(4) 定量分析与定性分析相结合的原则。社会组织项目设计的有些方面是可以用变量语言和指标加以衡量的,比如社会组织项目评估中的资源、成本、质量、投入产出等等可以用定量分析的办法加以分析。社会组织项目有的方面不能用数量和指标加以衡量,需要使用定性分析的方法。比如社会组织项目的文化意义、社会组织项目传递出来的价值观念、社会组织的政治意义等等都很难用严格的数量分析加以确定,需要进行定性分析。就社会组织项目评估而言,定量分析和定性分析是统一的整体,需要结合起来使用。

(5) 客观、科学、公正的原则。这些原则主要是对评估主体态度、专业能力、职业水准、职业道德等方面的要求。评估主体需要有客观科学的态度,在评估中坚持实事求是的作风,评估主体还需要有专业能力、职业水准和职业道德,在评估中合理合法。客观、科学、公正原则亦是评估制度的基本价值,通过多主体参与制度、问责制度、责任追究制度、独立评估制度等制度安排可以有效地实现社会组织项目评估的客观、科学、公正。

需要说明的是,以上所说的是社会组织项目评估的基本原则,还需要针对特定阶段和特定类型的评估,附加更为具体的原则。比如就形成评估而言,招标方还要坚持多个项目方案综合比较的原则、择优选用的原则等等。

二、社会组织项目评估的标准与内容

1. 社会组织项目评估标准。社会组织项目评估标准是对评估项进行操作化而形成的评估指标,是构成评估体系的基础单位。世界银行的公益项目评估包括经济、技术、机构、财务、环境和社会等各个维度,评估后世界银行会编制项目评估文件及法律文件草案。如世行对《加纳减少贫穷计划执行》的评估包括了计划与年度预算的关联性、财务绩效、宏观经济的稳定性、就业影响、人力资源开发、基础服务提供水平、政府治理改进,以及对弱势和边缘群体的帮助措施和效果等,该目录反映了世界银行项目评估的主要维度。

平衡记分卡也是社会组织项目评估常用的方法,该方法由美国管理学家卡普兰(Robert S. Kaplan)和诺顿(David P. Norton)研究创立。1992 年、1993 年及 1996 年卡普兰和诺顿在《哈佛商业评论》杂志上分别发表了《平衡计分卡:驱动绩效评估体系》《平衡计分卡的应用》和《将平衡计分卡用于战略管理系统》三篇论文,阐述了平衡计分卡的含义和操作方法。根据美国《财富》杂志的报道,美国 1000 家大企业中,有高达 40% 的企业实行平衡计分卡。而《哈佛商业评论》更推崇平衡计分卡为 75 年来最具影响力的策略管理工具。[①]

① [美]保罗·尼文:《平衡计分卡实用指南》,胡玉明等译,北京,中国财政经济出版社,2003 年,第 21 页。

20世纪90年代以后,平衡计分卡的观念和方法逐渐在全世界的公共部门和非营利组织中得到了比较广泛的采纳与使用。平衡记分卡对组织和项目的评估围绕战略和愿景展开,包括四个维度:顾客与使命维度、财务维度、流程维度和学习维度。

国内学者一般将社会组织项目评估分为五个方面的维度,即项目可行性评估、项目的效果与效率评估、项目的社会影响评估和项目的持续性评估和项目的经验与存在问题评估。[①] 社会组织项目评估包括理论框架的选择、评估项的确定、评估标准和指标的设立等主要步骤。

2. 社会组织项目评估内容。社会组织项目评估的内容就是社会组织项目评估指标的总和。不同社会组织项目评估的基本维度是基本相似的,但是项目评估的具体指标和内容会因为项目类型、性质、规模、收益对象等因素的差异而有所区别。我们用一个世界银行中国西南扶贫项目评估的案例来进行说明。

知识链接8.7　《中国西南扶贫项目案例研究》节选

2　项目效果评价

2.1　成本效益分析。由于缺乏系统完整的成本效益资料,对中国西南扶贫项目的成本效益分析,主要根据对占项目投资75%的基础教育、劳务输出、农村基础设施、乡镇企业、土地与农户开发5个子项目的经济回报率来进行推测:基础教育;劳务输出;农村基础设施;乡镇企业发展;土地与农户开发。

2.2　计划完成的有效性。到2001年中国西南扶贫项目8个子项目具体完成了以下项目建设内容:基础教育;医疗卫生;劳务输出;基础设施建设;土地与农户开发;乡镇企业发展发展;机构建设;项目和贫困监测。

2.3　项目对区域发展影响。西南扶贫项目的实施,在比较顺利地完成各分项目目标的同时,也直接或间接地推进了项目所在县的发展。

2.4　减缓贫困的最终效果。西南扶贫项目的主要和最终的目标是持续地减缓项目区及其受益人群的贫困。从食物安全的改善、贫困指数和返贫率的变化、获得物质资产、社会服务的能力的提高等方面来看,西南扶贫项目基本实现了预期的减缓贫困的目标:食物安全;贫困指数的变化;贫困减缓的稳定性;物质财产可及性变化;社会服务的可及性变化。

2.5　项目示范效应。西南扶贫项目的实施,在直接影响和作用于项目受益区域和人群的同时,对全国和项目所在省区也产生了不可估量的示范效应,使西南扶贫的经验在更广泛的范围内被分享和扩展。

(根据《中国西南扶贫项目案例研究》www. worldbank. org. cn/chinese/Content/SWPRP. pdf改编)

---

① 邓国胜:《公益项目评估——以"幸福工程"为案例》,北京,社会科学文献出版社,2003年。另参见官有垣、陈锦棠、陆宛苹:《第三部门评估与责信》,北京,北京大学出版社,2008年。

三、社会组织项目评估方法与报告

1. 社会组织项目评估方法。社会组织项目评估方法是由评估框架、评估模型、评估规则、评估技术和评估工具组成的多层次多维度体系。就评估的层次而言:评估框架设定评估的项目、标准和内容的总体形式,评估模型设定评估中各个变量之间的相对固定的关系,评估规则设定评估的逻辑、顺序、原则和流程,评估技术和工具则提供评估的操作性手段和技巧。就评估的维度而言,社会组织项目评估一般包括逻辑维度、时间维度和知识维度。逻辑维度所使用的基本方法有逻辑推理、概率统计推理、模糊数学。时间维度则包括了项目的整个生命周期。知识维度则是项目评估中使用的集成知识和专业知识。

社会组织项目管理的方法是多种多样的,在实践中需要根据项目评估的对象、主体和目的有针对性地加以选用。就项目评估的主体而言,招标方的验收评估、施工方的总结评估和服务目标群体的评估是项目完工后进行的评估。招标方的验收评估主要对项目的效果和影响进行评估,评估项目是否实现了预定的目标,项目的实施效果是否达到与其效果,经济、技术、资金价值等方面的考虑是验收方评估的主要考量因素。服务群体目标群体的评估一般是项目验收结束后,项目服务的对象对项目的各项指标进行的评估。满意度是项目服务的目标群体主要的考量因素。

2. 社会组织项目评估报告。评估的结果需要撰写项目研究报告后存档,作为评价项目的依据。项目评估报告一般包括以下几个部分内容:(1)社会组织项目评估导论:这一部分主要介绍项目的背景、评估的目的、意义等问题。(2)社会组织项目评估的理论和方法。主要介绍项目评估的理论框架、进行评估的采用的评估模型、评估维度、评估标准、评估内容等内容。(3)社会组织项目评估的各个维度,一般包括经济、技术、机构、财务、环境和社会等维度,这些维度可以按照社会组织评估的理论和方法所阐述的逻辑分章论述。(4)社会组织项目评估的结论、经验和建议。(5)附录和参考文献。

结语。项目是用来创造唯一产品或服务的一项临时性任务。项目具有一次性、独特性、目标确定性、活动的整体性、组织的临时性和开放性等特点。项目管理包括动态管理和静态管理两部分。动态管理包括初始过程、计划过程、执行过程、控制过程和收尾过程。静态管理包括项目集成管理、项目范围管理、项目质量管理、项目时间管理、项目成本管理、项目采购管理、项目人力资源管理、项目沟通管理、项目风险管理。社会组织项目管理,就是社会组织为了实现其功能,在实施特定的项目过程中,通过合理而充分地利用人、财、物、时间和信息等资源,通过计划、组织、领导和控制等管理过程,以实现项目相关人的目标和需求的活动。社会组织项目一般在公开、公平、公正的环境下，通过招投标竞争获得。招标和投标双方，都必须依据法律准则进行项目的准备、计划、设计和论证。社会组织项目评估就是对标初始设计标准，发现项目执行差距的过程。社会组织项目评估按过程可以分为前置评估、过程评估、效果评估。社会组织项目评估方法是由评估框架、评估模型、评估规则、评估技术和评估工具组成的多层次多维度体系。社会组织项目评估包括理论框架的选择、评估项的确定、评估标准和指标的设立等步骤。不同项目评估的基本维度是基本相似的，但具体指标和内容会因为项目类型、性质、规模、收益对象等因素的差异而有所区别。评估的结果需要撰写成项目评估报告。

第九章　社会组织公信力管理能力

社会组织公信力是指该类组织获得社会公众和利益相关者信任支持的能力。社会组织的特点决定了其要对自己的宗旨和使命负责,要对社会公共利益负责,要对利益相关人负责。坚守公信力价值并持之以恒地践行诚信操守,是社会组织取信于社会公众,形成自己生存与发展的关键软实力。

第一节　对社会组织公信力的认识

公益慈善是非营利组织的使命宗旨,其资源来自于社会的支持且或多或少享有税收优惠,因此,公信力就自然成为非营利组织的安身立命之本。实际上,由于主客观等多方面的原因,一些社会组织的诚信和公信力一直经受着不小的考验。如国际上最大慈善联劝组织 The United Way of America(“美国联合之路”或称“美国联合劝募协会”)1992 年时任主席高达 40 万美元的年薪,尤其挪用善款 60 万美元用于奢侈消费被曝光并获刑入狱①;如国内 2011—2019 年间每年平均也有四五起慈善组织运作不轨甚至带有欺骗色彩事件发生②。这类情形都对公益慈善行业造成了一定程度伤害,证明证明公信力管理是社会组织能力建设中的极端重要性。

一、关于公信力内涵的理解

1. 公信力内涵。公共管理领域对公信力的研究始于 2001 年对会计行业社会公信力的关注。2003 年则有专文论述社会组织的公信力。③ 随后公共管理领域对公信力的研究逐渐趋热,扩展到该领域研究的各个方面。公信力一词抽象程度较高,指涉范围较广,可以从多个侧面、多层次、多角度加以认识。社会哲学层面的公信力,表征社会中主体之间的理性,相当于哈贝马斯所说的合法性概念④。目前学界对公信力没有形成完全一致的定义。有的将公信力归结为信用,有的将其归结为能力,有的将其归结为资源,有的将其归结为信

---

① 《慈善组织如何走出慈善丑闻》,2022-06-12,https://3g.163.com/news/article/A31MCIAJ00014JHT.html。

② 杨伟伟,谢菊:《互联网视角下慈善组织公信力危机影响因素分析》,载《山东社会科学》,2021 年第 10 期。

③ 李虹:《论非营利组织社会公信力的建设》,载《上海交通大学学报》(哲学社会科学版),2003 年第 1 期。

④ [德]哈贝马斯:《交往与社会进化》,张博树译,重庆,重庆出版社,1989 年,第 184 页。

任。虽然强调的侧面不同，但大家对其本质的看法应当说是一致的。

在综合所见各类表述，本书归纳认为公信力是“公共信任”和“力”两个概念的组合。“公共信任”指特定组织得到公众认同、认可、信任；“力”表示程度、力度、效力、能力等多重含义。公信力意味着特定组织借助于组织绩效以及在组织运作中用一以贯之的透明、诚信和可预期行为，获得广泛信任和支持的能力。

社会组织的公信力可以从社会组织公信力的主体、客体、内容和实现途径等方面加以理解。社会组织公信力的主体是各类非营利组织，社会组织的公信力的客体是包括消费者家庭、资助者、监督者、媒体等社会各类主体。社会组织主体与客体的互动形成社会组织公信力的内容和实现途径。社会组织公信力的内容即社会组织与公众互动的基本要素，社会组织公信力的实现途径即社会组织与公众互动以增强公信力的行为准则和制度安排。社会组织公信力意味着特定组织借助于社会组织的公益绩效以及在组织运作中通过一以贯之的透明、诚信和可预期行为，获得社会广泛信任和支持的能力。

2. 相关概念的解释。信用、信任、社会交代等概念与公信力有直接关联，进行比较认识有助于准确把握“公信力”。

（1）信用与公信力。信用是社会伦理、经济和政治领域普遍使用的概念。从伦理角度而言，信用指信守诺言的一种道德品质。从商业伦理的角度而言，信用就是诚信，即行为与行业外行为规范相一致。从经济的角度理解，信用实际上是指“借”和“贷”的信任关系，是相关方履行正式或者非正式约定的义务的行为。货币金融学的“信用创造学派”就认为货币的本质是信用。从法律的角度而言“信用”，一是指当事人形成的契约关系规定双方的权利和义务不是当时交割的，就存在信用；二是指双方当事人按照契约规定享有的权利和义务。现代社会信用已经发育成一套完整的经济和社会制度，比如，信用分类制度、信用调查制度、信用评级制度、信用管理制度和信用监管制度。

信用和公信力是两个紧密相关的概念。信用是公信力的一个基本要求，信用从社会组织履行组织宗旨，承担组织使命和公益资金使用的角度衡量公信力。简单说，讲究信用就增加公信力，不讲信用就会破坏公信力。无论个人还是组织都不例外。

（2）社会交代与公信力，社会交代往往是指一个公共部门或公益机构就依照约定和承诺所尽职履责的情况向社会特定对象给予的报告。社会交代是为了督促此类机构依约兑现承诺，提高工作和服务效能，最终达到让对象群体满意的目标。社会交代包含三个基本要求：第一，机构在行使其职责时应考虑社会公众的信任问题，即社会公信力的问题。第二，机构有责任提供必要资料来报告和解释自己在职责范围内的工作,以兑现公众的知情权。第三,机构不回避或向公众隐瞒问题,坦承工作中的问题和接受社会监督,宣示组织的使命坚守。

在此理念下,社会组织至少必须在有关机构运作的四个方面进行说明,这包括机构工作的方向目的、财务情况、工作过程、项目执行。所谓机构方向目的的交代包括对机构的使命、工作的优先重点、和整体工作状况进行说明;财务情况的交代包括怎样筹措和募集资金、如何使用资金的;工作过程的交代则侧重在机构是如何运作和行使其行政职责的,包括是否善用工作人员、志愿者及服务对象;对项目执行情况的交代则涉及项目的受益者,包括项目是否使目标人口受益、具体的成本、项目是否改变和提升了目标人口的生活质量等。

非营利机构的社会交代不仅仅是一个依约对自己相关活动向有关方进行报告的例行事务,重要的是它具有对社会组织进行内部自律和外部约束的意义。社会组织作为自律团体,它的社会交代要求其理事会和执行团队,要向监管部门进行必要的说明,要向资助者、消费者、合作伙伴进行必要的披露,要向工作对象和志愿者进行必要的解释。这种社会交代在组织公信力建设中不可缺少。

(3) 信任与公信力。信任是一个综合概念。信任的研究有深厚的学术渊源和传承,众多的哲学社会科学学科,诸如经济学、政治学、社会人类学、心理学、社会学等都从不同的视角研究信任,并给出信任相应的学科理论定义和操作定义。① 就研究层次而论,微观层次的信任研究采用心理学范式,将信任定义为个体在特定的社会环境中产生的心理反应或形成的心理特质,理解为由情境刺激决定的个体心理和行为。中观层次的信任研究采用组织范式,将信任定义为个体、组织之间的社会关系。宏观层次的信任研究采用社会学范式,将信任理解为社会制度(法律法规等)和文化规范(道德和习俗等)的产物,理解为与社会结构和文化规范紧密相关的社会现象。②

二、社会组织公信力在实践中的问题

1. 社会组织公信力面临的风险。社会组织以志愿名义和方式去实现公共利益的保值增值。绝大多数的组织的确也是这样去做的。但是,现实当中也有相反的情况发生,个别社会组织可能会打着公益的幌子,获取不当利益,甚

① 郑也夫:《信任论》,北京,中国广播电视出版社,2006 年。

② 叶初升、孙永平:《信任问题经济学研究的最新进展与实践启示》,载《国外社会科学》,2005 年第 3 期。

至腐败。这些事件的共同特征是社会组织目标异化,失信于民,使组织丧失了公信力。

知识链接9.1　新加坡NKF事件

一、起因。新加坡肾脏专科医生邱恩德目睹穷苦的肾脏病人与疾病搏斗,甚至自己的亲兄弟也死于肾病后,于1969年创办了慈善机构NKF(National Kidney Foundation,全国肾脏基金会),以援助那些家庭收入低下、却不得不支付每月高达3000新元洗肾费用的穷苦肾脏病患。1995年,邱医生年事已高,辞去NKF主席职务。

在新加坡900个政府批准的慈善组织中,NKF是规模最大、最成功、最有影响力的一个。它的成功,应该说印度裔的执行理事长(CEO)杜莱(T. T. Durai)功不可没。杜莱自70年代初读大学时起就为NKF做义工,90年代成为NKFCEO。他有企业家的天分,采用商业行销的手段宣传NKF,使NKF的形象在新加坡无处不在。以至于在人口400多万的新加坡,每年有200多万人向NKF捐款,几乎每三个新加坡人,就有两个向NKF捐款。通过GIRO、信用卡定期捐款者有26万人。NKF有3个名誉赞助人,分别是Golden Hearts Fund for Elderly机构,港星成龙,以及前任总理现任资政吴作栋的夫人。

2004年4月,海峡时报高级记者龙丽娴(Susan Long),写了一篇文章,批评杜莱在办公室装修私人浴室,使用镀金水龙头。

二、诉讼。杜莱作风强悍,立即向法庭提起诉讼,告报业控股诽谤。众所周知,在新加坡,批评的尺度非常严格,只要有一点点与事实不符,批评者就可能获罪。杜莱以诽谤罪起诉对自己不利的言论并且取胜已经不是第一次了。这次,杜莱的对手是报业控股,他仍然满怀信心。咬文嚼字的话,龙丽娴的文章并非无懈可击。杜莱装修办公室及私人浴室,是委托给装修承包商的“整数合约”,那个镀金水龙头是装修承包商的主张,杜莱在发现后已经指示更换了。他认为龙的文章,损毁了自己的名誉,这次官司,他志在必得。

三、庭审。经过控辩双方一年多的准备。杜莱诉新加坡报业控股案于2005年7月11日星期一开审,为期10天。近年,随着NKF的募捐义演越发成功,民众的不满也在升温。NKF已经把义演变成了大型抽奖活动,事前用房子、汽车等奖品做密集广告宣传。它有若干个捐款热线电话,在过去,打一次捐款电话等于捐款5元,但近年开通了打一通等于八通的热线,打一次就是40元,并且努力宣传这个号码,很多民众不知情,都误打了这个号码。还有一些青少年,看到自己的明星偶像在募捐,就狂打捐款热线,让父母来支付高额账单。民众纷纷投书报社抗议。本月,NKF又“捞过界”,打起为癌症病人募捐的旗子,为自己肾脏基金扩张财产。也引起一些民众不满。但是,大部分新加坡公众,并不知道本月有Durai诉报业控股这场官司。

辩方报业控股聘请的文达星,是新加坡最有名的民事律师。完全出乎 NKF 一方的意料,文达星以攻为守,并不拘泥在镀金水喉上,而是在辩论中,迫使杜莱承认:

杜莱确实用 NKF 的民众捐款,乘坐头等舱旅行;杜莱的年薪除了 25000 新元的月收入,还有 10~12 个月的花红,即年薪 60 万新元左右。

7 月 12 日一早,报业控股旗下的报纸都登出了头一天庭审的内容。新加坡人震惊了。这一天,是庭审第二天。大批听众一下涌到了杜莱诉“报业控股”的庭审来。文达星这天迫使报业控股承认:

——NKF 照顾的肾脏病人只有 2000 人,而不是他们对外宣称的 3000 人。

——NKF 已经募集到 2.6 亿新元的储备金,按现在每年 700 万新元的援助赤字算,可以用上 40 年。即使 NKF 负担病患全部费用,也足以用上 10 年。而 NKF 总是对外宣称只有 3 年储备。

——NKF 有 8 辆汽车的车队,并配有专职司机,随时供杜莱等 6 名职员使用。杜莱自己有辆奔驰 200 汽车,但用 NKF 的钱付路税和维护费用。

——杜莱在其他几间公司做受薪董事,其中一间付他 25000 新元月薪。这些他没有向董事会透露。

——杜莱和 NKF 的另一名董事蔡女士有“商业关系”。NKF 合约的呼叫中心正是蔡自己的公司。这些都没有知会 NKF 董事会。

——那个被杜莱换掉的镀金水喉,价值 990 新元。私人浴室里的马桶,价值 1100 新元。(NKF 始终不肯透露水喉的价钱,是文达星找到了原始发票)

上午的庭审内容,下午的晚报就报道出来了,每个人都在谈论,NKF 与其杜莱已经名誉扫地。庭审即将结束的时候,文达星质问杜莱,是否愿意撤诉。杜莱考虑了 10 分钟,决定撤诉。原定 10 天的案子,两天就结束了。

四、国人愤怒。一个典型的 NKF 捐款人,大约是这样:他月薪 2000~3000 新元,住在政府经济租赁屋里,当然没有汽车,更没有坐过飞机头等舱。但是他有善心,同情那些每月需要洗肾维生的病人,每月从银行户头上通过 GIRO 自动捐给 NKF 10 块、20 块,如此一捐就是一二十年。60 万元的捐款,他至少要辛苦劳动 15 年才能赚到。

新加坡人以对政治的冷漠著称。但是这一次,普通的新加坡人被激怒了。星期二晚上,20 岁的国民服役人员劳伦斯在网上发起要求杜莱辞职的行动,“NKF 欠新加坡人一个道歉”!截至星期四凌晨,已经有 18000 人签名,由于签名人太多,造成网站当机。星期四出版的海峡时报报道了这一消息,仅仅过了 1 天,签名者已经超过 3 万。

星期三一早,有人在 NKF 的外墙上用红油漆喷了 17 个“Liar”(骗子)以及中文“吊死杜莱”。据 NKF 透露,截至星期三下午 5:30,已经有 3800 名捐款者取消了每月给 NKF 的定期捐款。那些通过 GIRO 捐款的人,打电话让银行止付。网上有热心公众教大伙儿如何停止给NKF的GIRO付款。而用信用卡捐款的人则不得不与NKF联系,NKF专门开通了一条热线处理停止捐款事宜。实际上,NKF原来的热线,已经被潮水般涌入的斥责电话打爆了,连海峡时报社都接到几百个公众电话。一位已经退休的老先生,他已经为NKF捐款了25年,昨天也取消了捐款。有一位38岁的系统分析员,亲自跑到NKF,讨回了最近捐的12元。他说12块钱是小事,他不在乎,但是NKF的做事方法不对。

诉案结束两天后,杜莱与当时的NKF执委会宣布集体辞职。NKF丑闻被揭开,有赖于新闻自由,有赖于社会舆论,有赖于法律和律师。

(资料来源:马庆钰:《治理时代的中国社会组织》,北京,国家行政学院出版社,2014)

中国一直处于社会转型中,社会组织参与社会治理作为这个过程中的一个进步现象,也有一个发生和成长期,在此期间,个别社会组织会面临公信力方面的一些压力和挑战。

第一,官民性质模糊。原本具有民间性的社会组织因为种种原因仍然存在"官社不分"的现象。主要表现为:有的社会组织与原来产生它们的权力体脱钩不够彻底,尤其是一些依托各级政府的慈善会具有浓厚的官方背景,主要负责人不少是组织人事部门变相认定的党政退休领导;有的社区社会组织联合会一般都是官办背景,人员、财务、办公甚至是级别都有浓厚的参公色彩;还有就是社会组织中党组织和社会组织之间关系、职责边界存在混淆不清的现象,甚至存在党社不分的风险。诸如此类,导致社会组织运行不规范,产生了对社会组织的一些负面舆论评价。

第二,背离公益宗旨。少数社会组织存在营利行为。一方面,公益产权不清。公益产权特征是以社会整体利益为目的,但有个别机构负责人混淆公益产权和个人权利的原则边界,错把自己捐献的公益注册金当作个人投资,并试图获得回报,影响社会组织在享受税收优惠的同时却又图赚钱营利;另一方面,集体产权意识模糊。集体产权是指产权归会员组织所有成员所有,因而其运作收益的使用也由全体会员决定。但有少数管理者以组织的名义谋取其个人或日常工作人员的特殊利益。这些都会影响社会组织的社会声誉

第三,内部治理混乱。有的社会组织所作所为与使命宗旨不吻合。如组织章程形同虚设,民主办会和自主管理不是受到外部干预,就是内部做样子走过场。会员大会职责和会员权利、义务成为官样文章,重要事务由理事长一人说了算;有的机构存在着内部管理不规范、自律机制不健全、财务管理制度、人员录用和考核奖罚制度、自我评估和监督机制不完善等管理弊端,基本无法兑现自己对公益慈善的社会承诺。

第四,财务透明度问题。社会组织的财务是影响公信力的敏感部位。无论是官办背景的还是民间背景的社会组织,都有个别财务违规现象发生,严重的会导致公信力下降,影响社会捐赠支持热情。如 2011 年的某红会“万元餐费事件”,某慈善会的“尚德门发票事件”,某省“宋基会善款放贷事件”,“西部助学假账事件”;如 2012 年的某爱眼促进会“慈善牟利事件”,某儿慈会“48 亿账面小数点风波”;2014 年某医学会“8.2 亿赞助费事件”;2017 年“人人公益消费返利事件”,某省“宋基会非法集资事件”,某基金会“创始人借配捐诈骗事件”;2019 年某儿基会“春雷计划事件”等,①不仅让当事社会组织蒙羞,也会让社会组织行业声誉受损。咨询机构麦肯锡评价认为,中国社会并不缺少善心,缺少的是对公益组织的信心。

2. 社会组织公信力问题的原因。多种因素共同考验着社会组织公信力的水平。这些因素可以从组织的内部和外部两个方面来分析人士。

(1) 公信力问题的内部原因。社会组织公信力出现问题的原因包括:社会组织的目标设定错位、社会组织内部管理失范、社会组织自律缺失。

第一,社会组织的目标设定错位。中国的社会组织是涵盖 NGO、NPO、第三部门、民间组织、社会组织的具有中国特色的概念。社会组织的本质属性是公共性和非营利性,组织目标是提供服务、反映诉求、规范行为。但是目前中国很多社会组织目标、使命、理念、愿景定位错误,组织的目标和行为偏离了公共性和非营利性,不能很好地履行社会组织应有的职能。比如中介组织的弄虚作假、败坏行业风气;非营利基金非法筹集资金,对资金进行不当使用等现象都是社会组织不当定位的具体表现。

第二,内部管理不完善。完善的内部管理制度是确保组织运转实现组织使命和目标,确保组织向公众负责,确保组织公信力的重要因素。因此组织内部管理的规范程度是衡量组织公信力的重要指标。目前我国社会组织存在内部管理不完善,从而影响到组织公信力的问题。比如,有的社会组织没有建立良好的治理结构,不能形成董事会、理事会、监事会相互制约又协同增效的治理机制。有的社会组织内部规章制度不完善,领导机制、决策机制、财务机制、人力资源管理机制、资产管理机制不完善,甚至存在重大问题。还有的社会组织没有良好的信息公开制度,公众对组织缺乏了解和监督。诸如这些内部管理制度的不完善,都影响到组织公信力的实现。

第三,社会组织自律机制缺失。自律机制是社会组织确保组织“不变色”、目标不错位、职能不偏离的重要手段。自律是一种自觉的行为,社会组织认真

① 杨伟伟、谢菊:《互联网视角下慈善组织公信力危机影响因素分析》,载《山东社会科学》,2021 年第 10 期。

履行自己的目标和使命是对自律的基本要求。中国社会组织的自律建设已经取得了一些进展。经过长期的努力,2008 年《中国公益性 NPO 自律准则》正式发布推广,该准则遵循自愿、自律、自救的原则,通过建立自律准则,加强了 NPO 行业的行为规范,促进了我国公益性社会组织的健康发展。但是目前社会组织的自律还存在很多严重的问题,比如一些社会组织从事营利性活动:乱收费、乱评比、乱发证,甚至进行违法活动,缺乏应有的社会公信力。对此需要从使命、利益冲突、内部治理、筹资、财务、项目、人员、社会组织间的协作关系、信息公开等方面建立完善的自律机制。

(2) 公信力问题的外部原因。社会组织公信力是在公众和社会组织互动中体现出来的。社会组织发布信息、对行为和事件进行解释和说明;公众对社会组织进行质询和问责是公信力的基本内容。通过有效规范的制度设计,确保公众和社会组织互动的实现,是实现公信力的基本途径。在公信力内容和实现途径上,我国存在很多问题。

第一,双重管理导致问责难题。尚待修改的《社团管理登记条例》第九条规定:申请成立社会团体,应当经其业务主管单位审查同意,由发起人向登记管理机关申请筹备。在实际的操作过程中,社会组织都需要一个挂靠单位,挂靠单位对社会组织的治理和管理有很大的权限。这样就形成了社会组织自治与挂靠单位管理的双重管理机制。由此引发了社会组织向挂靠单位负责与向公众负责、挂靠单位问责与公众问责、行政化管理与自治之间的两难困境。当两套机制都不完善的时候,往往存在一些制度真空,导致不良责任现象发生,影响到社会组织公信力的基础。另外,在挂靠单位、公众与社会组织三方关系没有理顺的情况下,社会组织不能通过自由竞争的方式进行检验和淘汰,缺乏完善的社会组织竞争机制和退出机制,强势社会组织垄断现象严重,公众与强势社会组织间信息不对称的现象严重,直接影响到公信力的实现。

第二,信息公开仍然不畅。信息公开是预防腐败的最好药方,也是社会组织履行报告、解释和说明义务的重要手段,亦是公众知情、质询和问责的基本前提。缺乏完整的信息公开制度,社会组织的公信力就无从谈起。我国社会组织信息公开的相关规定和细则还需进一步加大建设力度。

第三,外部监督不够规范。社会组织公信力的提高,需要外部监督制度的完善。外部监督要做到渠道畅通、监督及时、监督有效。外部的监督主要包括政府、舆论和其他社会中介组织的监督。就政府而论,政府主要通过许可、审批、登记、考核、奖励、惩处、信息发布等监管措施对社会组织进行间接控制,为社会组织创造一个健康运转的法律框架、制度框架和政策框架。就舆论而言,新闻媒体对社会组织的监督应该及时、有力、有效,才能确保社会组织的公信力。另外,法律、会计、审计等社会中介组织,通过专业优势,履行对社会组织的服务和监督职能,及早地发现和纠正问题,才能确保社会组织公信力的实现。

三、社会组织公信力建设的意义

社会组织公益使命决定了其公信力的基本方面,包括要合法、要诚信、要履行使命。合乎法律法规是社会组织公信力的法律底线。社会组织依法设立、依法运营、依法管理和依法监督,这对社会组织最基本的法规要求。诚信是社会组织的道德底线,诚实、守信、透明,反对隐瞒欺诈、反对伪劣假冒、反对弄虚作假,是对社会组织最基本的道德要求。履行使命是社会组织的行为底线。社会组织特别是那些非政府非营利性的公益组织,都是在志愿基础上成立和运行的,社会公益组织成为公众的部分期望,也成为政府组织的期待,按照自己公益服务宗旨承担相应的义务和创造良好组织服务业绩,是对社会组织最基本的行为要求。这些也都是社会组织公信力的内涵,围绕这些来加强组织公信力建设具有重要的意义。

1. 公信力建设可确保组织履行使命。按照结构功能主义的观点,政府、市场和社会组织分各归其位、各履其职、各负其责才能形成经济社会的良好发展态势。社会组织在履行其职责的时候,需要首先回答两个基本的问题,第一个问题是社会组织为什么存在?第二个问题是社会组织如何很好地存在?第一个问题涉及社会组织的合法性、认同问题,即社会组织的公信力问题。第二个问题涉及社会组织提供产品和服务的问题,即社会组织的管理能力问题。只有公信力高、管理能力强的社会组织才是良好的社会组织,这样的社会组织有益于经济社会的良性发展。通过公信力建设,确保社会组织的合法性和公众的认同度,能够确保社会组织功能的正常发挥,确保经济社会的良好治理。

2. 公信力建设可确保组织的公益性。社会组织的本质属性是公共性,并由此衍生出社会组织的非营利性、透明性、公开性、责任性等属性。公共性是一个主客观相互统一的概念,从客观方面而言,公共性以组织是否提供公共产品和服务为判断标准。从主观方面而言,公共性以主体间的认同程度的高低为判断标准。加强公信力建设,才能确保社会组织的公共性。

3. 公信力建设可确保组织的生命力。如果说政府资金主要依赖于税收,企业资金依赖于市场,那么社会组织的资金主要依赖于社会。资金的社会依赖性仅仅是社会组织社会依赖性的一个方面,实际上社会组织人力资源、社会组织声誉等都依赖社会,社会的支持、评价对社会组织的可持续发展至关重要,通过公信力建设可以确保社会组织的可持续发展。

4. 公信力是社会组织健康运转的标准。社会公信力的测量指标比较全面,包括主体指标、过程指标和客体指标。社会组织的绩效指标、产出指标、财务指标等指标只是衡量社会组织运转的某个方面是否良好的指标,社会公信力指标则与多个指标相关,是社会组织运转是否优良的重要指标。

第二节　社会组织公信力外部约束

对社会组织公信力的建设既靠内部也靠外部。外部主要是如下力量共同努力的结果。第一股力量是社会组织的资助者。第二股力量是第三方独立机构。第三股力量是政府监管者。这几个外部因素形成合力,从外部强化社会组织的公信力。

一、来自资助者的约束

社会组织的资助者可以分为机构资助者和非机构资助者。机构资助者主要包括政府、基金会和企业。资助者向社会组织提供资金,一般会对资金的用途、资金的使用效率、资金的使用方式、资金的使用过程等进行监控。政府、基金会和企业对社会组织进行资助一般采用项目管理方式进行。

1. 政府资助者的约束。政府与社会组织的关系有两种基本类型:第一,政府直接向社会组织提供资助。第二,政府间接向社会组织提供帮助。前者包括全额财政拨款(fully-funded)、净支出额财政拨款(net-funded)和交易筹资(trading)等三种基本形式。

政府作为资助者与社会组织签订契约和合同、制定公共产品和服务的标准、对社会组织进行评估和问责是政府作为出资者对社会组织管理的基本手段。比如香港政府作为资助者对社会服务组织的管理,就体现了政府作为出资者对社会组织的约束。

知识链接9.2　香港社会福利署对福利社会组织的管理

在香港,非政府机构一直是提供福利服务的重要支柱,由香港社会福利署提供津贴资助的183间非政府机构负责运营着约3100个福利服务单位。因为政府是主要的资助者,它对资助的机构和项目有责任进行严格的评估,对服务或所资助项目的要求对机构的工作具有很大影响力,通常这种问题是以合同的形式来实现的,在合同中详细列出项目规则和资助者对资金使用的要求。1995年3月社会福利署对福利津贴制度作出检讨,精简津贴制度、推行以服务表现为基础的津贴及服务协议,以及制订衡量服务表现的标准。从1999年开始推行社会福利服务的《服务表现监察制度》,其架构包括三个方面:

(1) 19项服务质素标准。由社会福利署与非政府机构代表协商后制订,以福利服务的目标或核心价值的四个原则根据:第一,清晰界定服务的宗旨和目标、并让公众可清楚知道提供服务的模式;第二有效地管理资源,尤其注重灵活性、创新性及不断改善的服务质素;第三,认定服务使用者的具体需要,并作出适当响应;第四,尊重服务使用者的权利。

(2) 津贴及服务协议。受资助机构所营办的每项资助服务均须签定此协议,协议包括所提供的服务性质和服务数量,同时也列出社会福利署作为资助者及非政府机构作为服务营办者双方各自的角色、要求及责任。它是服务提供者每年策划服务过程的基础,以及政府定期进行检讨的依据。

(3) 服务质素评估程序。用以鉴定每项服务是否符合服务质素标准。其评估涉及的工作包括:审阅文件,实地观察,与单位主管、职员代表及获拣选的服务使用者和其他有兴趣的相关人士面谈。要求提供服务的机构,每季度提交每个服务单位有关各项成果标准表现的统计资料;每年进行一次自我评估;每三年接受一次社会福利署的评估。

(资料来源:崔玉、马凤芝:《中国社会组织社会公信力建设的制度化途径:自律与社会交代》,载《NPO 信息咨询中心研究报告专刊》,2001 第 13 期)

2. 基金会资助者的约束。基金会对社会组织的资助一般需要经过初始准备、计划设计、执行落实、控制监督和完工验收。需要经过项目的计划、项目的可行性分析、项目招投标、项目的实施、项目的评估等环节。

基金会一般都会建立严格的资助管理制度,规范资助管理,确保社会组织公信的实现。基金会的资助管理制度会对资助范围、资助标准、资助项目的管理方式、资助金额、资助评估、信息发布和公开等项目作详细的规定,这些规定以强制的方式确保社会组织的公信力的提升。南都公益基金发布的资助管理制度,就是对相关公益提供组织的约束机制。

知识链接 9.3　南都公益基金“5.12 灾后重建资助项目”资助管理制度

一、总则

第一条　南都公益基金会(以下简称“南都基金会”)是经民政部批准成立的一家资助型基金会,原始基金来源于上海南都集团控股有限公司。

二、资助资金标准

第五条　项目资助总额为 1000 万元人民币。根据项目具体情况,项目资助金额一般不超过五万元人民币,最高资助金额为 20 万元人民币,鼓励确有成效和推广价值的项目继续申请。

三、资助项目招标制

第六条　项目采取招标制(略);第七条　评标时间安排(略);第八条　项目周期(略);第九条　投标者资格(略);第十条　招标原则(略);第十一条　发

标、投标、开标与评标程序(略);第十二条　投标条件(略);第十三条　投标文件及内容(略)。

四、项目法人负责制

第十四条　项目实行法人负责制,中标机构为项目法人。对于不具备法人资格的申请组织,鼓励其与符合投标条件的机构合作投标,并由符合投标条件的机构作为项目法人。

五、资助资金的拨付

第十五条　资助资金将分两次拨付款项,第一次拨付项目总金额的90%,在收到执行机构提交的项目总结报告后支付剩余的10%。

第十六条　南都基金会有权监督和检查资助资金的使用情况,任何单位和个人都不得挪用或通过其他非法手段侵占、不当使用项目资助资金。

六、信息公开

第十七条　南都基金会将通过基金会网站公布相关项目信息,接受社会的监督。如发现申请机构出现不当使用资金情况将予以曝光。

七、项目监督

第十八条　项目执行过程中,5.12办公室将派遣专门工作人员,对项目进行评估和监测,以保证项目实施的效果。

第十九条　项目执行过程中,必须严格遵守项目协议,如果发生重大变化,需要提前写报告,提交南都基金会5.12办公室。

第二十条　执行机构必须积极配合5.12办公室工作人员的工作,不得以任何方式阻碍项目的监测和评估工作。

八、其他

第二十一条　5.12办公室工作人员、志愿者在项目评标和中后期的检查验收工作期间,所需食宿、交通、劳务报酬等费用全部由南都基金会承担。与项目申请和执行相关的机构及人员不得向5.12办公室工作人员送礼或有其他不正当的行为。

第二十二条　本制度为试行稿,南都基金会有权根据项目实施情况及时修改和完善。

(节选自《南都公益基金会“5.12灾后重建资助项目”资助管理制度》[节选])

3. 个体捐赠者的约束。益慈资源中有不少来自家庭和个人的捐赠,捐赠者是金主也就是委托者,自然对资金承接者即社会组织具有监督权。在各国的做法中,不乏通过立法问责来加强对公益社会组织的约束,甚至可以直接向法院起诉。慈善立法要达到的目的是,强制公益组织机构公开信息,包括善款流向、资金使用的社会效果等,保障捐赠人的知情权的同时,还赋予捐赠人监督权。比如,中国扶贫基金会做“爱心包裹”项目就是要发挥私人捐赠者的监督作用,从而提升自己在社会上的公信力。捐赠人从邮局捐出含有学习用品的书包邮寄给贫困学生时,里面还会夹着一张“回音卡”。当孩子收到“爱心包裹”后,会将其寄回给捐赠人,并与捐赠人建立长期的联系。这让捐赠人知道自己付出的善款真正到了受助者手中,并且有助于双方的长期结对帮扶。在我国,私人捐赠者权益的赋予需要大力加强,他们也是社会组织公信力的重要建设者。

知识链接9.4　曹德旺对扶贫基金会的约束监督

2010年夏天,云南旱情相当严重,需要救助。来自全国各地的捐款和物资源源不断地运往灾区。广东福耀玻璃股份有限公司的董事长曹德旺,多年来致力于慈善事业,5月19号,他来到位于陆良县的天生坝水库,自己通过考察直接获知旱情。在了解实情之后,曹德旺就地宣布向西南五省旱区的10万贫困户每户发放2000元捐助,总额高达2亿元人民币,这是迄今为止中国数额最大的一次性个人捐款。然而在捐款仪式进行之前,曹德旺提出与中国扶贫基金会签订《向西南五省受灾家庭发放善款合同书》。

曹德旺与基金会约定,曹德旺有权对资金发放情况进行抽查,缺损在委托资金总额1%以内的,乙方可以予以免责;缺损超过委托资金1%的部分,按照抽查获得的缺损金额比例的30倍予以赔偿。

曹德旺与基金会约定,要保证所有的项目机构人员、外勤人员廉洁自律,杜绝以任何方式挪用占用和使用不当委托资金,如出现任何贪污腐败、商业贿赂等违反法律法规的行为,乙方应承担连带赔偿责任。

曹德旺与基金会还约定,项目执行经费不超过3%。按照国家现有法规可以在10%以内,这一次曹先生不答应。基金会又提出5%。但是经过艰苦的谈判,最后谈成在3%。对于中国扶贫基金会来说,只有按照合同约定,在2010年11月份前将曹德旺所捐赠的款项全部执行到位,并经过曹德旺的抽查、验收合格后,才能拿到3%也就是600万元的项目执行经费。

以往的情况是,捐赠者把善款捐出之后往往就不再过问,充其量也就是和基金会签订一份约束力不强的捐赠协议,基金会只需将资金使用情况反馈给捐赠者就行了。像曹德旺这样较真的捐赠者,中国扶贫基金会还是第一次碰到。曹德旺认为,由于2亿元的捐献金额较大,如果用来购买物资、兴建水利工程等,很难做到资金使用的透明,更难以做好监管。作为捐赠人,他更愿意选择发钱到户这种最为直接的形式。为了保证捐赠能发挥最理想的作用,曹德旺在合同中为自己的巨额善款设计了全新的制度。曹德旺组织独立的监督委员会对项目执行全过程进行监督,并邀请媒体对资金是否发放到位共同进行监管。

面对曹德旺的要求和双方合同，中国扶贫基金会设计了一套全新的资助实施方案。包括第一，将分阶段确定项目县、项目村和目标农户，然后登记造册，汇总到基金会；第二，招聘大学生志愿者，到贫困村进行全覆盖式一一核对是否属实；第三，在经过志愿者的全面复核后，基金会才会对目标农户进行拨款；第四，在资助开始后，受益人名单还要在村里进行公示，如果百姓看到这个家庭不符合，就可以打监督电话到扶贫基金会，再次进行调查确认；第五，中国扶贫基金会还预估了执行过程中有可能出现的各种问题，包括银行账号有可能出现的错误和对志愿者自身行为的监督等。

曹德旺的福耀玻璃公司如今市值已过340亿元。2009年2月曹德旺希望参照比尔盖茨基金会的运作方式，表示要捐赠他自己名下价值30亿元市值的股票，成立慈善基金。曹德旺的这一捐赠方式至今还没有获得相关部门批准。曹德旺感叹，在目前的情况下，要完全依靠自己来完成大规模慈善捐赠的执行和监督并非易事，于是选择中国扶贫基金会合作。这应该说是信任，同时也不完全信任。所以想通过项目合同方式，建立责信关系，加强对项目执行过程的有效监督，保证善举的圆满进行。

（作者根据“旱区善款保卫战”整理，CCTV《经济半小时》，2010.6.1）

二、第三方机构的评估约束

社会组织作为项目承担方自己做的评估称为第一方评估。项目资助者或者项目委托方对社会组织所做的评估称为第二方评估。第三方评估则是既独立于社会组织自身又独立于社会组织委托方的评估。第三方评估在社会组织评估中被认为相对更客观、更有效、更可靠。

第三方机构通过制定评估标准、开展评估、提交和发布评估报告的方式对社会组织进行评估和监督。以美国为例，国家慈善信息局（National Charities Information Bureau）、改善商业局的慈善咨询服务局（Philanthropic Advisory Service of the Better Business Bureau）和美国慈善协会（American Institute of Philanthropy）就是对慈善事业进行评估和监督的第三方评估和监督机构。

知识链接9.5　美国慈善事业的第三方评估和监督机构

美国国家慈善信息局（National Charity Information Bureau，NCIB）成立于1918年，本身是一个全国性的、独立的非营利机构，由志愿者组成董事会。主要从事制定和出版慈善机构的标准。在这些标准的基础上对全国慈善机构写出报告并散发信息。向公众通报有关如何评价慈善机构的表现的信息。1996年开始将国际互联网作为传播慈善信息的手段，仅当年第四季度上网访问的人数每月就有5000多人次。以对那些准备向公众请求捐款的慈善机构的认定为例：

被认定机构必须填写NCIB标准的报表,然后NCIB工作人员对所有上报资料进行详细审查,并检查其是否符合慈善机构的9条标准(Standard in Philanthropy),固定检查并评估将近350个慈善机构。个人捐赠者以及捐赠机构如基金会、公司、地方联合筹款委员会可利用此报告作为它们决定资助的指南。

改善商业局和慈善服务中心(Philanthropic Advisory Service of the Better Business Bureau)是一由各行各业的商务或专业会员支持运作之非营利机构,其主要使命就是要透过自主自律来促进并培养公司行号与社会大众间高标准的道德关系,教育服务对象及商业行号,以及提供高质量的服务。慈善咨询服务是该局的一个部门,主要任务是提升慈善团体的道德水平,提供社会大众慈善机构的信息,以及教育个人及团体捐款者做有智慧的捐款。虽然慈善咨询服务不推荐任何一个机构接受捐款,但却提供有关慈善机构的重要信息来帮助捐款者做捐赠的决定。慈善咨询服务出版的季刊《给……但给的聪明》(*Give…But Give Wisely*)提供了将近200个慈善团体的信息,包括每个团体是否达到慈善咨询服务的标准。慈善咨询服务积极的鼓励各慈善团体尽到自律的责任,以及符合改善商业局《慈善劝募标准》(Standards for Charitable Solicitations)的道德规范。

至于美国慈善协会(American Institute of Philanthropy),其使命是提供捐款者做有效捐款决定之信息,并监督每一分善款被最有效率的运用。协会的工作目标为研究并评估非营利团体的效率、责任感及管理,教育大众有关正确捐款的重要性,告知大众有关社会组织浪费或不道德的行为,并表扬有效率且遵守道德规范的慈善机构,提供协会成员咨询服务并对社会组织进行特别调查及评估,定期扩展并重新定位协会的计划,以符合提供捐款者有效信息的挑战。美国慈善协会出版的《慈善事业评鉴指南》(*Charity Rating Guide*)将每一个机构分类,列出其电话号码、财务执行成效以及评分。指南中提供的信息也包括捐款给某机构是否可抵税,关于机构的最新信息及评估,以及某机构是否提供协会年度报告、会计师稽核的财务报表、联邦国税局报备资料等。美国慈善协会评分的标准是依据慈善目的金额比例以及劝募成本。慈善目的金额比例是机构总支出中实际用在慈善事业的比例,美国慈善协会认为至少60%是合理的比例,其余的40%则可用于募款及一般行政支出。劝募成本则是指每劝募美金100元所支出之费用,在美国慈善协会的标准,少于美金35元是合理的劝募成本。按上述两个标准作的评分等级共分为优良、好、满意、不满意、劣及信息不足等六级。

(根据崔玉、马凤芝:《中国社会组织社会公信力建设的制度化途径:自律与社会交代》,《NPO信息咨询中心研究报告专刊》,2001第13期;谢国兴、冯燕:《九二一震灾捐款监督报告书》,日创社文化设计印刷公司2000年版等资料编写)

三、政府职能部门的监管约束

无论政府提供资助与否，都应落实政社分开原则，当好掌舵者、促进者、服务者和监督者的角色。政府作为“掌舵者”意味着政府通过法律和政策设定公共服务的目标和方向，反映社会组织的诉求，并引导社会组织资源配置的方向。政府作为“安排者”意味着政府制定公共产品和公共服务的战略和规划，创设制度安排，为社会组织提供公共产品和服务创造一个战略框架和制度框架。政府作为“促进者”意味着政府通过财政税收手段、法律手段、行政手段，支持促进和推动社会组织的发展。政府作为“服务者”意味着政府要为社会组织的运转提供信息、知识等各方面的服务，让社会组织能够健康、高效地运转起来。政府作为监管者意味着政府以法律、法规为依据，对社会组织的设立、运营、退出等环节进行监督和管理，通过为社会组织设定合理的制度规则来促进社会组织的公信力。香港社会福利署对社会福利方面的民间组织进行监管就体现了政府作为监管者的角色。

知识链接9.6　香港社会福利署对社会福利组织的监管

相对于其他领域而言，与政府关系最为密切的是社会福利界。香港早期的社会福利主要依靠慈善机构、海外基金等资助，政府很少介入。香港一贯的低税率政策有利于促进经济增长，但也意味着在社会福利方面政府只能满足人们的基本需求，不可能建立全面的社会福利制度，因此，各项社会服务就必须由民间组织来承担。20世纪五六十年代，内地大量民众移居香港，福利需求急剧增加，促使香港政府于1958年把原属于政府华民政务司的社会局成立为独立的部门——社会福利署，负责制定及推行社会福利服务。40多年来，社会福利署从小小的办事处发展成为有4000多雇员的部门，但它并未包揽社会服务，在提供社会福利服务过程中，社会福利署与民间组织维持着紧密的伙伴合作关系，这些民间组织必须根据香港税务条例注册为非营利慈善团体，并有良好的管理和财务背景，社会福利署担当制定政策和服务方针、分配资源、监察服务质量的角色，而民间组织则接受政府的津助，按服务及津助协议的条款承办指定的福利服务。在政府和民间组织的共同努力下，香港的社会福利发展成为较完整的社会工作专业服务。香港社会福利的经常性开支，由1992—1993年度的70.7亿元增至2003年322.9亿元，占政府总经常开支的15.7%，仅次于教育和卫生。这些经费中的2/3都用于津助民间服务机构。2003年，共有180多个民间组织运营3000多个服务单位，聘用员工31000人。从社会福利署对民间组织的监管看，主要措施有：

制定组织规范和行为指引。出台《慈善筹款活动内部财务监管指引说明》《领导你的非政府机构—机构管制—非政府机构董事会参考指引》，与廉政公署联合制定《防贪锦囊》:《受资助非政府福利机构的人事管理》和《受资助非政府福利机构的采购程序》等,以保证机构在员工聘任、采购制度、董事会管理、策略性领导、财务职责、行为操守等方面有足够的监察和制衡,提升民间组织董事会的管治和领导能力。

增强透明度和问责性。将项目决策过程、投入资源、使用资源、项目表现、财政记录和成果等相关文件资料公开,供公众查阅,接受公众投诉,对项目作定期汇报、核算、评估,特别是实施整笔拨款计划,将所提供的服务成效与拨款分配相挂钩,要求民间组织对其行为和结果负责,提高财政效率和问责性。

设立项目监管及审查制度。凡政府资助的项目均在拨款要求中载明监管与回应的条文,并设立明确的量化目标和奖励机制,如成功达标,则与奖励计划挂钩。监管与回应的方式有定期约见、提交书面进度报告、资助管理人审查等,也鼓励民间组织进行内审自查。

加强沟通和提供支持。组织研讨会,政府官员与民间组织董事会成员交流在机构策略、问责提升、财务管理、法律责任等方面的意见和经验,并通过各类咨询委员会搜集意见。开展对民间组织负责人的培训,建立全面的民间组织董事会及其成员的数据库。

(资料来源:马宏:《民间组织培育发展和监督管理的比较研究——新加坡、香港、深圳三地调研报告》,民政部政策研究中心,http://zyzx. mca. gov. cn/)

第三节　社会组织公信力自我管理

社会组织公信力自我管理的关键是构建同类或者同行的自律机制、制定公信力标准,用组织间相互认同的标准来制约行内业内行为。同行或者同类组织的自觉程度越高,公信力标准或者自律准则的权威性就越强,对于社会组织行为规范性的约束就越有效。业内和行内的自戒自律的发展,是社会组织公信力建设的根本。

一、构建社会组织自律机制

构建社会组织自律机制是社会组织公信力自我管理的基本途径,如同业协会、行业联合会或者同类公益组织等对个体成员或者组织成员实施约束、监督、协调,就属社会组织公信力的自律管理。在一个同业领域内,可以成立同业或者行业组织,通过一个有效的工作机制,利用整合的相关信息,对同业社会组织或者同性质的社会组织,进行价值、行为方面的引导和规范,发挥规范成员行为、反映成员诉求、为成员提供服务的作用。

1. 自律的功能。一般而言,同业自律包括监督管理功能、代表协调功能和服务功能。(1)监督管理功能。行业自律的监督管理功能就是行业组织依法制定行业规范、行业标准、行业准则,对组织的使命、组织的资源、组织的运作和组织的绩效进行规范、评估、监控和改进。主要包括:在本行业贯彻实施有关法律、法规、规章的规定以及政府相关政策;建立行业自律机制,制定并组织实施本行业的行规行约以及相关质量、技术及服务规范;推进实施国家标准、行业标准或者地方标准等方面。(2)代表和协调功能。行业自治组织代表整个行业,与公众和其他组织进行协调,主要包括业内协调、行业间协调、行业与外部公众协调,行业与政府的协调。第一,行业内部协调。行业自治组织可以依据法律和行业规范,公正地处理业内成员间的业务纠纷和矛盾,促进互信,确保成员间保持良好的关系,建立公平、公正、公开的行业秩序。第二,行业间协调。行业自治组织可以作为整个行业的利益代表,与其他行业进行对话,表达利益诉求,开展合作,进行谈判,从而维护整个行业的利益。第三,行业与外部公众协调。行业自治组织通过发布信息、与公众对话、吸引公众参与等手段与公众沟通,增加行业的知名度和美誉度,同时也反映公众的诉求,以促进业内组织的发展。第四,与政府的协调。行业自治组织代表本行业开展行业统计、调查,参与涉及行业发展的行政管理决策的论证,向政府及有关行政管理部门反映涉及行业利益的事项,提出相关立法以及有关技术规范、行业发展规划制定等方面的意见和建议,为行业的发展提供一个良好的政治环境、法律环境和政策环境。(3)服务功能。行业自治组织的服务职能主要体现在指导、帮助会员改善经营管理;开展行业培训,提供咨询服务;协助会员制定、实施企业标准;收集、发布行业信息,推广行业产品或者服务;开展行业检查、行业评比和市场评估;组织行业会展、招商,开展国内外经济技术合作交流;开展章程规定的其他促进行业发展的活动。

2. 自律的做法。行业自律一般来讲包括如下做法:①(1)制定规章制度。行业协会为了进行正常的活动,以实现其宗旨,就必须制定一定的规章制度。促使其运作规范化和有序化,并对成员企业行为产生约束力。规则是保障行业协会成功运作的关键要素。行业协会制定的规章从其内容来看,大体可以分为四类:第一,基本规范,即协会章程,它指协会组织及运行规范。第二,行为规范,这既包括职业道德规范,又包括行业准则,前者主要是指行业的伦理行为准则,而后者主要是指该行业的技术标准和工艺要求。第三,是惩罚规则,这主要是指协会对违反章程或行为规则的个体是否应当做出惩罚以及如

① 行业自律的做法主要参考鲁篱:《行业协会经济自治权研究》,北京,法律出版社,2003 年。

何做出惩罚的规定。第四,是争端解决规则。这部分内容有时是散见于章程以及其他文件当中,但有时由行业协会单独制定,其主要规定协会成员相互发生争议或成员与协会发生争端时如何适用程序。(2)许可批准。这是指允许企业享有在某行业或某产品上从事某种活动之资格的权利。许可权是一项非常重要的权利,而且往往是通过法规直接赋予的。但是在行业协会运作中,许可权却是由政府和行业协会掌握,当前各国的发展趋势是将大量的行政许可审批项目逐步下放给行业行协会来行使。(3)认证。认证是指行业协会对本行业产品的质量规格,产地等方面进行认定和鉴别。由于行业协会最为了解本行业产品的各种信息,各国大都规定了行业协会的认证权。行业协会享有认证权有利于服务对象福利和社会公共利益,一般不具有反竞争的效果,但如果一个行业的认证权专属于某一个行业协会,那么则有可能侵损同行业的但不是该协会成员的不结社权。解决的办法是打破行业协会的垄断权,建立竞争性的平等的多元行业协会格局。(4)行业评估。行业自治组织会定期对业内组织进行评估,并发布信息,通过绩效评估和信息公开实现对业内组织的监督管理。(5)标准制定和实施。行业协会之所以享有标准的制定和实施权,源自行业协会的专业化背景和信息优势。确立标准,有助于保障产品质量,并为服务对象客观评判产品和服务性能建立了客观依据,有助于增进社会福利。(6)惩罚权。行业奖惩是确保行业组织规范得以贯彻执行的重要手段,对于行业内的模范进行奖励,可以起到引导和激励的作用。对于违背行业规范的行业,根据情节的严重程度,给予不同形式的惩戒,可以维护行业的健康运转。(7)解决争端。解决争端是指行业协会对一有关协会内部事务或行业事务进行仲裁裁决或调解的权力。(8)起诉。行业协会可以以自己名义提起诉讼,当行业协会的利益受到直接损害时,行业协会有权直接提起诉讼;当行业协会的成员企业利益受损而不便出面诉讼时,行业协出面进行诉讼。当行业协会所代表的行业利益受到侵害时,行业协会为了维护行业利益而进行诉讼。

3. 自律的策略。行业自律的实现需要许多条件的支撑,提升行业自律水平,需要从以下几个方面进行努力。

(1) 理顺政府与行业协会之间的关系。现代社会的良好治理需要政府、市场和社会组织相对分离,相互协作,共同发挥作用。理顺政府与行业自治组织之间的关系是确保行业自律的重要策略。理顺政府与行业自治组织之间的关系首先要认清政府规制与行业自律之间的区别和互补关系。政府对行业的规制是他律,行业自律是自律。政府规制主要采用法律的和行政的强制手段,而行业自律建立在自愿基础之上的。政府规制的主体是政府,客体可以是包括所有市场主体(包括企业、服务对象、各种组织以及政府本身),行业自律的主体是行业协会,客体是加入行业协会的市场主体,是特定对象。政府规制是以最大化公共利益和避免市场失灵为目的的。行业自律是为了最大化行业利益和促进行业内公平竞争。由于经济人假设、信息不对称、公共产品垄断等原因,政府规制不是万能的。面对政府规制的缺点,行业自律提供了良好的补充。但行业自律也有其自身无法克服的弱点,行业自律是为了成员的利益而存在的,所以其特定利益与整个社会利益发生矛盾在所难免。面对行业自律的弊害,政府通过实行特许主义或准则主义规制行业协会的成立,政府通过反垄断法、反不正当竞争法等规制行业自律的行动,同时政府可以成立专业的机构对行业自律进行监督。①

(2) 完善相关的行业自律规范。发达国家通过完善的行业自律法律和法规,有效地保证了行业自律的实现。中国行业自律法规的缺乏是中国行业自治发展的一大软肋,需要结合中国国情、借鉴市场经济发达国家和地区行业协会的法律、法规,来制定有关我国行业自治组织的法律、法规。当前应尽快出台和完善相关程序性法规,尽快制定出专门类社会组织特别是有关经济类社团的单行法规,明确规定行业协会的权利义务以及社团管理机关、业务主管部门的权利义务等关系到行业组织生存和发展的法律法规问题,将社会组织的管理纳入法制轨道,满足经济发展和社会进步的需要。

(3) 提升行业自治组织的能力和人员素质。行业自治组织的能力主要包括行业自治组织内部治理能力,战略管理能力,筹募资源能力,财务管理能力,人力资源管理能力,公益营销与公共关系能力,项目管理能力等。行业组织机构能力的实现最终取决于人员的素质,拥有一批懂法律、懂专业知识、懂管理、富于爱心和公益精神的高素质人才,才能确保行业自律的实现和公益使命的承担。

二、社会组织公信力准则

社会组织公信力的标准是约束和衡量社会组织公信力的核心依据,是公信力建设的操作要点。制定标准应当有一个价值准则。美国独立部门②的公信力框架内容是:第一,建立并发展出一个诚信与透明的组织文化。第二,确立使命价值及伦理规范并获得董事会成员及员工的共识。第三,制订利益冲

① 参考黄坡、陈柳钦:《政府规制与行业自律的辩证关系》,载《学习论坛》,2005 年第 12 期。

② 美国独立部门(Independent Sector)成立于 1980 年,系由美国国内主要的人道援助组织与慈善机构与企业界所组成的领导论坛。该组织目前约有 500 个非营利组织的会员,主要进行重要议题研究并对美国公共政策进行游说,以追求一个具有独立运作及能力建构的部门。

突政策①。第四,确认理事会或者董事会了解并善尽财务责任。第五,进行独立的财务审核。第六,确认税务申报表格的正确性并公布之。第七,组织的透明化。第八,制定一套察觉渎职行为或事件的政策。第九,与时俱进进行制度修订和更新。

在这个框架基础上,至少可以从九个方面来考虑社会组织公信力的准则。

1. 坚守公益使命。(1)以服务公众利益作为机构的使命和目标。应当有明确、清晰的使命。组织的使命由理事会讨论通过。使命应当以适当方式为公众所获取。应当定期评估其使命是否以服务公众利益为目的,是否需要修改。员工应当理解和认同社会组织的使命和价值观。(2)行为和使命应当保持一致。应当按照使命和目标制定组织的战略规划以及开展工作。应当用使命和目标来评估组织的表现。评估记录应当予以保持。

2. 避免利益冲突。(1)理事会成员的个人利益不应当与社会组织利益有潜在冲突。理事会吸纳新成员应当规定审查预备成员的个人利益是否与社会组织利益有潜在冲突。理事会成员清楚并承诺个人利益不应当与社会组织利益产生重大冲突。(2)应当有利益回避制度。在进行交易或者业务往来时,有利益关系的理事会成员、员工或者其他人员不能参与相关的决策。相关的交易和业务往来应当符合社会组织的最大利益。

3. 治理结构合理。(1)非营利社会组织章程应当规定理事会是社会组织的决策机构,并明确阐述理事会的产生、成员任免、职责、运作程序。(2)理事会成员的构成制度应当保证理事会正常和有效的运作。理事会成员人数遵守相关法律法规的规定。领薪的理事不超过全部理事的三分之一,而且领薪的理事须在社会组织担任专职工作。(3)理事会应当审核并通过战略规划,以及任命执行团队负责人并评估其业绩。理事会通过和制定的战略规划,应当符合社会组织的愿景和使命。理事会应当明确界定理事会与执行团队之间的权限。理事会应当具有独立任免执行团队负责人的权力,并定期评估执行团队负责人的表现,确保按照社会组织的使命实现战略规划。理事会应当审核并通过社会组织的年度预算和决算。(4)应当定期召开有效的理事会会议。每年至少举行两次理事会会议。出席理事会议的理事人数每次不应当少于2/3。理事会会议讨论的内容应当符合理事会的职责,并形成决议。理事会会议应当有会议记录,并连同其他相关资料予以保持。(5)理事会应当定期进行自我评估。评估记录应当予以保持。

---

① 利益冲突是指理事会成员或组织员工及其相关者在谋求自身利益时,与组织利益和组织所谋求的公共利益构成矛盾或冲撞,并预见这种私利实现过程会导致组织利益和组织所谋求的公共利益受损。

4. 严格筹资管理。(1)筹资来源和筹资方式必须与组织的使命和价值观保持一致。理事会或者相关负责人应当审议筹资来源和筹资方式,是否可能与组织的使命和价值观产生冲突。(2)筹资活动中所提供的相关信息和资料应当真实可靠。筹资活动应当真实反映社会组织的名称、筹资的目的和使用方式。筹资活动中不应使用可能会引起歧义的文字或图片。筹资活动只承诺社会组织能力所及的目标,避免造成捐赠者不现实的期待。公众筹资活动的相关信息以适当的方式向社会公示。(3)筹资成本应当公开透明。应当在信息披露中公开筹资成本,并说明筹资成本如何计算。(4)筹资行为应当尊重捐赠者的合法利益,包括捐赠意愿、隐私权和知情权。捐赠者的隐私权应当得到保护。除非得到捐赠者的同意,或者法律法规另有规定外,不得向第三方披露捐赠者的资料。应当按照捐赠者的意愿使用资金,专款专用。捐款的使用情况应当予以记录,并且定期向捐赠者知会。应当为捐赠者开具捐赠收据。(5)筹资活动中应当有规范的捐赠合同,明确双方的权利义务。

5. 财务规范透明。(1)资金使用应当符合社会组织的使命和目标。应当根据理事会通过的年度预算开展工作。(2)应有健全的财务管理制度,包括会计核算及内部会计控制制度,并视情况进行内部审计,以改善组织内部的财务管理工作。应当制定适合本单位业务活动的内部会计控制制度。财务部门应当编制清晰的财务报表,能清楚地反映各项工作的财务信息。(3)应当接受独立的审计机构的审计。审计机构的选择标准应当由理事会制定。审计报告应当没有涉及原则性问题的保留意见。(4)应当每年公布经审计的年度财务会计报告,接受社会监督和质询。(5)年度财务报告至少应当于年度终了后4个月内对外公布。

6. 项目运行高效。(1)应当有系统的项目管理制度和程序。项目设计和论证应当遵守社会组织的使命和目标。应当有完整的项目方案(或项目建议书),指出项目的目标、受众、计划、产出和预算。项目人员和社会组织负责人及资助方之间应当定期就项目进度和效果的情况进行沟通。项目终结时,应当向捐赠人提供项目报告。(2)应当建立完整的项目监测和评估体系。应当对项目进行自我监测和评估。应当使用有效的评估和监测的方法。项目评估应当以项目受益群体的意见和建议为主要依据,并反映其他利益相关方的意见和建议。应当根据项目的需要,确定是否邀请外部人员评估,或进行第三方评估。项目评估和监测的过程应当公开、透明、公正。(3)应当保持完整的项目记录,包括项目方案、执行记录和项目评估报告。

7. 追求人本管理。(1)建立规范的人事与人力资源管理制度,用以吸引、管理、培育和激励具有适当能力和技能的员工, 使其在实现组织既定使命的过程中提供高质量和高效率的服务。人员聘用过程应当遵循公开、机会均等、无利益冲突的原则。应当与其员工签订规范的聘用合同(包括聘用期限、试用期、清晰的岗位职责描述、辞职、停职和终止合同等内容),并对以上文件予以保持。应当具有公开的、切合实际的员工绩效考核和激励机制,并予以执行。人事制度不应当与非营利事业的基本价值观如平等、互助、合作等相冲突。(2)应当在互相尊重和互惠互利的基础上招募和管理志愿者。应当使志愿者准确、清晰地了解社会组织的使命和价值观、其工作的内容、技能要求、时间投入、工作环境以及工作中可能涉及的风险,并清晰地表明该工作的义务性质以及社会组织可能提供的补贴。应当为志愿者提供适合他们任务和经验水平的培训和督导。应当建立评估志愿者工作绩效、褒奖优秀志愿者的制度。应当在志愿工作结束或工作阶段结束后征求志愿者对组织及其人员、对志愿计划以及志愿工作的反馈意见,并予以保持。

8. 加强组织协作。(1)应当避免任何形式的恶性竞争和侵犯、损害同行利益的行为。应当明确规定其任何活动不能造成与同行恶意竞争,侵犯、损害同行利益,并得到理事和员工的认可。应当与其他社会组织建立良好的伙伴关系,尤其是那些与其关注共同领域的社会组织。(2)尊重和维护同行的名誉、知识产权和商标权等。未得到允许,不得使用其他社会组织的标识,商标和具有知识产权的成果。应当坚决抵制可能导致同行的名誉、知识产权和商标权受损的行为。没有过损害同行名誉或者侵犯知识产权和商标权的行为。

9. 保证信息公开。(1)应当以适当的途径,及时向社会公开社会组织的真实信息,其中应当包括:使命、服务领域;理事会的成员名单和背景;财务信息。包括经审计的完整的年度财务报告以及承诺向社会公示的财务信息。项目信息。除了出于尊重捐赠者意愿的考虑或者出于保护知识产权的考虑,应当保证项目信息(包括项目评估报告)的公开透明;年度报告。应当包括该社会组织的年度工作总结、财务收支情况、项目的实施情况、组织自身的发展成长。(2)应当建立信息公开渠道和回应公众质询的渠道。应当具备完善的信息管理制度,明确对公众开放的信息范围和沟通途径。应当建立回应公众质询的制度,并保证捐赠人和社会公众能够快捷、方便地查阅或者复制公布的信息资料。

三、社会组织公信力框架

我国社会组织很早就注意到公信力建设的极端重要性。最早由社会组织信息咨询中心着手构建公信力的标准。NPO 中心是中国基金会和社会组织联合的产物。经过多方面的努力，出现了一个有价值的社会组织公信力标准。这个努力过程可以追溯到 20 多年前：

1990 年有 14 家民间基金会参加的第一次基金会行业交流研讨会，在承德市召开。1993 年，第二次同行会议在北京再次召开，有 30 余家民间基金会和学术研究机构参加，此次会议被认为是中国 NPO 行业的首次交流与协同。1994 年有 10 余家基金会联合倡议成立“中华基金会联合会筹备委员会”，旨在开展与自律和社会监督相关的交流研讨等常规性活动，由于注册问题筹委会停止活动。1995 年，中华慈善总会邀请国际审计机构毕马威华振会计师事务所进行财务审计，体现了公开性和为其捐款人负责的意愿。1997 社会组织建立内部管理原则，中国青少年发展基金会建立了内部的“五透明五不准”自律守则。爱德基金会也制定了“员工守则”。1998 中国基金会与 NPO 信息网(即 NPO 信息咨询中心的前身)诞生，18 家社会组织联合成立了这个网络型机构以进一步推动非营利部门在中国的发展。中国 NPO 信息咨询中心致力于发展非营利信息网络、公信力和组织建设。1999 中国 NPO 信息咨询中心网站正式开通。2000 年《基金会管理办法》修改工作正式启动，关注 NPO 治理中的他律与行业自律的关系。2001 年，“中国 NGO 扶贫国际会议”集中讨论了有关社会公信力、公众信任、透明度、自律和自我管理等主题。同年 NPO 信息咨询中心组织“社会组织的自律”论坛，提出的“中国 NPO 自律的九条守则”，受到积极回应。2002 年 NPO 信息咨询中心组织召开“中国 NPO 诚信国际讨论会”，包括国际社会组织领导人和研究人员的与会者就 NPO 诚信的国际经验、理念、标准、认定及实施等进行了讨论和交流。同年，“中国民间组织发展与管理上海国际会议”重点讨论了关于建立和完善民间组织的法律法规体系、行政管理体系、社会监督体系和民间组织自律机制等问题，民政部姜力副部长等在主题发言中强调了上述主题。2003 年中国社会组织的代表和专家与美国麦克里兰基金会专家组讨论了《NPO 公信力培训大纲》。20 名来自北京、上海、云南、陕西、四川和香港地区的 NPO 领导人及政府官员和研究人员参加。NPO 信息咨询中心提出的标准收到了反馈意见。同年，NPO 信息咨询中心提出中国社会组织(NPO)公信力标准修改稿供社会组织领导人审阅和修改并倡导各公益慈善组织参照实行。

知识链接 9.7　中国社会组织(NPO)公信力标准(2003 年 10 月)

第一部分：基本原则

每个社会组织都应该依据那些公认的社会组织指导原则、实践经验以及真理，积极承诺并在运作中不断提升自身的公信力。

第一条　组织的合法性和公信力

1.1　中国社会组织必须遵守中华人民共和国相关法律、法规；

1.2　中国社会组织必须在理(董)事会所通过的组织章程框架内进行运作;

1.3　中国社会组织应坚持组织的非宗教性和非政治性原则,不谋求组织或个人的政治利益。

第二条　组织的使命

2.1　中国社会组织应以服务公众利益作为机构的使命和目标,并在组织的章程中予以明确;

2.2　中国社会组织应当用组织的使命和目标来评估组织的表现。

第三条　组织的资源利用和利益冲突

3.1　中国社会组织坚持不分配盈余的非营利性原则;

3.2　不谋求任何个体组织、任何个人和利益相关者的私利。

第四条　组织的内部治理

4.1　中国社会组织应建立健全适合本机构特点的理(董)事会的决策机制及机构管理体制;

4.2　理(董)事会应在组织的政策制定、组织管理及财务预算方面的发挥指导作用。

第五条　组织的协作和伙伴关系

5.1　中国社会组织建立组织之间的信息沟通、合作互助、相互支持、资源共享和协商机制;

5.2　尊重和维护同行的名誉、知识产权和商标权等;

5.3　避免任何形式的恶性竞争和侵犯及损害同行利益的行为。

5.4　和社会其他组织建立良好伙伴关系。

第六条　筹资

6.1　中国社会组织在筹资活动中所提供的相关信息和资料应真实、可靠、不误导他人,并与机构使命保持一致;

6.2　应将筹资成本保持在较低比例范围内;

6.3　筹资行为应保护捐赠者的合法利益。

第七条　项目评估

7.1　中国社会组织遵循公开透明、公正合理的项目评审和资助原则;

7.2　在项目实施中应遵守组织的目标和使命,以高标准实现良好的社会效应。

第八条　财务透明

8.1　中国社会组织应尊重捐赠者意愿,专款专用;

8.2　在资金使用中应与机构的使命和目标保持一致;

8.3　建立相应的财务管理制度,接受独立专业机构的审计;

8.4　每年公布年度报告,提供真实准确和及时的财务报告,接受社会监督和咨询。

第九条　信息公开

9.1　中国社会组织坦诚、真实地向社会公开机构的使命、价值观、机构功能、组织任务,以及机构的其他相关信息;

9.2　中国社会组织须向社会公众提供易于获取的信息资料,提供参与途经,提供公开渠道回应公众询疑。

第十条　道德诚信

中国社会组织确立和制定廉洁奉公、全心全意为公共利益服务的道德标准,保持专业人员、志愿人员应有的敬业精神和专业水平。

2005 年 11 月,在中华慈善大会上,中国青少年发展基金会、中国扶贫基金会、爱德基金会和 NPO 信息咨询中心联合主办 NPO 自律论坛并商讨开展中国 NPO 自律行动。2006 年 1 月,扶贫基金会、中国青基会、爱德基金会联合发起中国 NPO 自律行动。中国 NPO 自律行动遵循自愿、自律、自救的原则,旨在通过建立自律准则,加强 NPO 行业的行为规范,提高社会公信力,促进我国公益性 NPO 的健康发展。2007 年,《中国公益性 NPO 自律准则》初步定稿。2008 年 4 月 27 日的“民间组织问责国际会议”上,在中国扶贫基金会、中国青少年发展基金会、爱德基金会、南都公益基金会、NPO 信息咨询中心、上海浦东社会组织发展中心、友成企业家扶贫基金会、自然之友、地球村、农家女等一批社会组织的支持和见证下“中国公益性社会组织自律准则”向社会发布,这是继民政部推出《民间组织评估工作管理办法》之后,中国社会组织在自愿基础上联合开展的自律行动。2008 年 4 月,《中国公益性 NPO 自律准则》正式发布推广。

2009 年 7 月,在国内 110 余家基金会的参与下,中国非公募基金会发展论坛 2009 年年会在北京举行。与会者围绕“散财之道”“治理之道”和“自律之道”三个分议题展开研讨和交流。会间,论坛组委会举行了“非公募基金会领导人圆桌会议”。与会的非公募基金会领导人一致意识到,从法律政策方面讲,非公募基金会的发展得天独厚,完全有条件做好内部治理,进行专业化管理,并凭借其资金优势,为改善民间公益行业的生态环境做出贡献,共同推进民间公益慈善事业健康、规范和持续发展。为此,中国非公募基金会发展论坛依据第十届全国人大第四次会议中关于完善民间组织自律机制的精神,吸取《中国公益性民间组织自律准则》的成果,议定并发布了《中国非公募基金会自律宣言》。

知识链接9.8 中国非公募基金会自律宣言

一、非公募基金会应当遵守《基金会管理条例》及国家有关法律的规定,自觉规范基金会的组织和活动,维护捐赠人和受益人的合法权益,发挥表率作用引导和促进社会力量参与公益事业。

二、非公募基金会以服务公众利益作为自己的使命和目标,并按照使命和目标制定机构的战略规划以及开展工作。

三、非公募基金会的理事会及执行团队成员的个人利益不应当与基金会利益有潜在冲突。当基金会理事或者其他人员遇有个人利益与基金会利益关联时,不得参与相关事宜的决策;基金会理事、监事及其近亲属不得与其所在的基金会有任何交易行为。相关的交易和业务往来应当符合基金会的最大利益。

四、非公募基金会章程应当规定理事会是决策机构,并明确阐述理事会的产生、成员任免、职责、运作程序。理事会成员的构成应当保证理事会正常和有效的运作,并符合法定人数。非公募基金会理事会应当具有独立任免执行团队负责人的权力,并定期评估执行团队负责人的表现,确保按照基金会的使命实现战略规划。非公募基金会理事会应当审核并通过基金会的年度预算和决算。

五、非公募基金会的筹资来源和筹资方式应与基金会的使命和价值观保持一致。筹资活动中所提供的相关信息和资料应当真实、可靠。不公开向非特定对象筹资。筹资行为应当尊重捐赠者的合法利益,包括捐赠意愿、隐私权和知情权。非公募基金会应当按照捐赠者的意愿使用资金,专款专用。捐款的使用情况应当予以记录,并且定期向捐赠者知会。应当为捐赠者开具捐赠收据。

六、非公募基金会的资金使用应当符合基金会的使命和目标。应当根据理事会通过的年度预算开展工作。非公募基金会应当执行国家统一的会计制度,依法进行会计核算、建立健全内部会计监督制度,并视情况进行内部审计,以改善组织内部的财务管理。非公募基金会的财务部门应当编制清晰的财务报表,能清楚地反映各项工作的财务信息。非公募基金会应当接受独立的审计机构的审计。审计机构的选择标准应当由理事会制定。审计报告应当没有涉及原则性问题的保留意见。非公募基金会应当每年公布经审计的年度财务会计报告,接受社会监督和质询。

七、非公募基金会的项目设计和论证应当遵守基金会的使命和目标,应当有完整的项目方案(或项目建议书),指出项目的目标、受众、计划、产出和预算。非公募基金会应当对项目进行自我监测和评估。项目评估应当以项目受益群体的意见和建议为主要依据,并反映其他利益相关方的意见和建议。非公募基金会应当根据项目的需要,确定是否邀请外部人员评估,或进行第三方评估。项目评估和监测的过程应当公开、透明、公正。

八、非公募基金会应当建立规范的人事与人力资源管理制度,用以吸引、管理、培育和激励具有适当能力和技能的员工，使其在实现组织既定使命的过程中提供高质量和高效率的服务。人员聘用过程应当遵循公开、机会均等、无利益冲突的原则。

非公募基金会应当与其员工签订规范的聘用合同。同时，基金会应当具有公开的、切合实际的员工绩效考核和激励机制，并予以执行。

非公募基金会应当在互相尊重和互惠互利的基础上招募和管理志愿者。应当使志愿者准确、清晰地了解基金会的使命和价值观、其工作的内容、技能要求、时间投入、工作环境（包括硬件环境和软件环境）以及工作中可能涉及的风险，并清晰地表明该工作的义务性质以及基金会可能提供的补贴。

九、非公募基金会之间的任何活动不能造成与同行恶意竞争，侵犯、损害同行利益。非公募基金会应当与其他公益组织建立良好的伙伴关系，尤其是那些与其关注共同领域的公益组织。非公募基金会尊重和维护同行的名誉、知识产权和商标权等。未得到允许，不得使用其他公益组织的标识，商标和具有知识产权的成果。

十、非公募基金会应当以适当的途径，及时向社会公开机构的真实的信息，其中应当包括：使命、服务领域；理事会的成员名单和背景；财务信息，包括经审计的完整的年度财务报告以及承诺向社会公示的财务信息；项目信息，除了出于尊重捐赠者意愿的考虑或者出于保护知识产权的考虑，应当保证项目信息（包括项目评估报告）的公开透明。

十一、非公募基金会自觉接受基金会登记管理机关和业务主管单位的监督管理，接受年度检查和日常监督管理。

十二、非公募基金会应当接受媒体、第三方评估和公众等社会监督。

附则：依据《中华人民共和国行政许可法》有关行业自律管理的规定，拟在本《自律宣言》的基础上，制定《非公募基金会自律准则》，凡自愿接受独立评估机构的评估，达到准则标准的非公募基金会，加入非公募基金会自律联盟。（2009年7月3日于北京）

结语。公信力已经是一个广受关注的话题，也是益慈实践的一个重要范畴。本书认为，公信力是“公共信任”和“力”两个概念的组合。“公共信任”指特定组织得到公众认同、认可、信任，公共信任是信任的一种形式。“力”表示程度、力度、效力等含义。社会组织公信力意味着组织在公益慈善运作中无必要有一以贯之的诚信、透明和可预期，公信力是社会组织的生命线。社会组织公信力是由外部和内部共同作用的结果。外部作用来自于各类资助者的约束,还来自于第三方机构的评估约束,以及来自于政府职责机构的监督约束。内部作用来自于组织的自律约束。相比较而言,后者是公信力建设的基础。就社会组织的能力建设而言,公信力能力首先要求社会组织能够通过加强自我管理和建立自律机制,来确保自己得到社会的信任和支持。因此自律准则和公信力标准是社会组织自我约束管理的必要前提。经过社会组织的共同努力,社会组织公信力自我管理的守则框架逐渐成形。如何进一步完善,如何在社会组织之间形成行业共识,如何保证全面付诸实施,将是今后我国社会组织公信力建设面临的长期任务。

图表和知识链接索引

图

表

知识链接

参 考 文 献

（以与各章相关性排序）

[1] [美]德鲁克:《社会组织的管理》,吴振阳译,北京,机械工业出版社,2007 年。

[2] 王名:《社会组织论纲》,北京,社会科学文献出版社,2013 年。

[3] [美]佩内洛普·卡格尼:《公益组织治理:来自全球的经验》,杨培雷译,上海,上海财经大学出版社,2020 年。

[4] [美]杰恩范泰尔:《民间社团发展:从非营利部门到第三空间》,沈国华译,上海,上海财经大学出版社,2018 年。

[5] 马庆钰:《治理时代的中国社会组织》,北京,国家行政学院出版社,2014 年。

[6] [美]Rhodes, R. A. W. (1996). The New Governance: Governing without Government. Political Studies,44(4)652-667。

[7] [英]Deborah Eade: Capacity Building: An Approach to People-Centred Development, UK: Oxfam Publications, 1997。

[8] NPO 信息咨询中心:《NPO 能力建设与国际经验》,北京,华夏出版社,2003 年。

[9] 张雷:《组织能力与组织者的技巧》,北京,中国卓越出版公司,1991 年。

[10] 赵维祯、吴洁编写:国际标准的非营利组织理事会[S],温洛克民间组织能力开发项目,2005。

[11] 金锦萍:《非营利法人治理结构研究》,北京,北京大学出版社,2005 年。

[12] 世界银行:《非政府组织法的立法原则》,台湾喜马拉雅研究发展基金会译,2000 年。

[13] 萧新煌:《非营利部门组织与运作》,台北,巨流出版社,2000 年。

[14] 何家成:《公司治理:结构、机制与效率》,北京,中国经济科学出版社,2004 年。

[15] 程昔武:《社会组织治理机制研究》,北京,中国人民大学出版社,2008 年。

[16] NPO 信息咨询中心:《非营利组织的治理》,黎佳等译,北京,中国书籍出版社,2008。

[17] 刘春湘:《非营利组织治理结构研究》,长沙,中南大学出版社,2007 年。

[18] [美]格雷姆·萨拉曼、戴维·阿施:《战略与能力》,锁箭等译,北京,经济管理出版社 2005 年。

[19] [美]保罗·纳特、罗伯特·巴可夫:《公共部门和第三部门组织的战略管理》,北京,中国人民大学出版社,2001 年。

[20] 官有垣,陆宛苹,陈锦棠:《社会组织的评估》,台北,洪叶文化事业有限公司,2008 年。

[21] 邓国胜:《民间组织评估体系:理论方法与指标体系》,北京,北京大学出版社,2007 年。

[22] [美]弗雷德·R. 戴维:《战略管理》,北京,经济科学出版社,2001 年。

[23] [美]戴维·亨格,托马斯. 惠伦:《战略管理精要》,北京,电子工业出版社,2002 年。

[24] [美]苏珊娜. 特纳:《管理者的管理工具》,北京,企业管理出版社,2002 年。

[25] 黄浩明:《非营利组织战略管理》,北京,中国人民大学出版社,2003 年。

[26] 杨团:《非营利机构评估:天津鹤童老人院个案研究》,北京,华夏出版社,1998 年。

[27] [美]米歇尔·诺顿:《全球筹款手册》,北京,中国人民大学出版社,2005 年。

[28] [美]朱迪·艾伦:《活动策划完全手册》,北京,旅游教育出版社,2006 年。

[29] [美]佩内洛普·卡格尼:《全球劝募:变动世界的慈善公益规则》,徐家良等译,上海,上海财经大学出版社,2022 年。

[30] 萧美娟等:《NGO 市场营销、筹募与问责:理论与操作》,北京,社会科学文献出版社,2005 年。

[31] 王为民:《公共组织管理财务管理》,北京,中国人民大学出版社,2005 年

[32] 王国生、姚维刚:《民间社会组织会计》,北京,中国金融出版社,2005 年。

[33] 温洛克民间组织能力开发项目:《中国社会组织财务管理指南》[DB/OL](2022-08-11)https://www.doc88.com/p-783472015273.html? r=1。

[34] 郑国安等:《国外社会组织的经营战略及相关财务管理》,北京,机械工业出版社,2001 年。

[35] [美]Joan E Pynes:《公共和社会组织的人力资源管理》,北京,清华大学出版社,2002 年。

[36] 彭剑锋,荆小娟:《员工素质模型设计》,北京,中国人民大学出版社,2003 年,

[37] [美]罗伯特·奥格尔:《志愿服务社区生活与伦理道德》,杨敏译,上海,上海财经大学出版社,2018 年。

[38] 陈晓春:《社会组织营销学》,长沙,湖南人民出版社,2003 年。

[39] 王方华:《社会组织市场营销》,长春,东北财经大学出版社,2002 年。

[40] [美]菲利普·科特勒:《营销管理》,北京,中国人民大学出版社,2001 年。

[41] [美]斯各特·卡特利普等:《有效的公共关系》,北京,华夏出版社,2001 年。

[42] Project Management Institute. *A Guide to the Project Management Body of Knowledge*, Third Edition (PMBOK Guides). Project Management Institute. 2004。

[43] 吴之明,卢有杰编著:《项目管理引论》,北京,清华大学出版社,2001 年。

[44] 官有垣、陈锦棠、陆宛苹:《第三部门评估与责信》,北京,北京大学出版社,2008 年。

[45] 鲁篱:《行业协会经济自治权研究》,北京,法律出版社,2003 年。

[46] 国家民间组织管理局:《民办非企业单位自律与诚信问题研究》,北京,中国商业出版社,2007 年。

[47] 香港社会福利署:《服务质素执行手册》,1999 年。

[48] [美]劳伦斯·弗里德曼、迈克·麦加维编:《美国历史上的慈善组织、慈善事业和公民性》徐家良,卢永彬译,上海,上海财经大学出版社,2016 年。

[49] [美]奥利维尔·聪茨:《美国慈善史》,杨敏译,上海,上海财经大学出版社,2016 年。

[50] 徐永光:《公益向右 商业向左》,北京,中信出版社,2017 年。

后　记

本书是马庆钰主持的国家民政部重点项目成果，首版于2010年。出版后在业内产生了一定影响，得到一些社会组织的积极反馈。十多年过去后，中国的社会组织有了更大规模展扩，相关制度和政策环境又不断变化，社会组织能力建设需求也与时俱增。呼应一些社会组织行业友人的建议，为使阐述更准确规范，体例更简洁严谨，内容更契合现实，作者在原书基础上做了通篇修改后付梓再版，以期适应环境变化和社会组织能力建设的需要。

参与撰写的除了项目首席专家马庆钰教授外，还有来自国家行政学院张小明教授、中央财经大学曹堂哲教授、中央财经大学程玥教授等。马庆钰在北京外国语大学马浩诚老师协助下承担了再次出版需要修订撰写的所有工作。全书各章前后两次撰修任务分工是：第一章《社会组织能力建设导言》，由马庆钰、曹堂哲、程玥完成；第二章《社会组织法人治理能力》，由马庆钰、程玥、张小明完成；第三章《社会组织战略管理能力》，由张小明、曹堂哲、马庆钰完成；第四章《社会组织筹募资源能力》，由马庆钰、马浩诚完成；第五章《社会组织财务管理能力》，由吴艳琴、马庆钰完成；第六章《社会组织人力资源管理能力》由张小明、马浩诚、马庆钰完成；第七章《社会组织公益营销与公关能力》由张小明、马庆钰完成；第八章《社会组织的项目管理能力》由曹堂哲、马庆钰完成；第九章《社会组织公信力管理能力》由马庆钰、曹堂哲完成。曹堂哲协助马庆钰在本书首版过程中做了部分通稿工作。本次复版又由马浩诚协助马庆钰做了通篇调整和统改。全书的论证设计、逻辑框架、内容范畴、修订思路由马庆钰教授负责。

本书作为社会组织能力建设的基础研究，在初版成稿过程中得到了国家民政部社会组织管理局时任局长孙伟林、巡视员副局长廖鸿和管理团队高成运（现任中国老龄委老龄科学研究中心主任）、田维亚（现任民政部三处一级调研员）、廖明（现任民政部规划财务司副司长）的直接组织协调和资源支持，在此对各位领导曾予的信任帮助和支持再表谢意。

此次复版修撰又得到来自清华大学、北京大学、北京师范大学、上海交通大学、苏州大学、中国社会科学院，以及党校和行政学院等学界专家的友情相助和高见拨点,也得到了来自公益慈善业界一些卓越管理专家的实践真知和经验卓见,在此也一并表示由衷的感谢。

清华大学出版社马庆洲编审促成修订再版,并与编辑团队在整个过程中恪尽编责、务求完美,他和同事们为之投入的精力和付出的辛劳令我们印象深刻,在本书修订成稿付梓再版之际,也请接受我们诚挚的敬意。

马庆钰

2022 年 6 月 22 日

于北京师范大学(珠海)立身轩